U0840132

瞭望者

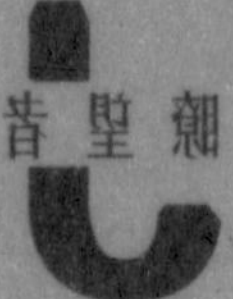
昔望鄉

暨南文库·新闻传播学

JINAN Series in Journalism & Communication

专业报道深度谈

曹 轲 编著

中国·广州

图书在版编目（CIP）数据

专业报道深度谈/曹轲编著．—广州：暨南大学出版社，2023.1（2023.6 重印）
（暨南文库．新闻传播学）
ISBN 978－7－5668－3538－3

Ⅰ.①专… Ⅱ.①曹… Ⅲ.①新闻报道—研究 Ⅳ.①G212

中国版本图书馆 CIP 数据核字（2022）第 205168 号

专业报道深度谈
ZHUANYE BAODAO SHENDU TAN
编著者：曹　轲

出 版 人：张晋升
责任编辑：王辰月
责任校对：苏　洁
责任印制：周一丹　郑玉婷

出版发行：暨南大学出版社（511443）
电　　话：总编室（8620）37332601
营销部（8620）37332680　37332681　37332682　37332683
传　　真：（8620）37332660（办公室）　37332684（营销部）
网　　址：http：//www.jnupress.com
排　　版：广州市新晨文化发展有限公司
印　　刷：深圳市新联美术印刷有限公司
开　　本：787mm×960mm　1/16
印　　张：16.25
字　　数：266 千
版　　次：2023 年 1 月第 1 版
印　　次：2023 年 6 月第 2 次
定　　价：68.00 元

前言　专业新闻与深度报道一席话

——基于新闻专业性的视角

“新闻”一词的历史已经绵亘数千年之久。“专业新闻与深度报道”一词所折射的，则是十分晚近才进入新闻学词典，也是我们特别心有戚戚，值得爬梳剔抉的一段实践。

一

作为一个领域、一个对象，专业新闻与深度报道无疑具有鲜明的现代性特征。它可以说是工业革命的产物，是社会化大分工、大生产日益精细化的结晶。它的出现意味着新闻传播成为一种举足轻重的职业、行业、产业或事业，在某种意义上也成为一种商业。换言之，新闻传播具有专业性。

有人将新闻专业性归结为新闻专业主义，赋予它更高的普世意义。这样的化约蕴藏着巨大的风险。即便在西方，新闻超然凌驾于各行各业之上的论断，其实也是大可质疑的。何况，即便新闻真的“无国界”，新闻工作者却依然有自己的祖国。

与其说新闻专业主义流露着“无冕之王”般卓然傲世的精神气质，不如说新闻专业主义的魅惑来自人类对于自身能力变得无穷大的一种无意识的希冀。我们的确无可遏止地渴望拥有一种奇特的信息能，让无力者更加有力，让有力者更加勇毅地前行。倘若抛开全心全意服务于人民群众的现实制度安排，这种对于权力和权利的主张必然缥缈得无从实现。

因此，我们并非只有透过新闻专业主义的话语才能了解新闻专业性。新闻专业性植根于新闻传播活动自身独特的生产方式，它不是无门槛的、无下限的，也不是随心所欲而能不逾矩的。新闻专业性意味着新闻操作要遵循一定的技巧、章法和规范。

从20世纪20年代至今，中国的新闻工作者对于新闻实践已经汇集了很多弥足珍贵的经验。我们已有一些被普遍认同的对于新闻实践的基本要求，比如新闻要真实，新闻改革要抓住真、短、快、活、强，新闻报道要深入等；更重要的是，我们的新闻报道已经走在了创造新经验的大道上。

二

新闻专业性常常被视为新闻媒体赖以生存的根本。事实上，新闻实践首先要处理好新闻与政治的关系，坚持正确的政治方向具有绝对意义上的首位性。在此基础上，新闻实践才能进一步处理好与复杂社会生活的关系，以及与特定社会场域的关系。

换句话说，新闻专业性的外化过程，一方面表现为贴近实际、生活和群众，接地气、冒热气的过程，或者说要转向社会广度的过程，另一方面也是扎根到特定领域的过程，是一个根须深深深几许的过程。新闻专业性很大程度上是在广度和深度之间游移，寻获并发挥自己独特的传播效能。

社会生活的各个截面，横看成岭侧成峰。所谓外行看热闹，内行看门道，具体到某一个风口，无论是财经也好，体育也好，娱乐也好，或者新型冠状病毒也好，星链也好，元宇宙也好，各有各的套路，各有各的打法，各有各的易筋经。摘叶飞花，降龙伏虎，手段在在不同。专业新闻的特征是潜入深海，是敲骨吸髓，是入木三分。

“专”即是“深”，“业”即是“度”。深度的度，其实不是单维度，而是多维度，或者多面体。

与此同时，新闻专业性的内化过程，可以视为一种精益求精的姿态，一种有所作为、奋发有为的姿态，它的核心是理性、建设性和创造性。

理性就是要在发乎情之外，导入充分的思想性的元素。

建设性就是不仅要发现问题，而且要致力于解决问题。如果说发现问题、暴露问题是时针，提供问题解决思路方案是分针，反馈跟进引导舆论是秒针，那么鼓舞士气凝心聚力就是滴滴答答的时钟本身。

创造性不是指人们无中生有，不是背离新闻的真实性，而是强调新闻的发现力、新闻的表达力、新闻的渗透力、新闻的感染力，以及新闻对于社会的黏合力。用户的黏性至少一半来自产品的品质。曾经有一句很经典的口号——“新闻创造价值”。或许有人反对新闻创造力的提法，实际上创造力是特别重要的。比如，创造一种新事物，创造一种新生命，创造一种新活力，创造一种新体验。最关键的是，创造带来改变，创造带来进化。

三

今日的新闻媒体踏上了一段风暴骤至的旅途，正迎头遇到来自技术和代际等多重因素叠加的挑战。与十年、二十年之前相比，媒体圈层的生态与环境已发生了急剧的变化。如果说20世纪70年代末开始的改革开放让我们见证了中国媒体行业的一幕幕传奇，那么90年代中期以来互联网的崛起就将我们带入了媒体、信息、文化产业交汇融合的大型现场。

在这一场景中，以数字化、移动化、社交化、智能化为特征的新科技成了最大的推手。盘点早期互联网的内容供给，媒体的面目或印记尚清晰可辨。2.0时代的互联网哺育了社交平台，连接了一切，也极大地颠覆了传统媒体的中介作用。或者说，媒体泛化了，万物皆媒；或者说，媒体钝化了，回归到内容供应商的旗号之下。在未来的3.0时代，媒体必须站得更高，才能被远方看见。

于是，“内容为王”有了别样的含义。因为渠道也好，交互也好，体验也好，开疆拓土不易。唯有内容，可以一搏。如果内容品质滑坡，如果内容丧失了可信度，媒体丧失了公信力，如果少有用户点赞、评论、转发，那么，我们的青春何以安放?

从当下火热的营收模式来看，新闻媒体正在迅速切入“新闻+政务+服务”的长链条中。当服务成为重要业务板块的时候，媒体自己如何做新闻，又如何把新闻与其他活动相协调，而不至于失去自我，不至于从社会有机体中退化剥落，这实际上不啻是一个派生的挑战。

因此，对于专业新闻与深度报道这一媒体力量的重要源泉，我们依然要精心呵护。

四

骨感的现实处境是，在近年来的媒体转型大潮中，有的媒体或显或隐地精简了深度报道部门。在抢新闻和做深度、写新闻和做推文之间，市场的力量无情地参与了对我们的节奏和偏好的塑造。在错综复杂的世象面前，在信息字节的洪流中，在泛娱乐化的冲击下，用户或被动或主动地寄情于快餐式的浅阅读和选择性阅读，对深度的关注有所下降，雄文和长视频在碎片化的内容消费中不易逆风翻盘。专业新闻记者，特别是深度报道记者队伍，一时间风流云散。那么，这一价值的高地由谁来坚守？

挑战永远存在。从历史看，专业新闻与深度报道并不是悄悄地来，同样，它也必须以铁板铜琶高唱大江东去，愈是艰难困厄，愈要激发自己的创造力。

创新为要。专业新闻与深度报道的创新刻不容缓。从理念到方式手段，从体裁到形式内容，创新的任务摆在新时代新闻人的面前。放大媒体价值，扩大传播距离，不以善小而不为，多形态呈现，多渠道分发，集腋成裘才能形成复合传播效应。

甚至，专业新闻与深度报道可以脱胎换骨。比如说，做全案策划，向智库转型，集智慧，献良策，以此重建自己的肉身。留得青山在，何惧岁月长。

五

从方法手段来讲，专业新闻与深度报道不单单靠一支笔，更要靠强大的技术装备的支撑。H5、音视频，立体化、可视化，对话、圆桌、连线，这些能提升用户体验感的新工具，都应该记入拿来主义的兵器谱。

从管理运营来讲，专业新闻与深度报道不单要靠个人，更需要团队化运作，构筑起互为奥援的战术梯队。它也是一项管理工程，离不开绩效考核等看起来不那么人性化的手段。

当然，专业新闻与深度报道真正离不开的是调查研究。俯下身、沉下心，深入社区和火线，抓活鱼、察实情，始终是新闻行业的凭借。

专业新闻与深度报道不为迎合而生，更不能降格以求。其底线思维是守真求实，避免传播虚假信息，避免过度渲染情绪，避免见利忘义，避免误导受众。

新闻不是留声机，不是传声筒，新闻有它独特的功能。媒体不是天之骄子，不是化外之地，当然更不是我们自身的对立面。新闻媒体必须坚持传播党的政策主张，记录时代风云，守望公平正义，推动社会进步。

非常幸运的是，在专业新闻与深度报道领域，我们同样已经攒下了一个个优秀的样本，或者说一笔笔厚重的精神财富。我们就像在海滩上捡起贝壳的孩子，捡起的贝壳里其实就是一串串珍珠。

支庭荣

暨南大学新闻与传播学院院长、教授

目　录

contents

上编　专业与深度的未来形态

…… ……

第一讲　专业新闻的最新分类[①]

曹　轲[②]

这个世界上没有一成不变的东西，新闻与传播学也是。对我来说，每一堂课都是新课。第一课，就由我跟同学们一起来重新梳理、认识“专业新闻与深度报道”这个概念。

对于“专业新闻与深度报道”这门课，我是这么认为的：专业新闻是一种说法，深度报道是另一种说法，这两种说法有点相似，但又不太一样。我们曾经使用过的教材大多是按行业报道的领域来分类的，但深度报道涉及一些特别的行业、人物、特稿和一些调查性报道，同时也强调深度和专业性，它们有一部分内容是交叉的，所以被放在一起也有道理。

一、专业新闻的几种分类

今天我主要讲专业新闻分类的问题，我们先来看看其他学者是怎么分类的。

---

① 授课时间：2021 年 8 月 30 日、12 月 6 日。课堂实录整理：张以禾，高小雨，暨南大学新闻与传播学院 2021 级硕士研究生。

② 曹轲：新闻学博士、高级记者，全国先进工作者、政府特殊津贴专家、全国新闻出版行业领军人才；曾任南方报业传媒集团新闻研究所所长、《南方都市报》总编辑、南方网总编辑、集团副总编辑，现为暨南大学新闻与传播学院教授、博士生导师、文本实验室主任。

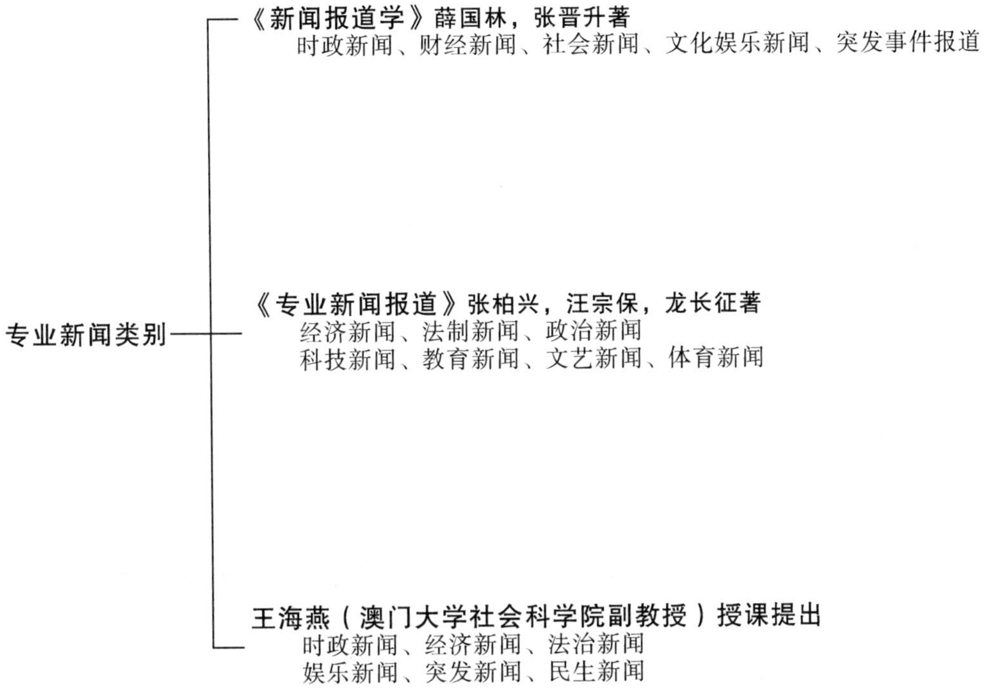

图 1－1　不同学者对专业新闻的不同分类

图 1－1 中第一种分类方法是薛国林和张晋升所著的《新闻报道学》里的分类，专业新闻一共被分为五类。这种分类似乎是按照报道的领域来分的，但加入了突发事件报道。

第二种分类方式来自张柏兴等著的《专业新闻报道》，专业新闻被分为七类。其中所用的“法制”的“制”字，如今已改用三点水的“治”，即“法制新闻”变成了“法治新闻”。中共中央政法委员会的机关报《法制日报》后来也更名为《法治日报》。这个字的改动，体现出我国的依法治国已经取得长足的进步。

第三种分类方式是王海燕在 2020 年授课时提出的，专业新闻被分为六类。

根据以上三种分类方法，我的目标是对这几类专业报道的专业性以及其他特点加以总结、梳理，令大家触类旁通。

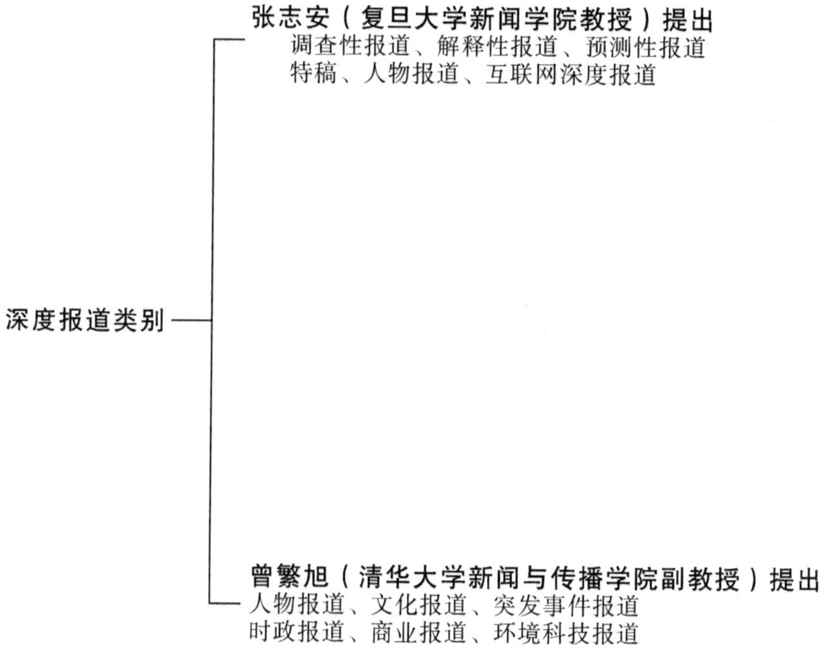

深度报道类别

张志安（复旦大学新闻学院教授）提出
调查性报道、解释性报道、预测性报道
特稿、人物报道、互联网深度报道

曾繁旭（清华大学新闻与传播学院副教授）提出
人物报道、文化报道、突发事件报道
时政报道、商业报道、环境科技报道

图1－2　不同学者对深度报道的不同分类

图1－2中如复旦大学张志安把深度报道分成了调查性报道、解释性报道和预测性报道，后面还增加了特稿、人物报道和互联网深度报道三个分类。图1－2中清华大学曾繁旭的分类，把深度报道分成了人物报道、文化报道、突发事件报道、时政报道、商业报道和环境科技报道。

从图1－2可以看出，两位学者的分类有重合之处，包括人物、突发、时政几个方面。只不过后者把经济报道细化为商业报道，把时政报道、经济报道拆分、重组为环境科技报道。

在此我也想给大家推荐暨南大学新闻与传播学院刘涛的《融合新闻学》。这本书虽然不是按专业新闻领域来分类，但是我也挺喜欢其中的分类方式：刘涛从报道的形态将新闻分为十类：网络图文新闻、新媒体音频新闻、数据新闻、动画新闻、H5新闻、VR新闻、移动直播和新闻游戏等。刘涛是根据新闻行业内部生产的过程和呈现形式来分的，这种分类有一个优点：现在很多媒体内部架构的变化也显现出同样的趋势，这些媒体机构不再划分那么多的专业采访部门，如《南方都市报》2016年已经分为新闻采访、新闻编辑两大部门，再加上负责网站、负责移动端的部门，智库生产部门和线下营销部门。所以刘涛的《融合新闻学》正是响应了这种媒体机构、机制的变化。

反思过去媒体在报道专业新闻事件时的表现，我认为好的报道应该是让大众能够看懂，即使是小学五年级的读者也能读得懂，并被报道所吸引。所以，媒体一方面要对专业领域的一些专业知识、专业问题、专业话题进行专业的报道；另一方面，媒体的专业报道要让受众读得懂，不管什么行业的报道都应该是通俗易懂的。因此，我对“专业”这个词的理解就是：不会让业内人士看了以后认为这个报道是外行写的；也不会让业内人士看了以后认为在专业问题上还有更专业或者更高深的见解。

要做到这一点很难，专业新闻报道的首要任务还是做好新闻报道，达到专业的同时也要兼顾覆盖面和读者面。一篇好的专业报道，业内人士看过之后认为没有犯专业性错误就可以了，而不是要写成像专业论文一样的研究性文章——那就成了研究报告而非新闻报道。所以我所说的专业是不要过于外行，而不是要求在每个专业领域都做到非常专业。

专业在层次上还应有所区分，假如《南方日报》要刊登一篇关于股市的消息，这样的一篇报道所能达到的最佳传播效果可能是使读者了解相关的政策动态，而不是通过这篇文章教会读者炒股或者投资。如果是《21世纪经济报道》这样一份相对专业的报纸，它的读者群体则可能希望通过媒体获得更多专业的、有深度的信息，并通过这篇报道关联到更多有价值的信息。

一个媒体生产的新闻到底是给什么人看的？深入到什么程度才叫足够专业？我认为，做好专业报道的前提是要了解专业知识和相关分类。媒体在生产新闻报道时，可以通过事情本身看到其中蕴含的专业新闻价值，然后把专业内容“翻译”成新闻语言，变成新闻来呈现。换言之，媒体的主要价值应该体现在这个过程中，而不是体现在比业内人士谁更加专业，这是我们在生产新闻时需要注意的。

在做专题报道的时候，不同媒体的定位、侧重点也不同。比如现在比较热门的教育问题，在涉及中小学教育甚至是高校教育问题时，不同媒体在报道时的重点也不一样。比如关于高考，《南方日报》倾向于报道一些相关政策、考试组织过程，而都市类报纸希望挖掘其中的趣闻。很多年前

《南方都市报》发生过一件有意思的事情：那时候我刚刚接手《南方都市报》的管理工作，我希望报纸能增加一个关于中小学教育的版面。当时《南方都市报》在广东的发行量已经很大了，学生家长大多都比较关心孩子的上学问题，所以这方面的受众群体是很大的。当时的《广州日报》就很重视这方面的信息，而当时《南方都市报》的编辑、记者平均年龄是二十五六岁，他们很多人都还没有结婚生子，他们没有面临过孩子的升学压力和烦恼，因此在设置报道版面的时候忽视了这个领域，甚至其中一些记者认为这种版面没人看。但是现在，这群人的平均年龄超过了 30 岁，大多数已成家并有了小孩，他们就开设了相应的版面，采访也做得不错。

二、专业新闻的延伸与新类别

通过以上对现有几种专业报道分类的介绍，我们可以了解到其分类逻辑大体是按报道的领域来进行划分。所以我把它们重新进行了梳理、归类，其涉及的领域有：时政类报道、经济类报道、文化类报道、社会民生类报道、突发类报道。现在国内各媒体的版块栏目设计基本上是涵盖这些领域的，南方日报社现在有时政新闻部、经济新闻部、文体新闻部，如还有专门做突发事件报道和深度报道的机动记者部。其他比较大的媒体可能还会分出专门的科技新闻部，如央视单独设立有军事新闻部。记者对外作自我介绍时也会自称“跑线记者”：“我”是跑经济的、“我”是跑环保的，或者“我”是时政线的、“我”是跑省政府的。

第一大类是时政类报道。时政类报道按前面几位专家的分类标准，可以进一步细分成以下几种：政治类报道、法治（制）类报道、科技类报道和教育类报道。这种细分其实也不完全准确，例如法治（制）类报道实际上可以算成是政法类报道的一部分，我了解到部分媒体是把政法类报道与法治（制）类报道归纳进“时政”这个大类的。教育领域和科技领域的报道往往也被放入了时政类报道中，因为无论是教育还是科技领域都有可能涉及政府部门的政策发布。其中，科技类报道有时被纳入政策类报道，更多的情况下是被纳入了经济新闻类报道。

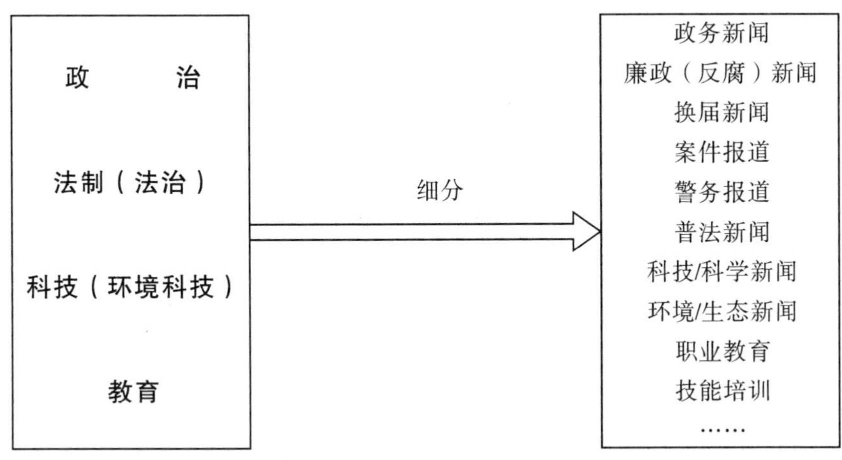

图 1－3　时政类报道初步分类

时政类报道中的政务报道还包括政策执行、会议举行、政令发布等内容，实际上这些都是必需且重要的。近年来，有关反腐的报道也逐渐变得热门，因为政府的反腐行动与官员的廉政表现很受大家关注。官员换届、人大代表履职、政协委员履职也是新近比较热门的报道内容之一，这类报道往往有着最程式化的表达规范，表述严谨，因而也是时政类报道中比较专业的一个分类。

第二大类是经济类报道。以前媒体习惯把经济类报道叫经济新闻，但实际上媒体内部基本会把它分成三大类："财经""政经"和"产经"。这三个领域不太一样，财经、产经大家都比较熟悉，"政经"是指宏观经济政策、宏观运行等内容。前几年《21 世纪经济报道》比较受大众关注的时候，专门分出一个"公司新闻"类，用专门的版面报道各种公司的新闻，包括大型公司、上市公司，产业的上下游、产业链等，都可以展开情节、持续跟踪报道，写好这类报道是很不容易的，因而也可以将其算作一个单独的领域。早期的计划经济时期，报社里有农业新闻部、工交新闻部；而现在的经济新闻可以分为商业新闻、消费新闻，包括现在很火的电商领域，都可以有一些细化的单独的分类。

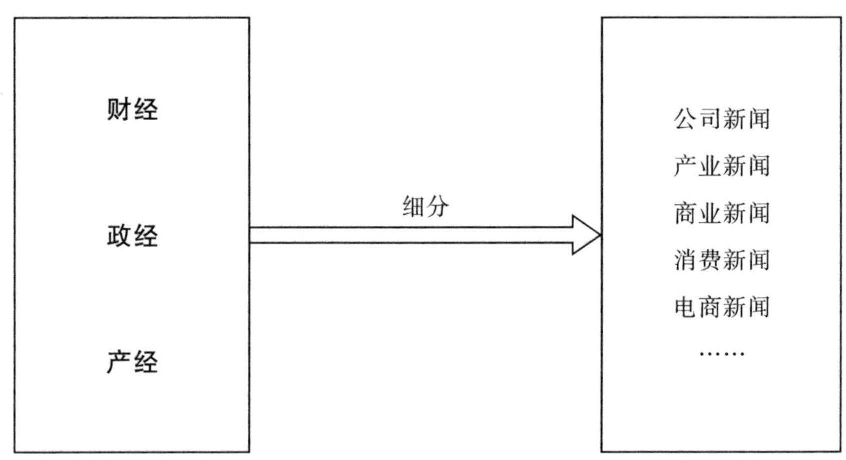

图1－4　经济类报道初步分类

第三大类是文化类报道。现在很多报社的文化新闻部、副刊部和体育新闻部都进行了合并，统称为文体新闻部。就像早些年的文化体育广播电视局，现在从中央开始调整了机构形态，变成文化和旅游部，全国各地、各级政府部门也都进行了相应的整合。之前的文化类报道主要内容涉及文艺、文学等，主要刊登在副刊上，后来延伸到宏观的文化报道，再延伸到整个文体、文娱的全行业、全领域。文化类报道现在也产生了很多新的值得进行专业报道的内容，比如公共文化服务到社区、"非遗"传承、民间手工艺等。现在很多"非遗"项目面临着不能继续开发利用的问题：第一是不知道怎么保存；第二是不知道怎么"活化"；第三是不知道怎么利用。就让它静静躺在那里，成为"非遗"名录的一部分，这肯定不够。不管广东还是全国，都有很多"非遗"产业，"非遗"属于大的文化概念，不是一个简单的纸上谈兵的东西。

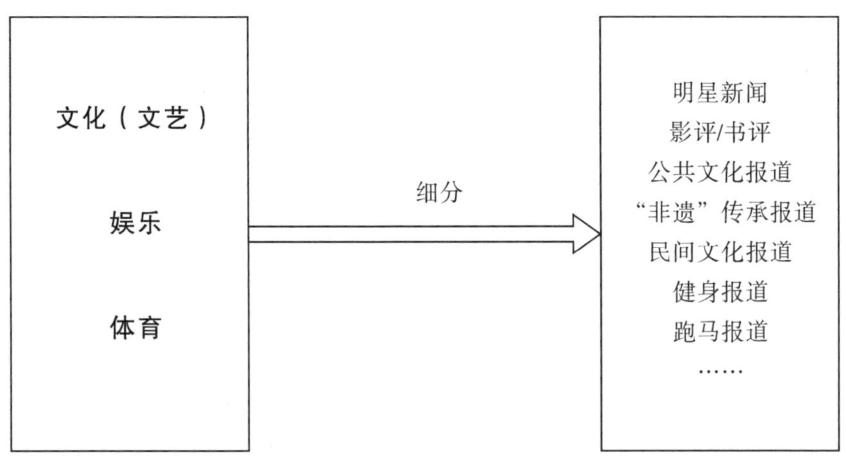

图 1－5　文化类报道初步分类

体育类报道也是这样，除了报道专业的赛事之外，媒体现在也开始重视报道日常的全民健身、群众体育等内容，生活中参加跑马拉松长跑、健身的人也多了不少。大家可以看到暨南大学苏炳添教授在东京奥运会跑出 9 秒 83 的新闻图片，暨南大学微信公众号当天发布了《我的“添”啊！这就是暨南“苏神”!》，文章调侃说，暨南大学终于成了“983 学校”。

我的“添”啊！这就是暨南“苏神”！

暨南大学 2021-08-02 00:00

收录于合集

#东京奥运会上的暨南人 6　#暨南·新青年 57

图 1－6　我的“添”啊！这就是暨南“苏神”!

还有一种专业报道中产生的问题，我相信大家在日常接触媒体报道时都遇见过：我国相关法律规定，不允许媒体把广告与新闻混为一谈。但现在有些媒体刊登的专题报道和专栏文章，其实质是营销软文，但它又没有被列入广告栏目，而且这类文章往往被命名为“专题”“专刊”，这种现象与我们今天所探讨的专业新闻报道是有区别的。因为这种文章的本质就是“打擦边球”，作者或者说媒体希望受众能把它当成新闻看待，但其真实面目可能是一个产品或者某个公司的商业营销文章，只是现在营销的手段越来越巧妙，甚至有些营销文章比新闻记者写的新闻报道更加引人入胜，把商业意图与销售目的隐藏得很深，这就需要受众做好辨别。当然这类文章很难辨别的另一个原因是，受众普遍对现代营销方式不那么反感，对这些植入广告不那么抵触，也就比较容易接受这些信息了。暨南大学的优秀校友、微博认证博主方夷敏（微博名“黎贝卡的异想世界”），在新浪微博上拥有900多万粉丝，她的很多微博内容受到热捧，阅读量很高，她微博内容吸引人的地方在于做到了把产品情怀和时尚理念巧妙地融为一体。她的推广文章实际上就是上述营销文章的一个代表，这种做法跟传统的新闻专业报道是不太一样的。

第四大类是社会民生类报道。社会新闻和民生新闻这两个概念肯定不一样，社会新闻曾经包括街头趣事、社会纠纷、个体维权等内容，八卦成分较多。

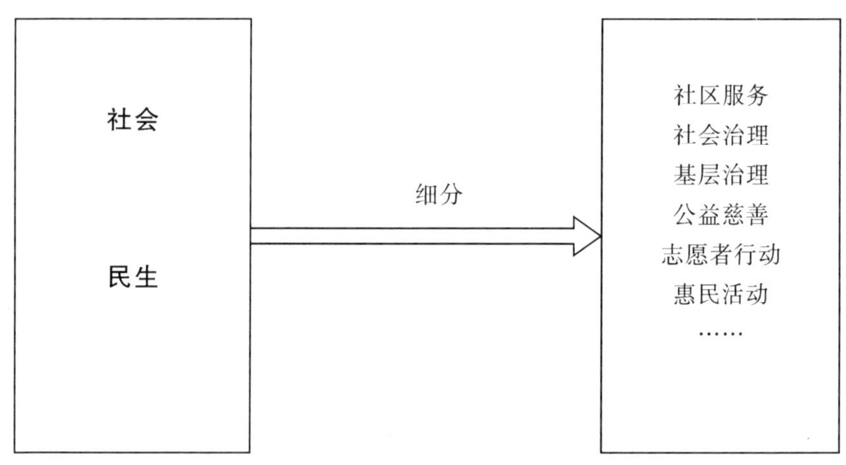

图1－7　社会民生类报道初步分类

台湾地区《联合报》王惕吾当年对社会新闻的辩护性解释是：“社会新闻是对社会负责任的新闻，是社会责任的体现。”他把“社会”的意义拔得很高。后来大陆媒体也提出了“民生新闻”的概念，涉及老百姓的生活社会公共服务、政策和相关的制度安排、基层治理、社区服务的报道，还有一些涉及志愿者、义工以及政府的惠民举措、民众日常生活的报道，我们把它统称为民生新闻。

关于“社会”跟“民生”这两个词的界定，媒体曾经是有争议的。社会新闻过去往往被认为是不太“高级”或“高尚”的，媒体机构里跑社会新闻线的记者可能会被认为是缺乏情怀和追求的。过去的社会新闻也多有落入低俗、恶俗的倾向。就像香港《苹果日报》，大多数版面上呈现的都是血腥、色情、绯闻之类的内容，直接拉低了报纸行业的底线。直到“民生新闻”的概念被主流媒体广泛使用之后，才开始更多地展示政府的惠民措施。所以我认为媒体做社会民生类报道时，一是要做好政府公共服务和治理方面的报道，二是要做好第三方即公益、志愿者参与社会治理的报道。

第五大类是突发类报道。许多学者都把突发事件的报道列为一个专门的类别，我觉得这样分类也有道理，因为媒体现在能接到很多爆料热线电话，记者反应很快，跑得也很勤快，所以做了很多看似很小又很实际的突发事件报道。比如新冠肺炎疫情的相关公共卫生事件、“7・20”郑州特大暴雨灾害等，都是涉及面广、灾情紧急、损失重大的突发事件。面对这类事件，我们需要思考一个问题：怎么从突发报道转向应急报道，从应急报道转向应急传播？这个问题，我后面会专门来讲一讲。

三、最新的专业类别大全

专业报道、深度报道是需要不断被提起、常谈常新的话题，专业报道如何体现其专业性？现如今，我国大多数媒体也在践行新的媒体经营理念，其运营理念、管理方式都在发生变化，时政类报道、法治（制）类报道、经济类报道等类别的报道的内涵和外延都在变化。

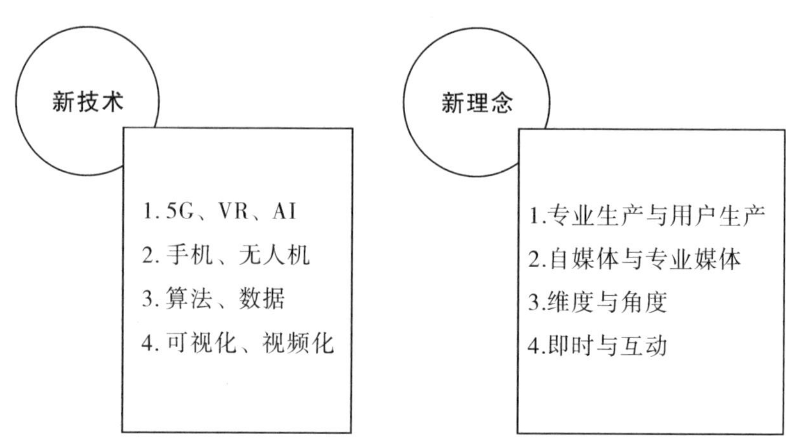

图 1－8　新技术影响与新生产理念

首先是新的技术给媒体行业带来的深刻影响。智能手机、无人机到 5G、VR、AI 这些新的科学技术带来的影响是关乎社会中每个人的。举个例子，无人机已经成为一个新的行业，它在很多其他的行业也被广泛应用，比如环保生态监测、军事气象侦测、消防、新闻报道等。无人机登上媒体舞台，使专业报道的生产方式发生了变化。无人机呈现的报道角度是一种全新的视角，无人机能到达人不能到达的地方，比如救灾现场、深山里或者高楼顶上，无人机带来的这种全新视角类似上帝视角，会让受众看到以前看不到的东西、看不到的角度，给人们呈现了一个新的空间。《南方日报》在庆祝建党百年的时候做了一系列穿越机视频报道。穿越机跟一般的无人机不一样，可以拍摄出电影里一镜到底的感觉，穿过大楼、穿过纪念碑、穿过街道，甚至穿过房间、穿过一道门、穿过一个展览馆，最后《南方日报》把这些内容串成一个时长 100 秒的视频。它的拍摄很难，很多镜头的选取也很难，但拍出来的效果很好。2021 年 12 月，暨南大学新闻与传播学院和南方日报社合作，邀请了业界、学界的专家们开展了专题研讨，探讨怎么将无人机更好地应用到新闻报道中，怎么将无人机引入新闻专业的教学中。

其次，关于报道理念，我也有一些想法想跟大家分享。目前的一个新情况就是专业生产与用户生产之间的界限已经发生了诸多变化，很多同学都注意到了这个新现象。目前的实际情况是，用户参与到新闻生产过程中之后，专业报道就会数量更多而且题材更宽泛，当然也会更杂乱一些。反过来说，我们也在思考，是不是需要更多的专业媒体机构、从业人员专门进行行业报道的生产？这种专业机构、专业人员写出来的专业新闻报道，它的专业性和权威性是占据绝对优势的。比如有关医患关系的报道，就需要很多专业知识，我记得“8 毛钱”报道的例子[①]，医院、患者受伤，媒体、读者双输，这是大家都不愿意看到的结果。我当时还在《南方都市报》任职，也觉得这篇有关深圳儿童医院的报道不够扎实全面。事实上，广州也发生过一个类似的案例：一位医生值夜班时跟一个匆匆忙忙来看病的患者发生了纠纷，起因是医生治疗的效果没有让这位病患满意，《南方都市报》去报道了这个事情，但报道时使用了不太妥当的标题，大概是“医院急诊室发生重大冲突”。一般听到“急诊”“ICU”“重症监护”这些字眼，受众首先联想到的是人命关天。事实上，很多医生上夜班时都是在急诊科值班。所以如果媒体刻意强调是在急诊科发生的纠纷，这就会呈现出被刻意放大的效果。这样的标题就容易误导读者，哗众取宠。

很多同学可能会产生一个疑问：自媒体与专业媒体哪个可以做到更专业？有人认为自媒体通过领域的精准细分甚至会比专业的媒体更加专业。一些自媒体的科普传播也确实做到了专业，甚至越来越专业。反观我们的专业媒体机构、新闻单位，受限于版面、覆盖面和人力、时间等因素，要兼顾的报道面特别宽泛，但是具体到某个专业领域时反而不能做到深入。媒体面对这个现象时应该怎么办呢？专业媒体的专业性怎么才能更加到位？换句话来说，专业性并不是专业媒体的一个天然优势，如果专业媒体、专业机构、专业新闻工作者再不努力的话，可能就真的不专业了。所以媒体的专业性不光体现在专注于某个领域，还体现在把新闻报道当成一个职业来看，否则我们专业媒体和自媒体相比，优势在哪里呢？

在新冠肺炎疫情期间，我们不光看到了很多新闻，还听到了很多谣言，看到了很多突发报道，看到了很多专业分析。在专业纵深扩展的过程中，有时候知识比所谓的“事实”更重要，理念比方法更重要，维度比角度更重要。我们在清楚地了解基本事实的情况下，应当直截了当地把信息完整地告诉大家，而不是通过取舍、剪裁、凸显、放大来讲某个新闻点，其实

---

① “8 毛钱”报道是 2011 年 9 月 7 日媒体曝光，一婴儿因无法正常排便，深圳市儿童医院建议其手术治疗，所需费用为 10 万元，但另一所医院仅用 0.8 元的液状石蜡即缓解患儿症状的新闻事件。

有时候很多人需要的就是一句完整的信息。所以有的时候，媒体与其简单地把事实剪裁成新闻，还不如把完整的新闻信息告诉读者，直接告诉受众信息源、信息背景、信息的状态，受众会作出相应的评价。所谓的互动不光是在网上跟网友互相评论、跟帖，还要把真正的、全盘的信息告诉受众，这是一种更深的互动。

这又涉及报道维度的问题。自媒体跟专业媒体的角度、维度是不同的，每个媒体选取的角度也不可能是全面的，我们经常说动态报道和相关链接可以让受众看到更深、更全的东西，但是这也对读者提出了更高的时间要求，因为他要翻完全部的报道才能看到深度。如果非要逼着读者去翻更多的东西才能得到结论，那么就是媒体不负责任了。就像医患纠纷和交通事故，这两类事情都很难鉴定、很难得出结论。无论是司法鉴定还是医疗鉴定，都是一个很专业、很漫长的过程，不能简单地分析事故中谁对谁错、谁坏谁好，记者也不能直接得出结论。

关于角度和维度的问题，我一直有个观点：我认为在信息比较庞杂、变化迅速，各种不确定性因素不断增加的情况下，发掘新的维度本身就是一种深度，找到新的角度就是一种广度，对一些新问题、新现象、新专业、新行业的关注和提示，我认为哪怕只写出 60 分的新话题，也比把一个老话题写出 90 分更有价值。当然那些老的、传统的东西如果能够做到极致，写成一篇模板一样的稿子，使之成为范文、经典，那也是很有价值的。比如说关于医患关系的报道，关于新消费理念的报道，我们要是只搜一篇文章就能获得足够的信息，就不至于在网上翻了三页还找不到该找的信息。所以有人提出建一个网站，专门登载权威信息，每一条信息都找一些全球顶级的专家来编写，变成一个词典式、法典式的标准答案，然后定期去更新。新的维度、角度还代表了一个新的专业领域，或者一个专业方向、一个专业趋势，我认为这也是我们新闻专业的学生，包括双学位学生的优势所在。

关于新的报道形态，我将通过举例来进一步探讨，比如传统新闻报道中最难做的农业报道，现在已经变成了农村乡村、乡村振兴、城乡融合的报道，甚至也延伸到城市传播、地方新闻、区域传播这些领域中去了，这里面大有可为。之前《南方日报》在计划经济时期做农业报道，就是报道春耕、夏收、秋种、冬修，还有农田大会战、水利大会战这些活动，是计划经济时期经济报道的一部分。现在的农业报道更多地关注人，关注留守老人和儿童，关心城乡二元结构，关注农村人跟城市人之间没有打通的种种隔阂。

我特别喜欢举的一个例子，就是关于高速公路的报道。不时会有媒体报道：某地又取消一个收费站。高速公路收费一直是民众比较关心的话题，高速公路的收费站撤掉，对民众来说本应是好事情。但取消几个收费站跟取消收费是两回事，取消收费站是因为现在高速公路收费可以在网络上缴纳扣除，而不等于不收费了。这里面有个情况是大多数人不了解的：广东省的高速公路一开始是借贷来修的，如果国家不允许借贷的话，当地政府当年是没有钱修高速公路的，那也就没有后来的路通财通和经济高速发展。借贷修路在当年是创举，是一种突破，是很不简单的事情，我们不能说因为现在要取消和降低高速公路的收费，就认为以前收费修路这件事情不对，这是逻辑不通的。广东省特别是东莞市的“三来一补”企业[①]，实际上也是这样，我们现在觉得它们档次不够，需要腾笼换鸟，需要升级转型，但事实上“三来一补”在当年也是创新之举，是改革开放的惊人之举，令广东省特别是东莞市的“三来一补”企业在没有相关政策支持的局面下“杀出一条血路来”。那些参与改革的人，他们真的是提着脑袋在参与、在担当，如果我们放在当时的背景来看，当年改革的力度与魄力，不亚于我们现在的种种改革措施。

从慈善报道、公益新闻，到与时政、经济、国际交织的气候报道、气象报道、能源报道、碳中和报道、生态环境报道，都是跨界、跨区域、跨行业的。暨南大学文本实验室于2021年12月2日发布的“淘词计划”第一份报告《码》里面提到了最新的码叫作“碳足迹”，是指一个产品或者一个人、一个活动，可以通过相应的计算公式就能知道它的碳排放量，这是一个最新流行的东西。

关于专业报道如何深入的问题，我觉得有两个方向。一个是理念要新，过去媒体做新闻报道时无法凸显专业性，很大程度上是被一些专业教材里面的陈旧概念给限制住了。比如之前提到的“法治”与“法制”的问题，

---

① “三来一补”是来料加工、来件装配、来样加工和补偿贸易的简称。

现在统一为“法治”，强调管理跟治理，强调现代治理理念，所以记者要在确保表述严谨的基础上及时更新观念。二是表达要完整，虽然记者写新闻稿件时不要求做文献综述，但是表达中所涉及的内容材料一定要全面、准确，而且尽量不要用口语表达。

最后再跟大家做一个展望，最近我看到2020年中国新闻奖的评选结果，其中深度报道分别获得了一等奖、二等奖、三等奖。这就表明，现在的深度报道里还是有重调查、重批评、重呼吁的文章，虽然可能占比不多。现有的大部分深度报道和专业报道虽然涵盖了一些调查性、分析性的报道，但是这些报道的分析还不够深入，还停留在一些过于具体的事情上，显得文章主旨过于黑白分明，陈述的事情过于简单，体现的对立过于直接，没能体现出社会的丰富性和复杂性，所以也没办法延伸到更多的层面。

范以锦是暨南大学新闻与传播学院的老院长，也是我的老社长，还是我的博士生导师，他在接受媒体采访时说过这样的一句话：“深度报道仍然是媒体的重要品质，深度报道能为媒体提供重要价值，同时深度报道也要警惕过度的娱乐化和泛媒体化。”① 他认为传统媒体的主流化趋势下，仍然有许多年轻人在坚持、在坚守严肃的新闻深度和调查报道甚至是非虚构写作。我觉得范院长说的话非常中肯，也给我很多启发，在这里分享出来，跟大家共勉。

① 黎广．范以锦：深度报道仍然是媒体的重要品质［N］．时代周报，2021－11－05.

第二讲　深度报道的概念、类别和发展趋势[①]

曹　轲[②]

上一讲，我跟大家分享了专业新闻的一些分类方法，还有一些新的分类理念、新的分类领域，也提到了深度报道。常规的新闻专业教材将其分成三类：调查性报道、解释性报道和预测性报道。有的教材还加了特稿、人物报道和互联网深度报道等类别。也有些教材将其分了五大类：人物报道、文化类报道、突发事件与时政类报道、商业报道、环境科技类报道。今天我来跟大家分享第二讲，“深度报道的概念、类别和发展趋势”。

我对这一讲的初步设想是，以深度报道的内容为主线，穿插相关专业新闻的内容，同时结合相关专业领域，“以深度带专业，以专业求深度”。

一、深度报道的概念

我们先讲一讲深度报道概念的来历，或者说，深度报道是怎么发展到现在这个形态的。我们目前认知里的深度报道跟它在历史时期的形态之间有什么不同？深度报道的现状是什么？

首先我想澄清一点：长篇的报道并不等于深度报道。深度报道可能需要比较长的篇幅来展开叙述，没有足够的篇幅也说不清楚，但好的深度报道不一定是以篇幅取胜的。像《南方周末》擅长写作的特稿，在参评全国和省级新闻大奖时，往往因为字数超标而很难参评入选。字数超标的深度报道，除非报道本身确实特别优秀，否则只会偶尔被特评为特别奖。新闻

---

① 授课时间：2021 年 9 月 6 日。课堂实录整理：张以禾，暨南大学新闻与传播学院 2021 级硕士研究生。

② 曹轲：新闻学博士、高级记者，全国先进工作者、政府特殊津贴专家、全国新闻出版行业领军人才；曾任南方报业传媒集团新闻研究所所长、《南方都市报》总编辑、南方网总编辑、集团副总编辑，现为暨南大学新闻与传播学院教授、博士生导师、文本实验室主任。

媒体对时效性要求高，对文字的简洁性、对字数的限制、对阅读时长的限制都是特别严格的。

关于深度报道的篇幅多长其报道效果才算最佳的问题，没有定论。我举个例子供大家参考，佛山传媒集团二十年前就已经是一个全媒体集团，媒体的形态很齐全，电台、电视台跟报社等都具备，在媒体融合的探索过程中，他们列出的标准是：消息 1 000 字、评论 2 000 字、通讯 3 000 字，深度报道不超过 5 000 字。

一篇深度报道，有时可能刚好占一个或者两个版面。比如说《南方都市报》采用的是小版面，经常会用两个版来做一篇深度报道，文章内设置一些小标题，每个部分分开来讲，有时也会加点背景、知识链接和评论，这也叫作整版报道。

有深度的报道不一定是长篇报道，长篇报道更不等于有深度的报道。现在有很多正面宣传的报道、长篇的人物通讯，也不一定是深度报道。比如我们暨南大学苏炳添教授这样一位闪亮的体育明星，围绕他写 5 000 字肯定是不够的，怎么报道也不嫌多。我刚刚在来学校上课的路上，看到暨南大学微信公众号又发布了苏炳添和两位奥运冠军对新一届大学生的新学期祝福，他们说了很多正能量的话。

苏炳添教授现在在我的老家西安参加全运会，要再创辉煌。四年后即 2025 年，第十五届全国运动会又将由粤港澳三地共同承办，那时大部分同学可能已经离校了。离暨南大学石牌校区不远的天河体育中心，是第六届全国运动会的主场馆。在我刚毕业来广州的时候，天河区包括广州大道以东的地方都还很荒凉，周边都是农田。现在，暨南大学石牌校区所在的这片区域非常繁华，最初带动这一区域飞速发展的一个重要因素就是全运会。大型体育盛会会带动一个城市的发展，但是如果规划得不好，就会成为地方的一个负担，很多地方因为办了一场大型体育赛事，给整个地方财政带来了巨大的经济负担。因为高标准的运动场馆的维护是需要花钱的。

图 2－1 是 2021 年 8 月全国人民收入构成比例，可以看出，月薪 5 000 元以上就算是中等收入了。有人说，5 000 元在广州生活其实是很难的，但在这个图中，5 000 元的收入也变成了中等以上的收入。通过这样一张图，人们可以想到很多东西，想到不同的行业、人群、地域等多方面的因素，它不是深度报道，但它可以说明很多问题。

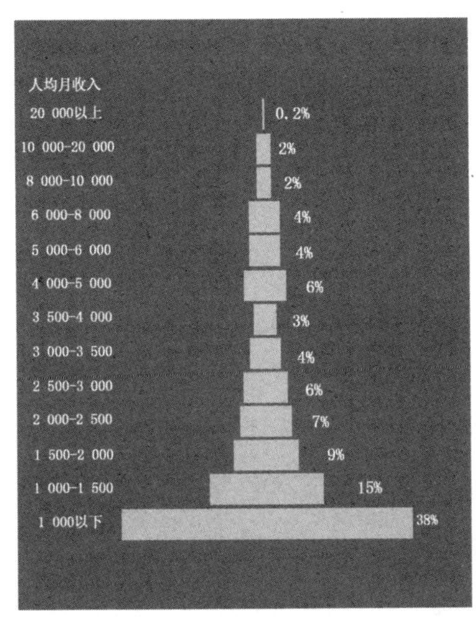

图 2－1　2021 年 8 月全国人民收入构成比例

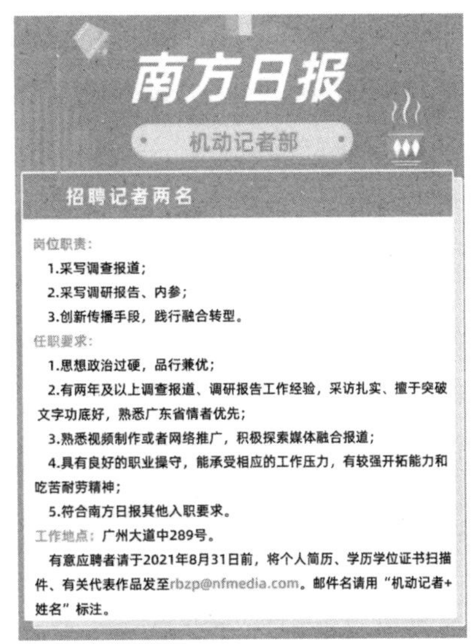

图 2－2　《南方日报》招聘广告

图 2－2 是《南方日报》招聘广告，是我想说的另一个问题。南方日报社机动记者部在招聘记者。机动记者部包含了读者来信部、突发新闻部、爆料新闻部及深度报道部等细分部门。招聘广告“岗位职责”里提到的要求中，采写能力有两项：第一个是“采写调查报道”，就是我们说的深度报道里的第一大类别；第二个叫作“采写调研报告”。

这说明了调查报道不等于调研报告。现在媒体以及高校都在成立各种智库，智库提供的调研报告、对策研究、数据分析、情报分析等内容，跟我们说的调查报道、深度报道是不一样的。我在南方报业集团做舆情数据报告等智库产品的时候，就发现这里面有很大区别。举个例子，一位《南方日报》的资深深度报道记者能写好调查报道，但他不一定能写好调研报告。高校很多教师做学术科研、上课很厉害，写论文、做课题也很厉害，但他不一定能写好调研报告。调研报告一是要求精准的定位，不能纸上谈兵，不能虚张声势，或者描写一大堆复杂背景，跟具体现实不沾边。二是需要精准的服务。调研报告不能像大众传媒的报道一样，面对一个庞大的、不明确的潜在目标人群泛泛而谈。泛泛而谈的好处是既可以负责任也可以不负责任，因为它对每个具体的人来说没有直接的责任。但是调研报告必须负责，必须对采购和订制的用户负责。

购买一份调研报告要花多少钱？现在的市场价格是5 000元一份到50万元一份的都有。而这个价格从本质意义上来说不能等于一篇报道、一篇论文的稿费。所以我认为现在在深度报道之外，又多了一些新的领域，这些新领域也是需要大家去关注的。调研报告、舆情对策这样的信息服务、智力服务、决策服务，跟我们日常所说的深度报道、调查报道不一样，新闻报道按篇幅可分为短的消息、长的通讯，按报道领域分为不同的专业新闻，不管是以快一点为主还是深一点为主，以静态的为主还是以动态的为主，以解释性的为主还是以预测性的为主，现在似乎都不够用了。现在需要的深度报道、专业报道，既可能是一种调研式的、对策式的报告，也可能是通过数据挖掘来呈现一些新的东西。现在国内高校的新闻学院也增设了很多与新媒体和大数据相关的课程，但是还不够，因为接下来可能有很多新闻不是像之前那样由我们记者“采访”出来的，而是通过数据“采集”，从数据里挖掘出来的，这是目前的媒体报道比较欠缺的。

这就是我理解的深度报道的两个特质：长篇报道不等于深度报道，调查报道不同于调研报告。同时出现的是互联网时代新的深度报道：网络上的超链接与立体报道、数据挖掘与深度报道。下面我还想讨论一下深度报道现在面临的边界问题，因为深度报道并不是无所不能的，不能认为一般的消息不能解决的问题，深度报道就可以解决。实际上现在深度报道在很多领域是面临着障碍的。受众也已感知到这些变化，他们大部分已经不再看传统的深度报道，因而媒体也逐渐失去了这个领域有效的读者市场。

二、深度的“终结点”

深度报道应该“深”到哪里？这个问题很大程度上是受深度报道自身的专业性局限或者条件限制的。“深”的程度，涉及专业性“专”的程度，是有边界的。因为深度报道的本质还是新闻报道，是面对大众传播的消息，只不过它要比一般的新闻报道了解得多一点、写得深一点；而不是因为这篇报道有深度，就变成了一篇专业案件分析或者变成了一篇专业论文、调研报告。

二十多年前广东深圳发生的清水河化学危险品仓库“8·5”特大爆炸火灾事故，当年估计经济损失达2.5亿元，死伤上百人。当年《深圳晚报》的摄影记者赵青拍摄的爆炸现场的照片获奖立功，但他的腿也在事故中被炸伤了，并且也造成了全身其他部位很多伤病。当年他靠着一股神勇的精神冲进了爆炸现场，他说当时刚好爆炸了一下，把他的相机炸坏了，人也因此受伤了。最后他在现场找到相机，把还能冲洗的胶片冲洗出来，呈现出那种硝烟状的、模糊的现场，给人很震撼的感觉。这次报道差点要了他的命，但他也因此一战成名。现在在全新的技术设备支持下，我们的消防报道和救援报道也可以思考一下，怎么更好地用技术、用手段来做更优秀的深度报道、专业报道。

深度报道的“终结”，一是指一些领域被迫终结，二是指记者的主动克制，知道采访报道的边界应该在哪里。大家可以思考两个问题：一是深度报道需要多元的关联，那关联到什么程度才是足够的、刚好的？二是深度报道立体的呈现应该呈现哪些层面？

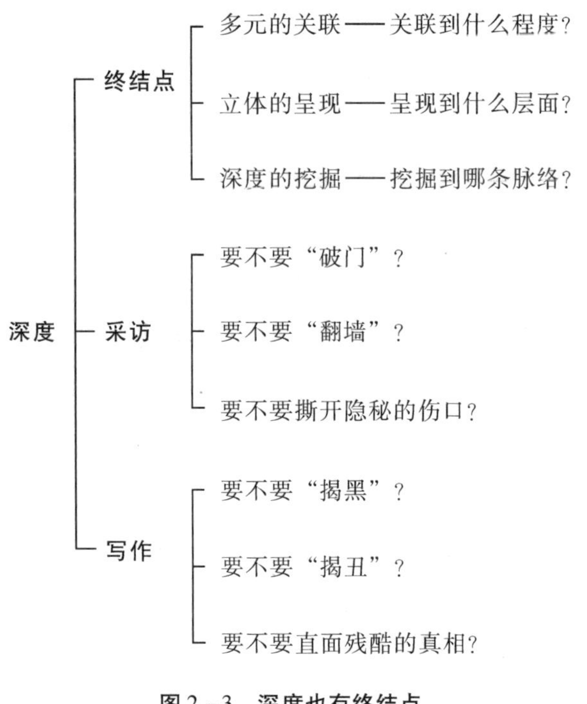

图2-3　深度也有终结点

举一个例子，在2008年“5·12”汶川大地震发生之后，有很多记者到了汶川现场。其中有位记者不愿意继续采访了，转做志愿者，因为他不愿意让那些受伤的人面对采访时再自揭伤疤。对于一些家里有人在地震中去世的灾民来说，问他们对救援措施感受如何是很残忍的，采访就是不断地提醒灾民残忍的真相，不断地逼着灾民把还未愈合的伤口揭开。不光是灾难事件报道，就算是正面的采访也应该有个度，如果记者连着100天采访苏炳添，一直问他同样的问题，他恐怕也要崩溃。

三、深度报道的未来

深度报道的未来在何方？我认为在这三个方向存在新的可能：融媒体报道中的深度报道、建设性新闻中的深度报道、现代治理体系中的深度报道。

一是融媒体报道中的深度报道。现在，融媒体报道越来越多、越来越热门了。现在的很多报道不再是过去的单篇消息或长篇通讯，它可能加入了视频、图表，增加了跟受众的互动。以苏炳添的采访报道为例，受众在为信息兴奋、狂热过之后，可能会需要看一篇较有深度的报道以获得更具体的信息，这时候记者可以写苏炳添备战奥运会的前后历程，这就是人物报道的“基本盘”。如果我们要以融媒体的报道思路来设计一篇深度报道，就要考虑完整的时间轴，将很多报道细节关联和发展过程用一个时间轴串起来。

二是建设性新闻中的深度报道。建设性新闻中的深度报道应该做什么呢？有一个方向肯定没有错，那就是写时代英雄、写励志人物。我们都在提倡“中国梦”，就是要为千千万万的老百姓树立精神上的榜样，中国人需要英雄，新时代也需要楷模。这些值得被赞扬的英雄，更多的是指为了群众利益作出突出贡献的英雄，比较常见的是在生活中做出了不平凡事情的平凡人。比如说每年的劳动节、教师节等，我们都会看到一些先进人物的报道出现，这种题材可以被写成人物报道，也可以被写成特稿，也可以被写成跟某个领域的发展有关的专业报道。这种深度报道是包含正能量的，是这个社会在达成共识的过程中需要的榜样力量。

三是现代治理体系中的深度报道。这类报道与讲述爱岗敬业类的报道不一样，它不是单纯地表达热情、情绪，不是表达一种所谓的精神力量，而是希望能体现社会对现代化治理体系的需求。习近平总书记在十九届五中全会上指出，要“破除各方面的体制机制上的阻碍因素，从而持续推动和坚强保障全面建设社会主义现代化强国”。所以，有关现代治理体系的深度报道，包括深度评论，就要能够提供有方向性的价值。《南方周末》此类深度报道在后期的文风、评论的深度等方面都逐渐调整了方向，更加偏向对治理技术、治理能力的探讨，不再去讲那种精神层面的启蒙性的东西，而是在具体的事情上探讨具体的规则，探讨通过现代治理能达成的效果。因此媒体在建设性报道中，应该将深度报道与专业报道结合起来，强调专业呈现，呈现专业。

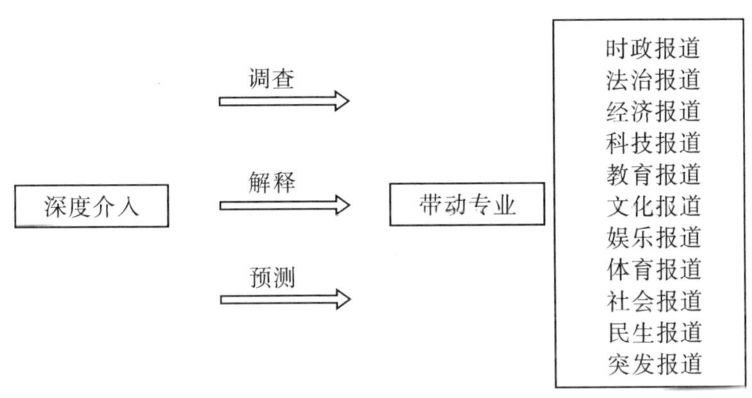

图 2－4　深度介入，带动专业

深度报道里面可以体现调查、解释、预测等元素，我们用这些角度、手法、能力去关照、观察相关专业领域，看看相关专业领域的专业报道怎么做。我们的深度报道涉及专业性时怎么做，也就是在深度报道中怎么体现专业新闻、专业报道。专业性之外一定要强调深度报道，深度报道本身要强调新闻专业性。以深度带专业，以专业求深度，这是我对专业报道与深度报道这门课的理解和尝试。希望以后我们可以一起继续研究这个话题，实践这类报道。

谢谢大家！

中编　专业报道新论九讲

…… ……

第三讲　应急报道：应急传播能力提升①

曹　轲②

习近平总书记指出，应急管理是国家治理体系和治理能力的重要组成部分，要积极推进我国应急管理体系和应急管理能力的现代化。

应急管理体系中包含应急传播。目前国内没有对“应急传播”和“应急传播体系”明确的定义，理想的应急传播体系，是政府、传媒、公众三者长期协同合作，进而构建的有机系统，是政府主导、媒体传播、公众参与的命运共同体。

应急传播体系的构建，不是应急信息发布、应急广播、应急报道的简单组合；应急传播能力的提升，不是现存各类型的媒体依靠自循环、内循环能够实现的，必须上升到国家治理体系和治理能力现代化的层面，融入应急管理现代化、应急管理信息化的系统中。加速融合与系统升级，能够提升媒介化治理能力，提升整体风险防范能力。

这门课叫“专业新闻与深度报道”，在第一讲中我先把部分专家以及教材中有关“专业报道”和“深度报道”的分类方法、基本逻辑给大家做了一个概括。现在教材中有很多东西确实有点过时，很难直接套用到现实社会中。那么我希望通过观照现实的思路来讲这节内容，我准备以“7·20”郑州特大暴雨灾害作为切入点，来讲讲应急报道。

---

①　授课时间：2021 年 9 月 13 日。课堂实录整理：张以禾，暨南大学新闻与传播学院 2021 级硕士研究生。

②　曹轲：新闻学博士、高级记者，全国先进工作者、政府特殊津贴专家、全国新闻出版行业领军人才；曾任南方报业传媒集团新闻研究所所长、《南方都市报》总编辑、南方网总编辑、集团副总编辑，现为暨南大学新闻与传播学院教授、博士生导师、文本实验室主任。

一、应急报道的概念与现状

1. 应急报道：突发报道 + 灾难报道 + 应急报道

我先简单讲讲我对应急报道分类的思考，应急报道可以细分为三类：突发报道、灾难报道和应急报道。

突发报道就是对突发事件的报道。这里的突发事件不是指“跳楼”“堵车”这样的事故性突发事件，而是指重大的公共卫生事件、公共安全事件，如2020年暴发的新冠肺炎疫情。

灾难报道也属于应急报道。灾难报道在内容处理上，与我们平日所见到的新闻报道有着很多不同，无论是观念的要求、伦理的要求、策略的要求，还是对呈现方式、分寸的把握都有所不同。比如，有关“9·11”事件二十周年的新闻报道有很多，大部分都写得不算出彩，因为大家已经不记得现场是什么样子，而事发二十年后，人们再来看这些报道，感觉也不一样。现有的报道更像是一种回顾式和纪念式的报道。

我们经常会看到一些比较出色的新闻报道会做全方位的现场呈现；同时会对受灾情况、受灾的人作很多反思、梳理的工作。比方说《南方都市报》在“5·12”汶川大地震的时候，编了一本名为《汶川大地震实录》的书。

现在的灾难报道还有一个变化，它越来越全程、全效：从时间上看，强调防灾、减灾、救灾的全过程报道；从内容上看，还涉及时政、经济、民生等多个领域。

2. 有应急学院，没有应急传播课程

习近平总书记多次强调中国目前“发展不平衡、不协调、不持续”的问题，现在的社会是信息社会，也是风险社会，我们社会复杂的系统有很多不确定性、不稳定性和不可预测性。

因此，2018年3月，国务院设立了中华人民共和国应急管理部（简称“应急管理部”），将应急管理部、国务院办公厅的应急管理、公安部的消防管理、民政部的救灾、国土资源部的地质灾害防治、水利部的水旱灾害防治、农业部的草原防火、国家林业局的森林防火、中国地震局的震灾应急救援等相关职责以及国家防汛抗旱总指挥部、国家减灾委员会、国务院抗震救灾指挥部、国家森林防火指挥部的职责整合，以防范化解重特大安全风险为目标，整合优化应急力量和资源，健全公共安全体系，打造出统一指挥、专常兼备、反应灵敏、上下联动、平战结合的中国特色应急管理体制。2019 年 7 月，应急管理部印发了《应急管理标准化工作管理办法》。

应急管理部的成立，标志着我国应急管理体系化发展进入到全新的战略阶段。应急管理部组建前，突发事件发生时是由临时组建的指挥班子协调应对；应急管理部成立后，整合了各部门的有关职能，做到了统一领导、统筹管理、标准化工作，将“常态化管理”与“非常态应急管理”结合起来，形成了平战结合的综合管理体系。

但是与上述变化相对，到目前为止，我国的媒体并未在应急管理体系下建立起跟“常态宣传—预警—救灾—重建”时时对应、环环相扣的应急传播体系。

一方面，从信息发布方的角度来看，应急管理部门成立之前没有建立相应的机制进行统一和规范。很多突发事件的报道职责已经由政府新闻办公室、防汛抗旱指挥部、减灾委员会等发布机构代替。另一方面，从信息接收方的角度来看，媒体尚未构建起平战结合、形态丰富、兼顾“反馈互动”功能的体系化的传播矩阵。

目前全国有 30 个左右的高校设立了应急管理学院，其中就包括暨南大学。暨南大学的应急管理学院成立于 2009 年，是国内第一个应急管理学院。学院下还设立了应急管理研究中心，该研究中心也聘请了新闻与传播专业的专家学者，但没有开设相应的课程。

二、应急传播的背景和特点

1. 习近平总书记关于“风险社会”的系统论述

《习近平关于防范风险挑战、应对突发事件论述摘编》这本书里记录了很多习近平总书记关于风险管理的论述，在此我跟大家简单分享一下。

第一，系统性的风险、全部性的风险、结构性的风险。习近平总书记是站在总体的、国家安全观的角度来看待风险和挑战的。“灰犀牛”“黑天鹅”是习近平总书记引用过的一些对风险社会的描述。所以风险社会中的风险不光指自然灾害，还包括经济结构风险、国际政治风险等社会性风险，譬如房地产、能源等领域，都可能存在“风险”。

第二，颠覆性的危机。风险和风险社会的特点决定了风险有可能会集中显现，会累积、蔓延，会联动，会产生连锁反应，会急剧扩散，会集中显露、传导叠加、演变升级。

第三，在众多风险中，有些风险会持续一段时间，有些可以预见，有些难以预见，我们必须标本兼治、对症下药，建立健全化解各种风险的体制机制，通过延长处理时间，降低一次性风险冲击的力度，如果遭遇系统性风险的威胁，就要果断采取外科手术式的方法进行处理。如现在的房地产领域存在很多问题，必须尽早去预防、去延缓，不要等它变成一个大问题，甚至没办法解决的时候再去解决。

第四，要强化风险的源头管控，强化防范风险的主体责任，辨识风险点、风险源、风险链。

习近平总书记2016年7月28号在河北唐山考察时讲过一段话：“我国是世界上自然灾害最为严重的国家之一，灾害种类多、分布地域广、发生频率高、造成损失重，这是一个基本国情。新中国成立以来，特别是改革开放以来，我们不断探索确立了以防为主、防抗救相结合的工作方针，国家综合防灾、减灾、救灾能力得到了全面提升，要总结经验，进一步增强忧患意识、责任意识，坚持以防为主、防抗救相结合，坚持常态减灾和非常态救灾相统一，努力实现从注重灾后救助向注重灾前预防转变，从应对单一灾种向综合减灾转变，从减少灾害的损失向减轻灾害风险转变，全面提升全社会抵御自然灾害的综合防范能力。”

这次讲话提出了一些新的要点：一是要以防为主，二是要从单独的防到综合的防。事实上，我们也知道很多自然灾害是无法预防的天灾，但是在不断的变化中，事件就变成了事故。比如，此前有这样的新闻报道：大楼里冒烟了，大家以为是火灾，就快速地从楼梯、消防通道撤离，在这个过程中，可能有人被推倒踩伤、有人觉得二楼不高，直接跳下去结果受伤了，最后大家发现只是虚惊一场。所以说很多风险是关联的，很少有单一的灾害。

习近平总书记在书中讲到了跟新闻传播相关的“信息”，强调了信息的发布、信息的预警、安全信息系统的建设，还专门提到了要用信息化来推进应急管理现代化。

中共中央政治局2019年11月29日下午就我国应急管理体系和能力建设进行第十九次集体学习，习近平总书记的讲话强调了信息化、系统性、现代化。积极推进我国应急管理体系和能力现代化，就是要适应科技信息化发展大势，以信息化推进应急管理现代化。

2. 应急传播的特点：全媒体、全社会、全数字

以信息化推进应急管理现代化就要升级传统的灾难报道、应急报道，充分整合利用好信息化、系统化、现代化的媒介资源，重构应急传媒体系。

我认为应急传播体系应该具有三个特点：全媒体的格局、全社会的参与、全数据化的过程。

首先，全媒体的格局是指一种模式的创新。应急管理体系中的应急传播要打通不同性质的媒介（政府发布平台、官方媒体、自媒体、意见领袖、明星网红、受灾群众）与不同形态的媒介（文字、图片、音视频、游戏、网站）之间的通道，从预期管理、信息发布、受众互动、信息反馈等全环节入手，形成与应急管理体系“防灾—救灾—复健”功能时时对应、环环相扣的综合传播体系；依照《应急管理标准化工作管理办法》建立起具有统一领导、统筹协调、标准化工作性质的信息发布平台；从时间上来说，要坚持平战结合，从形式上来说，要坚持模式创新。

2019年1月25日，中共中央政治局就全媒体时代和媒体融合发展到人民日报社举行第十二次集体学习时，习近平总书记指出，全媒体不断发展，出现了全程媒体、全息媒体、全员媒体、全效媒体。

全程、全息、全员、全效，用在应急管理、应急传播上也十分贴切，理应成为应急传播体系构建、应急传播能力提升的方向和目标。

单一的应对措施、单一的应急报道，不足以面对风险丛生并发、连环激发的问题，需要从应对单一灾种向综合减灾转变，从减少灾害损失向减轻灾害风险转变。“7·20”郑州特大暴雨灾害到后期引发的河南水灾期间，相关的信息发布、灾情报道显得有些力不从心，信息渠道零碎不全、传播

平台散乱不一的问题随之凸显。我们明显可以看出，新的需求变化之下，不再需要单一的灾情报道、单一的信息发布，也不再满足于单一的响应和单一的报道。

其次是全社会的参与，也就是机制与管理的创新。

2021 年河南水灾的救灾过程中，一名河南籍大学生在腾讯文档上建立的在线协作文档《待救援人员信息》，一天内访问次数超过 250 万次、在线编辑记录 2 万余次。

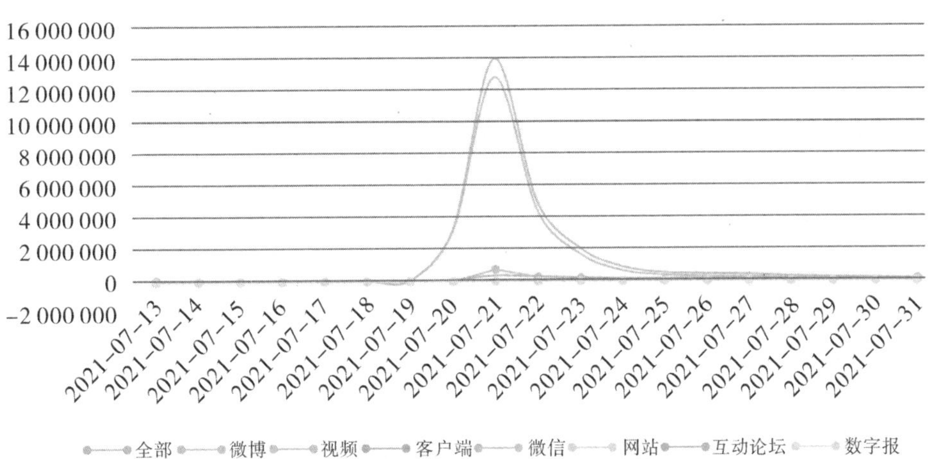

图 3－1　各信息渠道平台对“7.20”郑州特大暴雨灾情的信息走势图，南方舆情数据研究院

从上图可以看出，在突发社会事件面前，全媒体参与趋势已成，我们只能因势利导，充分利用，而不能任由其“随意”发挥，影响整体传播，或者主观暂停或掐断这种“参与”。

最后，全数据化的过程，是对系统和能力的创新。应急信息一般有着影响区域集中、短时间内信息密度较大等特征。因此信息发布源地理位置的确认，以及信息发布的时效性，是应急信息管理的重要组成部分。突发事件发生后，几乎所有的信息传播渠道都会被铺天盖地的相关信息淹没，对于普通受众来说，这些信息真假难辨。因此相关管理机构需要在第一时间对信息来源作出判断，对不同的信息源区别处理，集中资源核实来自事件核心区域内的信息，并作出积极反馈和响应。这种精细化的管理很难通过人力搜集完成，相关管理机构只有通过长期的体系建设，数据搜集和智能化分析才可以做到从容以对。

在时间维度上，相关管理机构需要通过数据化、智能化的分析手段，充分综合各种信息，对“预警—救灾—复建”的应急阶段进行预判，采取不同策略，满足不同的信息沟通需求。

在应急事件没有发生的时候，相关管理机构就应该主动进行体系建设，对不同的传播力量进行有效梳理，充分利用不同的传播方式，把握关键节点，建立数据库，重点关注一部分具有一定社会影响力的传播节点，必要时还需与其保持沟通，以确保其在事件真正发生后能够充分调动积极性，积极配合，形成传播的合力。与此同时，官方信息发布渠道建设也需要在平时下功夫。应急信息，尤其是预警信息发布的有效性，主要取决于受众对于该信息源的信任度和关注度。相关机构应该重视日常活动中与公众的沟通，通过线上和线下的反复互动，提升自身的辨识度和权威性。例如部分地区的公安系统很早就入驻了微博等社交媒体平台，并且通过长期的积极经营，得到了广大群众的信任，粉丝数量超过了百万，在信息传播上有效覆盖了所在地区。

三、河南水灾处置对应急传播体系建设的启示

1. 不清晰、不透明、不统一

在2021年“7·20”郑州特大暴雨灾害中，河南省应急管理厅的作用并没有很好地体现出来。首先，该部门本身人手就有些不足；其次，数据显示郑州市7月20日当天的降雨量超过了全年的降雨量，16：00至17：00一小时降水量就达到300毫米。这种超过城市排水设施承受极限的情况对应急管理厅来说是前所未有的挑战。

7月20日“郑州发布”更新微博，应急响应等级在当日15：00由Ⅱ级提升至Ⅰ级。值得注意的是，7月21日，“郑州发布”最新的微博显示，应急响应等级于20日11：00提升为Ⅱ级，而提升为Ⅰ级的时间改为14：00。两条微博显示的应急响应等级从Ⅱ级提升至Ⅰ级的时间相左。这些信息发布前后不一致的情况影响了其自身的权威性，降低了受众对其的信任度。

以上述灾情为例，在整个过程中，出现了各种“新闻”，各种争议，各

种舆情，预警、救灾的应急信息都淹没在众多信息中。当我们反思应急管理和应急传播的时候，应该研究一下灾难发生第一时间的“应急报告”要怎么发布才能做到清晰、透明、统一。

8 月 18 日至 19 日，国家总理李克强在河南考察看望受灾群众，主持召开灾后恢复重建的专题会议，强调要保障好受灾群众的生活，扎实推进灾后的恢复重建。关于应急措施，李克强强调要搞好“里子工程”，要保障安全，要做到公开透明地发布信息。

郑州气象台表示，水灾当天就连发了 5 条红色暴雨预警。但是郑州市其他部门没有对此预警作出相关响应，没有停课、停工、停运。对于一座人口超千万级别的省会城市来说，在没有前车之鉴的情况下，哪个部门也不敢轻易做决定，因为决定一旦做出就会产生很大影响，可能会造成市民恐慌等情况。

事后，国家发改委宣布，各个地方一旦出现这样的极端情况，都应该马上停课、停工、停运。

所以这类消息的发布应该被纳入应急管理体系的统筹中。换言之，应急传播应该成为应急管理系统中的一部分。第一时间公开、明确地发出信息，相应的部门才能及时作出反应。

2. 只关注数字，没有做到以人为本

2021 年 7 月 21 日，习近平总书记对河南防汛救灾工作作出重要指示。习近平强调“各级领导干部要始终把保障人民群众生命财产安全放在第一位”，“妥善安置救灾群众，严防次生灾害，最大限度地减少人员伤亡和财产损失”。

8 月 20 日，国务院河南郑州“7・20”特大暴雨灾害调查组进驻动员会在郑州展开，部署全面开展调查工作。应急管理部 2022 年 1 月 21 日全文发布了国务院灾害调查组《河南郑州“7・20”特大暴雨灾害调查报告》，开篇就讲“河南省遭遇历史罕见特大暴雨”，全省因灾死亡失踪 398 人，其中郑州市 380 人，占全省 95.5%。调查结论中特别指出：总体是“天灾”，具体有“人祸”，特别是发生了地铁、隧道等本不应该发生的伤亡事件。

以前媒体在应急报道中特别喜欢使用“抗灾”这个词，但现在基本上不用了。比如新冠肺炎疫情暴发初期，媒体在报道中多使用“抗疫”一词，而最近变成了“防疫”。“扛”是挺住，忍耐住的意思。“抗”是抵抗住，抵挡住的意思。我觉得“抗”和“扛”用词的问题是，没有强调“以人为本”的理念。当然，“抗”体现出的精神力量是需要的，比如消防队员在英勇救火时，部队战士在洪水大坝一线时都是选择不顾一切保护国家财产、集体财产、人民财产，这时使用“抗”就可体现出人们在精神方面对其的支持。

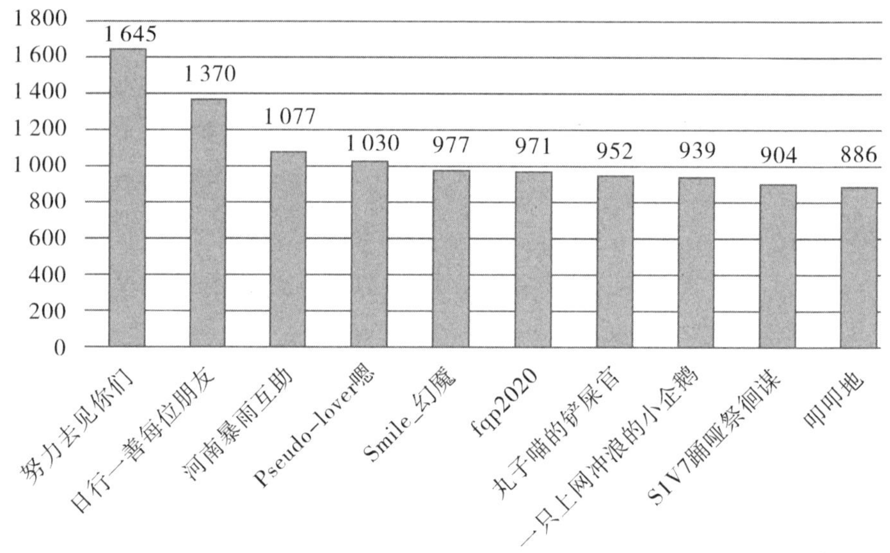

图3－2　发布“7·20”郑州特大暴雨灾情相关信息最多的前十位博主，南方舆情数据研究院

3. 问责是为了完善应急系统和提升应急系统的能力

在“查明情况，对存在失职渎职的行为依法依规问责追责”之外，李克强总理强调了一点，“回应群众关切，警示后人”。换言之，惩罚是手段，不是目的。问责追责中非常重要的一个目标是找到应急机制中存在的漏洞。这个漏洞既可能是人员的失职渎职，也可能是体系本身尚待完善的地方。

8月20日，国务院调查组举行第一次会议当天，气象部门发布预告，新一轮的强降水又要来了。当时，有关部门立即作出反应：“滚动发布信息：省内各媒体要加密频次，发布气象预报和安全避险提示，提醒广大群众做好自我保护、自我避险。”但就应急报道和应急传播效果来说，这恐怕依然无法形成全效的传播和消解“聪明的”的谣言。

上文提到，“7·20”郑州特大暴雨灾害发生后，在应急传播上的第一个问题就是与官方发布信息同时存在的各种谣言。谣言的制造者常常以偏概全，利用、放大受众的某种心理，来影响受众对整件事的判断。所以不清晰、不统一的信息会给这类谣言带来契机，进而产生次生舆情。因为不统一、不清晰的信息加上对灾难的记忆，可能会导致人们的一些过激反应。心理学上有一个概念，叫“应激反应”。人们保持对灾难的记忆，保持适度的紧张是好的，但是产生过度的情绪和作出过度的反应就不好了。

针对以上情况，在调整、完善、加强应急传播体系过程中，要做到平时有预告，战时有公告，复建有报告。

4. 应急传播应该是全媒体传播

在应急传播中仅依靠本地媒体的报道够不够？这是一个需要考虑的问题。受灾地区受众期望得到的信息，跟身处外围但想参与援助的受众期望得到的信息是不同的，而且两者的关注点是不一样的。那光靠本地的媒体进行报道是否足够？我认为，仅仅要求当地媒体做好信息发布，做好应对措施，是不够的。

在全媒体时代，任何方式的信息传播都在经历爆炸式增长，但与之对应的是信息传播质量的下降，根据 Nayla Fawzi 等人的研究①，一般民众对于传统媒体的不满正在不断累积，公众对于信息传播的期望和现实之间出现了越来越大的差距。要保证应急信息准确而快速地传播，就必须要对现有传播途径进行梳理，找出不同传播场景下的关键影响因子。

比如，灾难进行时对救灾信息的搜集整理，如果我们跳出权威信息搜集和发布的模式，摆脱传统媒介的思维窠臼，充分调动和利用包括外卖软件在内的各种渠道，交叉验证求助信息，发布紧急通知，就能够更加有效地配合应急处置，管理相关舆情。

比如，对次生舆情的管理。郑州地铁遇难者七日祭的时候很多市民自发地去地铁口摆花圈、去祭奠，刚开始地铁附近有围栏围起来，后来在大

① FAWZI N，MOTHES C. Perceptions of Media Performance：Expectation-Evaluation Discrepancies and Their Relationship with Media-Related and Populist Attitudes［J］. Media and communication，2020，8（3）：pp. 335 -347.

家的质疑下围栏被搬走了。当天有一个父亲在那里祭奠，被拍下视频的网友发到网上后，被部分网友质疑是在炒作，后来事实证明他女儿那一天确实在地铁里遇难了。大家已经习惯了随时用手机记录并传播他们认为有分享价值的见闻，一会儿消息就传播开了，等不到当地开发布会，受众传播的信息就变成了新的舆情。

再比如对次生灾难的报道。“7・20”郑州特大暴雨灾害引发的洪水致40万辆车被淹。这些水浸车后来都去哪里了？它们可能被一些机构回收回去，修一修，再卖到了市场上。这些水浸车可能卖得很便宜，但是会不会存在安全隐患？再比如灾后的保险赔偿，这方面也没有看到更多系统的报道。这些都是“人民关切的问题”，是应该有所“回应”的，需要专业媒体的参与。

新乡市也在这场灾害中遭遇了很大的破坏。李克强总理在报告里提到一个专业术语叫“蓄滞洪区”，简单说就是那里本来是蓄水用的区域，如果那片区域发大水，就从那里打破口子来排洪、泄洪。假如没有遇到灾害，尤其是几十年都没遇到灾害的情况下，那个区域可能形成了大片农田和村落，但一旦遇到灾难，那里就是首选的排洪、泄洪区。

但是在尚未发生灾难的灾难报道中，在关于“防灾”的平时宣传中，这方面的信息传播并没有做到位。所以很多人不知道，没有做好心理准备，没有避险逃生的演习，自然就没有足够的逃生经验和技巧。现在社会各界各部门也会常常搞防火演习、防火宣传之类的主题活动。平时宣传、战时救援、灾后复建都是应急传播应该包括的部分。这就是我说的“全程”的概念。

从报道的频次来说，对卫辉和新乡的实际救援信息的报道也是不均衡的。志愿者都集中在郑州，提供物资、支援的人也都在郑州郊区。卫辉和新乡得到的社会救助就不够。换个角度，这也是传播系统的不平衡造成的。也就是我说的不够“全效”。

事实上，应急报道是全媒体全程参与，共同完成的结果。

5. 那些不成功、有争议的应急报道

全媒体、全程、全效并不意味着各种媒体的随意组合与自由发挥。

当然，系统性的报道并不意味着全媒体都能被精细地管控。在这次河南水灾中确实有一些帮了倒忙的媒体和传播行为。

首先，一些网络意见领袖不在灾难发生地，仅凭一知半解就对事件作出评论，把自己变成舆论的中心。某种意义上，他们的行为影响了体系内的有效传播向受灾中心区域的集中。

其次，有一些明星不断转发灾区的各种信息，结果他们的粉丝一拥而上赞美明星，并跟着转发。因为明星并没有掌握权威的以及最新的信息，而其粉丝量巨大，这样的粉丝跟风转发往往会将真正重要的信息掩盖。比如，有些网红跑到郑州去直播救援，结果被发现摆拍的痕迹太明显：在水边架了一个摄像头，然后自己就跪在水里面，这种摆拍的“伪直播”，有可能占用了公共信息资源和交通资源，妨碍救灾行动的开展。

世界卫生组织在最新一版的《在突发公共卫生事件中沟通风险：世卫组织针对突发事件风险沟通政策和规范的使用指南》① 中提到，应急信息传播体系是一个涉及多地区、多学科、多利益相关方的复杂组织网络，其效能的评估需要考虑不同的社会背景，而其能力的建设更需要经过反复的演练，在实践中摸索信息跨层级流动的关键条件，并且通过较长时间的稳定重复，让普通民众信赖体系内发布的信息，并拥有一般程度的信息搜集和辨别能力。

6. 需要平时多练兵的创新传播

“7·20”郑州特大暴雨灾害的有关报道中还存在一些问题，各大社交媒体都表现积极，如抖音、腾讯、百度、阿里的淘宝网等都开通了救援的渠道，并都做了信息传递和辟谣的工作。

比如，那名河南籍大学生在腾讯文档上建立的救援信息在线文档，显示有 2 万多人次进行了编辑，200 多万人次进行了浏览。网友认为这个文档收集了很多求援、救援信息。但我认为这种方式有利有弊，它的好处是让我们看到了新媒体的特点，不需要死板地层层上报信息，它可以充分调动受众掌握的信息发源，甚至能即时分享现场图片，弊端是这种自发传播的信息没办法与救援志愿者掌握的信息进行汇总、匹配，甚至没办法判断真伪。

① 世界卫生组织（WHO）. 在突发公共卫生事件中沟通风险：世卫组织针对突发事件风险沟通政策和规范的使用指南［R］2018

再如，断电断网地区翼龙无人机的投入使用，在定向通信方面发挥了作用。无人机可以在空中停 1~3 个小时，其信号覆盖的 50 公里内马上就可以恢复一些电话、电信的通信，但是它只能持续工作 1~3 个小时。

这些都是有益的尝试，但也需要后期系统化的规划，使其成为可重复、可持续使用的应急方案。

四、应急传播和应急报道的特点

应急传播要解决信息不全、谣言不断的问题；要解决信息凌乱和信息冲突的问题。具体而言就是要做到：统一统筹、标准化、依法设立。

从环境的角度来看，我国地域广、灾害多；从居民的角度来看，我国人口多，收入、受教育程度、地方习俗，甚至方言差异都非常大。单一的传播方式很难覆盖尽可能多的人口，很难实现“常态宣传—预警发布—救援发布—复建宣传”全程、全效的结果。

所谓“应急传播体系”就是要将不同形态的媒体、不同类别的发布报道，以及群众的反馈互动纳入统一的传播体系中，作为应急管理的一部分，协同参与，实现应急时期的信息化管理和媒介化治理。

应急管理的特征是：依法设立、统一领导、统筹协调、标准化工作。应急传播从体制和机制的建立上，也应该同步响应，与应急管理体系匹配对应。

1. 统一统筹：发挥一体化的效果

应急传播是应急管理的重要方面。政府发布在应急传播中起主导作用，但在实践中，因为媒体与政府宣传职能部门没有被纳入统一的管理体系，常常出现的情况是，应急管理的执行部门迅速果断且有效地处理了突发事件，但是媒体和互联网社交平台上却充斥着质疑和不满。

由于没有统一体系的有效统筹管理，一部分正面且并没有信息失误的官方报道作为“1”没有收获“1”的正面传播效果；另外一部分报道由于发布时间、发布内容虚实交错，让获取信息的人产生误解、关注点跑偏，甚至情绪激动，最终出现了“1+1<2”的结果。

“7·20”郑州特大暴雨灾害的应急报道，应急管理体系中虽然也有应急信息发布的设计和考虑，但往往只是把媒体当成信息发布渠道之一，在预警、预判、预报的决策实施过程中，媒体机构是舆情管控和应对的对象，是被排斥在外的。这显然忽视了媒体应急传播在预警预报、救援救助、引导疏导等全过程中可发挥的作用，低估了媒体应急传播在动员解释、沟通化解、互动反馈等各环节中可发挥的作用。

应急管理现代化离不开信息化，信息化建设离不开媒介化治理。新的应急传播理念上需要达成新的共识，进而在运作机制的设计上找到切入点、结合点，从信源、平台、渠道系统地导入、融入，避免传播失声、失真、失准、失灵、失效的种种问题。

2. 标准化：效果可预期，操作可重复

应急传播系统的标准化，是为了让运行结果可预期，运行过程可重复操作。

人民网舆情频道和南方舆情数据的报告显示，河南省气象局在2021年7月13日就已经关注到“天气异象”，在整个水灾过程中，河南省、市、县级气象部门共发布高达1 184条预警信息。但从事件结果来看，信息发布率和信息到达率存在明显偏差。这体现了应急信息传播没有标准的工作方法，没有让需要传递的重点信息传递到位的问题，更重要的是，信息的发布者不可预知信息发布的结果。

2021年发生了两起社会影响广泛的事件：一是成都49中学生坠亡事件，当地警方第一次发布通报后，被群众普遍质疑，最终借助新华社的公信力对警方第二次调查结果（跟第一次调查结果相同）进行发布，才解除了舆情危机；二是北京朝阳区警方通告了加拿大籍华裔明星吴亦凡与微博举报者之间的关系，虽然引发了全网议论，但没有人质疑朝阳区警方公告的真实性。

朝阳区警方通告的例子可以看出，朝阳警方、朝阳群众、区域媒体在较长一段时间内，已经形成了某一类信息发布的区域性传播闭合体系。在较长的一段时间里，从群众举报到警方查处、媒体报道，整个小系统的权威性得到了提升，并为警方与公众的双向互动、“媒介化治理”社会热点问题提供了一些可参考的思路与方法。

3. 依法设立：有法可依，有章可循

在法治层面，我国已经形成以《中华人民共和国突发事件应对法》为核心，以相关法律法规为配套的应急管理法制体系，指导各类突发事件的应急响应。

根据《中华人民共和国突发事件应对法》，按照社会危害程度、影响范围等因素，将自然灾害、事故灾难、公共卫生事件分为特别重大、重大、较大和一般四级。政府针对具体突发事件建立的应对机制要结合风险级别和紧迫程度，确定工作方式和工作流程。有法可依、有章可循的工作机制和流程可以使工作方式系统化、规范化，一方面减少决策迟滞、责任不清的现象，另一方面杜绝好大喜功、“应急过度”现象。

国务院于2006年1月发布的《国家突发公共事件总体应急预案》中明确规定：突发公共事件发生后，各地区、各部门要立即报告，最迟不得超过4小时，同时通报有关地区和部门，且须在第一时间向社会公布相关消息。突发公共事件都有一个发生和发展的过程，应急管理的各个环节也要有一套相应的运行机制，进行全程监督管理。

应急传播作为应急管理体系的一个组成部分，也应当遵循同样的法治规范和运行机制，并建立起与自身特点相吻合的标准化工作流程与相应的责任体系、监督体系和评价体系。

4. 应急传播是政府、传媒、公众协作的有机系统

风险社会、信息社会叠加的系统性风险与迭代的整体性演进之间形成了巨大张力，也面临着空前挑战。大自然大灾大疫的“极限施压”与全球范围的“极限增长”相伴而来，警示并预示着系统性应对风险挑战能力必须全面提升、全面响应。这是习近平总书记反复强调治理现代化、应急现代化的大背景、大命题。

现代风险社会的系统性风险，需要系统性应对和整体性防范，需要应急传播体系的完整搭建、应急传播能力的系统升级。现代信息社会的系统性集成分布，为整体安全观和系统防范提供了充分条件，为应急传播体系的搭建、应急传播能力的提升提供了系统支持。现代传播格局中的全媒体体系、融媒体发展、新媒体形态提供了媒介化治理的能力和能量，应急传播体系搭建、应急传播能力提升初现雏形。

应急报道是什么，要怎么做，怎么构建应急传播体系，这些讨论现在还没有定论。2021年9月份我给《青年记者》写过一篇文章《应急传播能

力：加速融合及系统升级》，就是探讨应急传播体系构建和应急传播能力提升问题的。上述应急报道的概念及特点，是我个人的经验、思考、研究的总结。同时我以“7·20”郑州特大暴雨灾害中出现的各种现象为例，跟大家做了一次分享。灾难是残酷的，正因如此，我们更应该重视灾难报道、应急报道的意义，重视它可能为防灾、救灾、减灾以及灾后复建带来的实际帮助。

事实上，在这节课上我反复强调，应急报道不是依靠单一的传播媒介和单一传播形式能够完成的，因为这样很难覆盖尽可能多的人口和尽可能多的层面，很难在尽可能长的时间里关注事件的进程、变化和警示。应急报道是“常态宣传—预警发布—救援发布—复建宣传”的全程、全效的传播结构的总称。理想的应急传播体系，必须是政府、传媒、公众长期协同合作而形成的有机系统，是政府主导、媒体传播、公众参与的命运共同体。加速融合发展的全媒体传播体系已经具备对接条件，能够做好与应急管理体系的深度融合和共同升级。

以深度带专业，以专业求深度。这是我对专业报道与深度报道的理解和尝试。希望以后我们可以一起继续研究这个话题，实践这类报道。

第四讲　城市报道：城市形象和城市品牌的打造与传播[①]

曹　轲[②]

说到城市报道，大家想到了什么？是城市的交通还是城市的经济？是城市的生活还是城市的管理？以前的民生新闻、经济新闻、交通新闻，也会涉及城市报道，有关城市传播力的书也出版过很多，但目前没有人认真把它做成一门课程。

一、城市治理与城市智库的兴起

关于城市传播的研究机构有很多，2021 年 5 月暨南大学传播与国家治理研究院成立了城市治理传播研究中心，由我担任中心主任一职，也发布了几份城市更新观察报告，年底会发布一个未来社区和城市更新指数，并发布相应的榜单。我希望这个数据采集、指标体系建好以后，能够用数据支撑起来，变成一个实用的社会服务实践项目。

南方报业传媒集团成立了很多包括城市治理的智库，其中一个是南方城市智库，该智库主要对广州、深圳、珠三角的都市圈、城市群作定向研究，不光是通过新闻报道来记录一个城市，同时通过研究报告提供对策，参与城市建设和发展。《南方都市报》出品的《广州城市治理榜》，把广州各区的城市建设和管理用不同指标来进行系统评价，并做排序。媒体的参与也属于城市治理的经典案例，《广州城市治理榜》2019 年还入选了北京大

① 授课时间：2021 年 9 月 18 日。课堂实录整理：余安迪，暨南大学新闻与传播学院 2021 级硕士研究生。

② 曹轲：新闻学博士、高级记者，全国先进工作者、政府特殊津贴专家、全国新闻出版行业领军人才；曾任南方报业传媒集团新闻研究所所长、《南方都市报》总编辑、南方网总编辑、集团副总编辑，现为暨南大学新闻与传播学院教授、博士生导师、文本实验室主任。

学城市治理研究院发起的城市治理创新奖。同时，还有很多民间智库，如智谷趋势等行业智库和专业智库，都在围绕城市开展研究。

暨南大学城市治理与传播研究中心通过城市治理和城市传播研究发现，城市治理领域要探讨研究的问题确实有很多。一个是政府对城市的规划问题。政府对造新城、改老城问题很关注也很重视，因为这些问题涉及拆迁问题。另一个是社会资本问题。特别是房地产开发商，他们现在如果想在广州建新房子，是很难拿到地皮的，所以现在大家都在做城市更新或者老村落改造。老城改造现在面临的问题：一是要跟村民协商谈判，得到大多数村民的认可；二是要对具有文化特色、岭南特色的东西进行保护。

这些城市智库有媒体的、高校的，也有民间的，说明城市报道已经到了一个新阶段，大家不光是去报道它、去做形象传播、去做品牌营销，同时也会去做很多研究报告类的对策分析，这是一个越来越重要的专业领域。

二、城乡融合案例：清远连樟村

2018 年 10 月 24 日，习近平总书记在广东省视察期间，来到了清远市连樟村。

连樟村地处偏僻，是国家城乡融合发展试验区之一，2019 年 12 月，连樟村作为样板区，被纳入国家城乡融合发展试验区广清接合片区。2021 年 11 月 14 日，第一届“城乡融合发展连樟论坛”在连樟村举行，由南方报业传媒集团清远记者站主办，暨南大学传播与国家治理研究院是该论坛支持合作单位之一。虽然连樟村比较偏远，但有一定的代表性和典型性，政府也把它纳入了国家城乡融合级发展试验区。在那里，一是习近平总书记关心的“如何破解城乡二元结构问题”一直没有得到解决，当地农村户口与城市户口之间的待遇差别还是很大；二是同城化、均等化、一体化尚缺乏有效的实操，珠三角部分地区已经做到了，但粤东、粤西、粤北地区还做不到。

图 4－1　连樟村外公路入口标语牌，《南方日报》张锦标供图

另外，政府治理、基层治理、社区治理、社会治理以及党建引领，都应该在城市报道、城市传播范畴之内。所以从专业新闻的角度来看，媒体可以从很多前沿实践角度切入城市报道：如从经济角度、从文化旅游角度、从消费生活等角度切入。当然，如果我们把城市报道、城市新闻当成专门的题目去研究，可能与农村报道、乡村振兴的报道还是不一样的。

三、城市形态、生态面临的变化

当然，南方城市跟北方城市的形态、生态、生活状态不同，当地媒体做出来的城市报道风格也有所不同。去年我在新闻作品评析课上讲过一个例子，杭州《都市快报》一篇获得新闻一等奖的作品，内容是西湖边的第一朵荷花开了，还有一篇获一等奖的报道写的是，绕西湖边走一圈需要多长时间。杭州人民的生活特别悠闲，所以《都市快报》不像《南方都市报》，需要面向广州这么多的外来人口，需要对时事政治、对公共领域、对权力、对权益保护有特别的关注。《南方都市报》的风格很难移植到杭州，就像广州的真功夫连锁餐厅到了杭州就做不好生意。所以好的新闻报道作品没有唯一标准，而是要跟当地的生活环境、人文环境联系起来，城市报道也应该如此。

图4－2　千年商都广州，《南方日报》张由琼供图

城市发展变化中，变化最大的是人流、物流、资金流和信息流，这反映在各个行业，就是交通圈、产业圈、工作圈和生活圈的变化。有地铁的城市和没有地铁的城市是不一样的，修内环路的城市和“摊大饼”型的城市也是不一样的，每个地方的生活形态、产业形态、工作生活状态也是不一样的，差别很大。

城市的发展变化还伴随着人际关系的变化。大城市都是“陌生人社会”，虽然我们将来可能会像在学校里这样，通过工作环境等慢慢与陌生人熟悉起来，但这种熟悉并不是像传统的“熟人社会”中的那样。这种熟悉是基于公共领域，在学校学习、在工作场所、在社交场所认识陌生人后建立的，而不是那种由身边的街坊邻居、亲戚朋友组成的小圈子。现在的城市关系应该是“陌生人社会”，人们的关系由陌生人变成熟悉的人。在这样的环境下，人们会在乎公共空间、公共利益，会关心城市的交通、城市的变化，因为关心这个城市就是关心自己生活的环境。北方有一些老城市还是熟人社会的形态，人们不管是买火车票还是去医院挂号，首先想起来的还是要找熟人。人们在广州找熟人办事，可能就不如直接去政府的办理窗口方便。所以我认为有了这样的公共空间、公共领域，才会有相应的公共话题，才会有公共传播、城市传播。那些街坊邻居、亲戚朋友私下就能聊完的事情，需要大众传媒吗？需要公共的声音吗？这两种情况显然不一样。

城市发展的目标也在变，之前城市给人的感觉是冷冰冰的，公共硬件设施虽然都很齐全，可总让人觉得那是个很冷漠、很陌生的地方。这几年提出的理念就比较好听——共生的、柔性的、有机的、生态的、美好的、友好的。现在的政府是这么说的，也是这么做的。现在的城市更新开发商，他们都在努力满足大家对更好生活的需求。所以广州大部分开发商都成立了城市更新项目，深度参与到城市发展的新进程中。

政府的规划水平也越来越高了。过去的城市规划，审批流程很严格，却没有真正按照现代城市的运营理念去设计。我认识的一些从台湾、香港来的建筑专家，他们对广州的评价是："一座自然生长的城市。"他们说得很委婉，没有说野蛮生长。广州地理位置比较好，区位优势相当好，是改革开放的前沿，又毗邻港澳。所以现在政府提出粤港澳大湾区、深圳前海深港现代服务业合作区、横琴粤澳深度合作区，这种大湾区与城市群、都市圈的跨区域连接、跨区域合作也是一个趋势。

政府的治理理念、城市里人的生活理念也在变化，政府不再强调简单的管理，同时也注重服务于人的人文关怀。从中央到地方政府，强调共商、共建、共治、共享，强调让社会的力量、多元的力量、第三方的力量、城市人本身的力量参与进来。

真正的城市治理，应该像习近平总书记说的，是一种共治的概念，是共商、共建、共治、共享的方式。就算过程中遇到什么问题，民众也可以理解政府的难处。比如郑州"7·20"特大暴雨灾害引发的公共事件，大家都能理解天灾，大水把汽车冲走了，把房子、工厂破坏了，大家不会怪政府，但管理失误就是政府的责任。所以现在提倡的是让大家更多地参与进来，不一定要把结果变得多好，而是希望大家能够沟通、理解，我觉得这也是城市宣传到城市报道的变化，从报道到传播的变化，也就是从"管理"到"治理"的变化。

四、城市群的合作"区势"

区域合作趋势现在变得特别流行，全国各地出现了各种合作区、示范区，比如粤港澳大湾区、深圳前海深港现代服务业合作区、横琴粤澳深度合作区等，这说明政府在细化、深化湾区的合作。

图4－3　珠海横琴新区，《南方日报》张由琼供图

广东有两个“区”的建设，一个是粤港澳大湾区，一个是深圳建设中国特色社会主义先行示范区，简称“双区”建设，这也是中央给广东、给深圳的光荣任务。我们希望深圳早点变成一个先行示范区。浙江的高质量发展建设共同富裕示范区也很了不起，富如广东、江苏，都无法企及。为什么不让广东来做共同富裕的示范区呢？有人说是因为广东已经有了“双区”建设，但其实是因为广东的贫富差距太大，浙江才是真正的藏富于民，到浙江的一些县、镇、村去看一看，你就会发现，当地老百姓都很富裕。

广东的21个地级市，除了9个珠江三角洲城市之外，外围的12个城市都比相邻的外省城市穷，这是几年前广东省委党校一位教授的观察结论，现在可能有所变化。江西、福建、湖南与广东相邻的城市比与三省相邻的广东12个地级市经济条件都更好，这令人不可思议。据说当年有一个江西女孩子出来打工，嫁到了广东，他们家里人都为她高兴，后来才发现她只是嫁到了江西隔壁一个隶属广东的小镇而已，那里比他们老家江西还穷。所以广东前几任领导一直想解决广东整体发展不平衡的问题，也想振兴粤东、粤西、粤北，但是目前来看，这些地区的经济条件都还不行，财富、人流还是集中在珠江三角洲城市群，如果要把广东作为共同富裕的示范区，肯定解决不了共富问题，所以能把粤港澳大湾区和深圳建设中国特色社会主义先行示范区建好也不错，这样可以带动非珠江三角洲地区，同时以城带乡，振兴乡村。

图 4－4　广东南海区千灯湖片区，南海区委改革办路骏峰供图

佛山市南海区正在建设一个广东省城乡融合发展改革创新实验区，我曾有机会去那里近距离观察。南海区、顺德区 GDP 都是超过 3 000 亿元的，比全国很多地级市还要强，所以他们现在基本上能做到城乡一体化，做到交通、医疗、卫生、文化、服务等方面的同城化。

但许多北方人还是不理解，会说我们老家的城市还不像个现代城市，农村好不容易有两个工厂，虽然有点污染，但它还在发展，为什么要城乡融合呢？广东现在已经过了这个阶段，比如广东的东莞、佛山、中山等地级市在之前的高速发展阶段，是分辨不出城市跟农村的。人们对东莞的嘲笑方式就是“村里面像城市，城里面像村子”。城乡不分，不是城乡融合，现在广东想做的是希望让城市更城市，让乡村更乡村。

五、城市管理与历史地理、文化地理

城市群、都市圈融合的概念已经超出了我们原来所说的“行政区域”的概念，比如广佛同城化、广清一体化、珠三角城市群这些说法，实际上已经超越了原来行政区划的概念。如果从中华文明的远古时期开始追溯，历史地理中的行政区划概念跟现在的就相差甚远，比如现在在江西仍留有很多很漂亮的徽居，说明那里曾经是徽居文化区域，也就是淮河流域文化区域。有的湖南人说“惟楚有才”指的是湖南，而不是现在行政区划概念中的湖北区域，“惟楚有才”的牌子就挂在湖南长沙岳麓书院里。“惟楚有才”这个“楚”当初确实不是指湖北省，而是指洞庭湖流域文化区域，当时还没有湖南、湖北这样明确的划分，只不过现在的行政区域划分把湖南、湖北变成了两个省。与此同理，当今的经济合作区，这里面的区域概念也代表了一些新的合作区建设的趋势和可能性。

我的老家陕西，大家知道是怎么来的吗？今河南省三门峡市陕州区，原称陕县。上古之时，这个地方有一个原，叫作陕原。所谓“原”，就是高而平坦的大块土地。周武王灭商之后不久就去世了，周成王即位，周公、召公辅佐。当时周天子的王畿领土，包括关中到河南中部的大片土地，即从宗周（镐京）到成周（洛邑）。周、召二公为了治理方便，将王畿分成两部分，以陕原为界，“自陕而东者，周公主之；自陕而西者，召公主之”。也就是说，陕原以东的地方，周公管理，陕原以西的地方，召公管理，自此，这里就形成了以陕原为分界的传统。自然而然地，陕原以东的地方就被称作“陕东”，陕原以西的地方就被称作“陕西”。唐代安史之乱后，设立了陕西节度使，自此“陕西”作为行政区划名被固定了下来，但“陕东”却并没有成为政区名，于是渐渐被人遗忘了。历史地理知识，如果细究起来很有意思。文化地理，跟河流流域、经济流动有关的文脉人脉，对一个城市的发展可能也很重要。

2018 年我到了山西运城后，觉得山西比陕西更有文化。运城这个地方，跟西安各在黄河“几”字形右下角靠近底部的河道两边，西安在黄河西边，运城在黄河东边，那里有尧、舜、禹活动过的遗迹和传说，各种古籍中都有记载。运城那里还有一个 100 平方公里左右的盐湖，从古到今，从黄帝战蚩尤的时候就存在了，平整的地面上有一个天然的盐池，从地下不断地冒出盐水来，几千年来没有挖尽。没有这个盐池可能就没有炎黄子孙了，那个地方可能就是因为有了天然的盐才有了黄河流域的人类文明，有了黄帝开创的华夏文明。人们把它叫作运城。它与盐的关系密切，因“运盐之城”得名，简称运城。这个属于文化地理的概念，也属于经济地理的范畴。

说到经济地理，现在的粤港澳大湾区其实就跨越了行政区域限制，是经济层面的一种探索尝试。京津冀经济带的概念也已经超过了行政区域的概念，超越了历史上固有的地理区间概念。历史地图的变化也跟经济活动有关系，历史上的一个经济带可能就因为大运河的没落而消失。曾经淮河流域文明很强盛，长江流域文明跟黄河流域文明较衰弱，后来因为河流改道，三个流域的文明在经济上的强弱关系就变了；同理，现在有了新的交通系统，比如现在的高铁、地铁，其实也在改变中国经济发展的脉络和走向。

除了政府规划的各种合作区、试验区、城际圈，其实还有很多城市定位、区域概念是由城市经济的变化、城市之间的合力交互作用形成的。比如在新冠肺炎疫情期间，有人调侃“南京是安徽的省会”，这主要是因为南京位于江苏省西南部，其北、西、南三面与安徽省接壤，在经济文化的某些方面对安徽省的辐射作用甚至大于江苏省，并且南京的方言与安徽中东部地区方言相似，很多安徽人也在南京购置产业，安家落户，因而南京有了一个“徽京”的外号。再比如我的老家在咸阳，咸阳人经常会担心哪天自己就变成西安人了，因为咸阳离西安太近，说不定哪天就变成西安市的一个辖区。佛山市同样总是往西发展，不愿意跟广州走得太近，担心自己会被广州“吃掉”。经济利益肯定是由各种原因形成的，连带着也会跟历史地理、文化地理有关系。

在广州，人们可以吃到全国各地的菜，这是因为一座城市有大量的人流、物流以后，文化就会交融。再如“江浙沪包邮区”，它背后是交通的密集发展，物流系统的紧密贯通，商品从产地到消费者的畅通无阻，因此它才有底气自称“包邮区”。其实物流系统发达以后，消费者买东西也会更便宜，大城市一定是积蓄了各种资源，通过规模化生产、系统化服务，再加上发达的传媒，流通便捷的资讯，公开、透明的制度，使得人们生活更便利、更安全。相比之下，一个大学生毕业后回到老家的县城工作或者创业，可能会面临工作环境、资讯、资源等方面的困境。

台湾海峡西岸、以福建省为主体的海峡西岸经济区，其合作理念与策略也在变化，一方面是一体化、同城化，另一方面是城市功能互补、圈层变化，还有交通发展之后带来的便利服务，包括城市生活中必要的医疗、教育、卫生服务的普惠、优质和均等化。那么面对这样的变化和要求，广东的粤东、粤西、粤北现在有可能做到的是什么呢？以医疗为例，人们看病的时候，不用跑到广州也可以有一流的医生看病，得到比较好的诊断与治疗，这就是互联网医疗，也是政府跟腾讯健康、阿里健康等正在尝试的，通过医生的远程诊断，共享甲级医院的服务。

还有一个现象，是很多城市越来越注意对弱势群体的功能性服务，但从现代理念、人文关怀角度来看，比如我们看到一些大楼的楼梯经常会设置一个斜坡，解决轮椅盲道的问题，广州市曾经推出盲人使用的导航地砖，方便盲人探路。但我认为现有的程度还不够。我们也看到有些地方盲道铺设砖块时经常路过一棵树，或是通向一堵墙。我记得2018年，广州某区修了一批很豪华的路边人行道，用的是特别厚的大理石，但很多人觉得不方便，原因是大理石在下雨天会滑，而且水还不能下渗。

上升到城市传播格局的角度来看，提升城市传播格局，要从单一的品牌打造到整体的形象展示。以前很多城市的形象推介都是政府在做，招商活动、建市周年节庆等形式是比较常见的。比如广州市建一座“小蛮腰”，举办展览会，或者建个灯光夜市、音乐喷泉、市民广场，这种大型工程在大城市里比较多见。现在城市形象的呈现也更加多元。不是说一定要有“小蛮腰”、大广场，才能做好城市传播；一间网红小餐馆，一个民间“非遗”手工艺人，甚至市民本身的情绪状态，也能代表整个城市的整体形象。

我觉得城市传播的理念要从单一价值到多元共存。如果一个城市的形象特别单一，人们看久了也会厌烦，所以城市应该有更多的包容性，既需要阳春白雪，也需要下里巴人。

城市传播的形态也是从单一推广到立体呈现，这不光是手段的立体化，也包括呈现角度的立体化。有时候，可能一家网红店的传播效果要胜过市长一篇高谈阔论的讲话，或者一次气势恢宏的开幕式。2021年西安举办的全运会得到的评价不错。我们还可以思考，城市传播的方式手段有哪些还需要改进，城市传播的理念和方向还有哪些需要考虑，不同的理念之间也是有相通之处的。

理想的城市生活与工作状态是怎样的呢？有一些专家说，最好围绕地铁站或高铁站建设大量生活社区，里面有各种公共服务设施，教育如果做得好也应该是这样。一方面，教育资源尽量整体化、均等化、优质化，另一方面，人们不需要千里迢迢去到一个城市，也能享受到优质的教育资源。

无论是城市的传播报道，还是现在很受追捧的调研报告、智库研究报告，当中我们最缺失的东西是什么？我认为是指标体系。真正做好一个指标体系，不是光有话语权、有平台、有数据就可以的，指标体系是很难设计的。我想说的是，指标体系其实很重要。大家将来写论文或者做研究，可能会遇到这个问题，支撑论文理论框架的那套模型很重要。

在这里我想介绍一下暨南大学新闻与传播学院广告系朱磊老师做的“城市更新能力指数体系”。这个指数体系理念很清晰、可信，同时也得到了行业认可，该指数体系可以预测和描述一座城市更新的方向性趋势。这套城市更新能力指数体系设置了六大评价指标：“生态”指标聚焦自然、人文、产业，包括居民工作的软硬件环境，以及工作的产业配套等；“服务”指标细化为工具、平台、反馈，包括智能工具使用情况，以及运作平台是否健康可持续等；“文化”指标则聚焦包容、保护、再生，包括对固有文化的保护兼容，以及在此基础上再生的文化；“品牌”指标关注主张、文化、运营，包括是否具有统一愿景，文化内核及配套保障机制；“治理”指标聚焦政治、自治、机制，包括基础的政治管治水平，以及居民自治氛围和机制保障；“价值”指标则关注经济、社会、创新层面，包括社会和经济效益，以及对于更多未来项目的示范效应。

六个一级指标下面还有十九个二级指标。但如果数据采集不足或者不完整翔实，就没办法评估和真正体现城市更新的真实变化。

我们期待的是，从城市报道到城市传播再到城市评价，整个过程中有清晰、科学的指标可以参照。根据这些指标来看城市传播和新闻报道，可能会看得更清楚。从现代城市发展的进程和趋势来看，希望有更多的人关注和研究城市报道与城市传播。

以深度带专业，以专业求深度。这是我对专业报道与深度报道的理解和尝试。希望以后我们可以一起继续研究这个话题，实践这类报道。

这节课就到这里，谢谢大家！

第五讲　财经报道：相信原创的力量[①]

王伟凯[②]

2017 年 3 月—2020 年 8 月，我在《南方周末》经济新闻部工作。在这期间，我参加过几次比较重大的新闻事件的报道。比如，2019 年 8—11 月，我多次前往香港报道当时香港的混乱局面。2020 年初，新冠肺炎疫情暴发，当年 2—5 月，我在武汉参与了疫情的报道。

上述新闻事件属于社会新闻类型。我曾经做过社会新闻的报道，后来转型为财经记者，不过每当我遇到这个量级的新闻事件时，依然都有前去报道的冲动。当然，在报道时，我会从一个财经记者的角度去观察、记录。

我这次分享的主题是：财经报道：相信原创的力量。

财经报道读者不如社会新闻多，但它依然会在专业领域内产生不小的影响。我做过的几篇报道就产生了一定的影响力，比如 2017 年我潜入传销组织做卧底，并写成《中券资本的金融“传销术”：明星站台、微群营销、海外轰趴》，报道一经发布，该新型的、隐蔽的传销组织就被警方摧毁。当年，我还写了一篇文章《一桩“合同诈骗案”里的股权漂流记》，

① 授课时间：2021 年 9 月 27 日。课堂实录整理：王健，暨南大学新闻与传播学院 2021 级博士研究生。

② 王伟凯：原《南方周末》经济新闻部记者，现腾讯新闻《棱镜》高级编辑，擅长财经领域调查报道。

讲的是福建莆田第一家上市公司众和股份的案件，稿子发表后，福建省证监局找到我们，我们也为其提供了一些素材。后来，这家公司也从A股退市了。

2020年8月，我从《南方周末》离职，去了腾讯新闻，依然从事财经领域的深度报道工作。

严格意义上说，很多商业门户网站的编辑是没有记者证的，与传统媒体相比，能够报道的领域有限。不过，国内的几家新闻门户均有自己的原创内容，如网易、搜狐、新浪等，而且内容质量也属上乘，这是一个已经客观存在的情况。

保留原创团队，对于网站来说，一方面可以更鲜明地展示网站的态度、理念、格局，另一方面也可以反哺内容编辑团队，提升网站影响。如果要说传统媒体和网站有什么不同，我觉得网站更加灵活，出稿时间不受出版、播出时间的限制，除了可以更快地出稿之外，也会让作者有更充足的时间对一篇深度报道进行打磨，使其更全面、客观，网站作者也可以在评论区与读者进行互动，从而形成二次传播。

此外，网站拥有一套对稿件传播、数据考察的办法，可以精确地指导原创作者该做哪方面的内容。比如，腾讯新闻就给每一篇原创内容整理出阅读时长、浏览量、评论量、转化率、传播链路等数据，将一篇文章的影响力“量化”，这是传统媒体不具备的优势。

当然，在原创报道的本质上，无论是传统媒体还是新媒体，是没有根本的不同的。2020年，社区团购突然火了起来，其中的典型代表是兴盛优选，一些科技公司也涉足其中，如美团、滴滴、拼多多，很多人都想知道兴盛优选的商业逻辑是什么。于是，我跑到湖南长沙、衡阳等地，采访了上百人，写了一篇文章《围攻“怪兽”兴盛优选》，来复盘兴盛优选的商业逻辑。

兴盛优选是一个诞生于长沙的小公司，正在逐渐壮大，备受资本市场的关注。我们当时想了一个原创标题叫“群狼斗土狗”，把兴盛优选比喻成一只土狗。这个标题很有趣，传统媒体取标题会偏重理性，但互联网媒体不需要那么严肃，它需要一些有趣的标题来吸引大家阅读。这是一篇深度调查的文章，我曾经在《南方周末》工作过三年，即便离开之后，我也没有丢下调查的基本功。这篇文章和传统媒体的深度报道在采访、写作上并没有太大的区别。

2020 年底，我还做了一篇城市报道。大家比较熟悉的脱口秀演员李雪琴曾说过一句很有意思的话：“宇宙的尽头就是铁岭。”我们当时就觉得铁岭这个地方很有意思，赵本山也曾在一个小品节目里面讲过一个段子，他说他要带老婆上大城市去度蜜月，大城市是哪里？大城市就是铁岭。这个小品是二十年前的，但从赵本山到李雪琴，只要有人调侃铁岭，它马上就能成为舆论热点，我们觉得写这座城市应该会有不少读者愿意看。于是我就去铁岭采访，写了一篇充满趣味性的城市特写——《从赵本山到李雪琴，“大城市”铁岭 20 年后为何成为“宇宙尽头”》。

我最早是做社会新闻报道的，后来转型为财经记者，其实财经报道相对枯燥一些，很多人可能干不下去。相比来说，做社会报道更“刺激”一些，记者采访要出入一些非常激烈的场面，一篇报道会有很多人看，会很有成就感。做财经报道枯燥有几个原因：

第一，做财经报道要经常和数据打交道，而不是和人打交道。

第二，有时刚毕业或者入行时间比较短的人，会非常自卑，因为要从比自己更聪明、更专业的人口中问到一些他们不愿意讲的信息。比如你要和企业老板、投资人接触，他们确实聪明，都是身经百战，又接受过专业的公关培训，具备一定的媒介素养，因此记者很难问到自己想要的信息，时间长了，就会有挫败感。

第三，财经新闻记者要经常去看财报，这是一个必备技能，但财报往往冗长、繁琐。

此外财经新闻记者要学一些财经知识，如果文章里的专业知识写错了，并导致某家公司的股价下跌，就可能会面临巨额索赔。所以财经新闻记者写作要很严谨。

其实很多时候，写作技巧在财经报道中是没用的。我上大学的时候喜欢写特稿，写特稿的时候作者的主观情绪会比较强；但如果这种情绪放在严肃的财经报道里，可能会导致文章内容不客观。

还有一个外在的不同，财经新闻记者经常会出入一些高端场合，他们往往打扮得精致。相对来说，社会新闻记者比较不拘一格。财经新闻记者要接触一些很讲究对话环境的人物，所以需要有一定的妆容打扮，最起码头发、衣服要整洁。当然，财经新闻记者也有很多是做底层研究的，他们和社会新闻记者差不多，不需要这些外表上的讲究。

一、财经报道的选题方向

财经报道的选题方向主要有如下几个。

第一种是具有公共利益的财经报道。现在做这种报道的媒体不多，主要还是《财新》《南方周末》《财经》这些传统媒体。比如《财新》之前做的《万亿海航系破产重整》，这种选题很少有媒体会做；再如《南方周末》的《菲律宾赌城如何暗链中国》，这个标题很有意思，写的是很多中国年轻人去菲律宾的网络赌场打工，然后再引诱中国人去玩。

第二种是针对具体公司的静态报道、高端人物访谈、行业分析报道等。行业分析报道是很多学生刚毕业入行时要做的报道，是比较常见的报道，但是想把行业报道做好是挺不容易的，首先需要有行业洞察力，能发现别人没有发现的问题。有时候一个话题很多人都在写，但是火起来的只有一篇文章，像《人物》杂志的《外卖骑手，困在系统里》，记者发现了外卖系统里面大家都知道但是没有重视的问题，这就需要一定的洞察力。我后来围绕《人物》杂志这篇文章写了一篇文章《外卖骑手，你的雇主是谁?》，很多骑手不知道自己的雇主是谁，其实他们的雇主是第三方公司，外卖平台不给骑手买保险是因为支出太大，比如，美团如果给骑手买保险，每年支出的费用将会是一个非常庞大的数字，美团现在还在亏损，如果再支出那么多钱，亏损会更大，从而影响其股价。

第三种是重大突发财经事件的报道。之前，苏宁集团传出了危机，这样一个已经有二三十年历史的企业，突然间就不行了，很多人难以想象，不知道这是怎么回事，我们就写了一篇文章《苏宁跌进多元化陷阱：上市公司成“提款机”，体育等沦为负资产》，比较全面地复盘了苏宁的商业逻辑，也提出了我们对苏宁集团出现危机的原因的看法。

第四种是紧跟前沿的动态分析、阐释性报道。比如现在很多人都在提的元宇宙、碳中和，包括之前的区块链、数字货币，再比如重大民生政策的出台，像个人所得税调整、房产税调整等，普通读者对这些信息是不知道或者不了解的，这个时候记者就需要针对前沿动态去做调查、分析、阐释。

第五种是城市报道。这类报道的流量往往非常大，比如我写某个城市，这个城市有几百或者几千万人口，就意味着我们有上千万读者，只要文章写得好，流量就会不断增大，所以现在许多自媒体会愿意写城市报道。例如智谷趋势的《宇宙最牛小镇！世界500强广东榜单出炉：深圳第一，广州第二，北滘镇第三》，光看这个标题就知道文章很有意思，深圳市民愿意看，广州市民也愿意看，而且他们都想知道北滘镇到底是什么情况。

北滘镇其实是佛山市的一个小镇，人们称之为“宇宙最牛小镇”，是因为这个小镇上有两个世界500强企业，一个是碧桂园，一个是美的。这个情况很多年前大家就知道了，但没人愿意写，好的选题就这样被大家错过了，这个自媒体注意到了这个选题并且写了出来。

《从赵本山到李雪琴，“大城市”铁岭20年后为何成为“宇宙尽头”》是2020年腾讯新闻原创部门流量比较高的一篇文章，这可能是因为铁岭是一个热门城市，其读者群跨越几个阶层：“70后”“80后”这两代人，关注赵本山；“90后”或者“00后”这两代人，因为李雪琴而知道铁岭，四个不同时代的人，都关注铁岭这个非著名城市，文章就这么火起来了。

还有实验性报道，2021年9月《华尔街日报》的调查报道显示，Tik Tok将性和毒品视频推给了未成年人，这项调查的操作方法非常有趣，记者买了两百个手机，注册了两百个Tik Tok账号，然后每天没有任何规律地观看视频，观看了五六天之后，就发现有关性、毒品、赌博的视频被自动推送过来，他们就这个情况写了这篇调查报道。算法是没有偏见的，但是如果一个人没有目的地去观看，依然能观看到这类视频，就说明算法有问题。该报道发出来以后，对Tik Tok是一个致命打击，但是Tik Tok否认了他们的责任。

还有最后一个报道方向，比如“7·20”郑州特大暴雨灾害、新冠肺炎疫情等突发事件发生后，本来是社会性话题，但会有大量财经记者用一个财经记者的眼光去观察这样的新闻事件。其实，现在的社会，绝大部分事情都无法脱离经济生活。比如，洪灾发生的时候，记者可以从财经的角度关注全国各地的捐款捐物如何到达老百姓手中，被淹汽车的保险如何报销等问题；疫情期间，记者可以关注菜价上涨、全员核酸检测成本等问题。

二、财经报道需要的能力

做财经新闻需要几个能力，第一是人脉，尤其是高端人脉。这一点非常重要。比如最近海航前董事长陈峰涉及刑事案件被抓，一家媒体要做这篇报道，就要找到海航内部人士、高管，或者海航投资人、供应商，但是能够找到这些信息的只有《财经》《南方周末》这些一流媒体，因为他们积攒了大量的高端人脉，一般的媒体找不到，我也找不到，所以就放弃了。

现在有一个词叫“社牛症”，就是说一个人和三教九流都能打成一片。如果你想做个优秀的财经记者，就需要有一定的社交能力，用自己的魅力来征服别人。

第二是至少具备本科生的财经知识。不注重财经知识的积累，如果被专业的人欺骗，你会非常吃亏，所以需要积累这方面的知识。

第三是要有耐心，要静下心来读财报，长时间地阅读。我写恒大集团、苏宁集团的稿子时，每天晚上睡不着觉的时候就会翻来覆去地看财报，每次看都会有收获。

此外还有一个比较重要的点，是要有正直的人品，因为财经领域确实比社会领域的诱惑更多，比如会有人给你一大笔钱，让你帮他写一篇稿子，此时很多人容易迷失自己，所以你一定要正直。

财经报道的方法论一：特斯拉车主维权事件系列报道。

在方法论上，我将跟大家分享两个类型报道的操作方法，一个是突发类报道，一个是深度调查类报道。

突发类报道，以特斯拉车主维权事件的报道为例。很多想买特斯拉的人都非常关注这个话题。2021 年 4 月的上海汽车展上，有一位女车主站在特斯拉红色 Model 3 的车顶上，说因特斯拉刹车失灵要维权，这一下子就成了热点话题。今天大家想买特斯拉的时候还会想，这个车会不会存在刹车失灵的问题。

这是一个典型的社会新闻，但因为涉及汽车领域，我们就需要做报道。遇到这类报道，我经常会画个同心圆，中间是这个同心圆最核心的地方、最核心的人物，越边缘越不重要、越容易找到。特斯拉这个事情，最核心的人物就是这位女车主，但是她当时已经被行政拘留。另一个核心人物就是她的家属，因为最了解她的人就是她的家属。

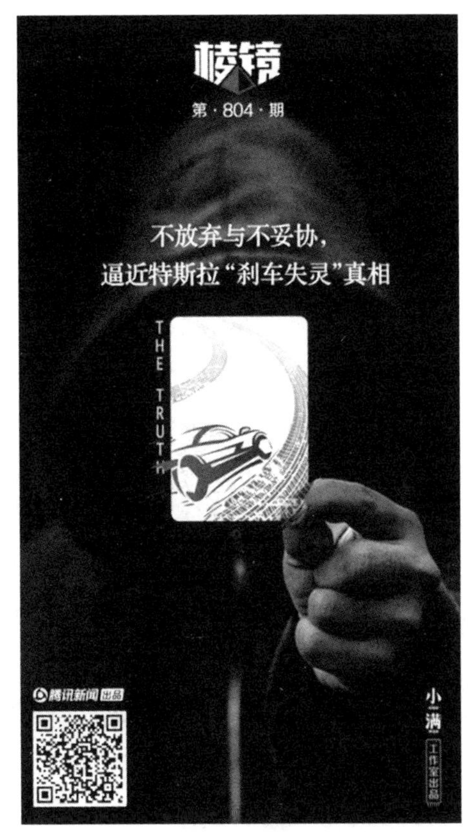

图 5－1　《不放弃与不妥协，逼近特斯拉“刹车失灵”真相》，腾讯新闻，《棱镜》第 804 期

当时，女车主和她的家属都不容易被找到。越不容易找到的人，就越有新闻价值，读者会更想知道他们会怎么回应。而同心圆外围的人则比较容易被找到，比如说特斯拉负责中国区公共关系的工作人员，对财经记者来说这种人是很容易找到的，给这位公关人员发个微信，告诉他我们想要的内容，他们就会基于自己的职责予以回应。我们当时是第一个找到女车主丈夫的媒体。她丈夫向我们讲述了一些关于事故、女车主的事情，那篇文章传播得也非常广。

在做这类突发类报道的时候，我们要有自己的节奏，要安排好怎么采访、怎么发稿、怎么样把素材写成稿件等。我觉得，记者要有几种写稿的能力，会写消息稿是最基本的，还要掌握写对话类稿件的边界和尺度，如果会拍视频更好，当然最重要的是会写深度报道、会刻画人物。这样一来，当你采访到一个人物，或者得到一定线索的时候，就可以迅速用最合适的方法将这些线索写成文章，从而达到更好的传播效果。

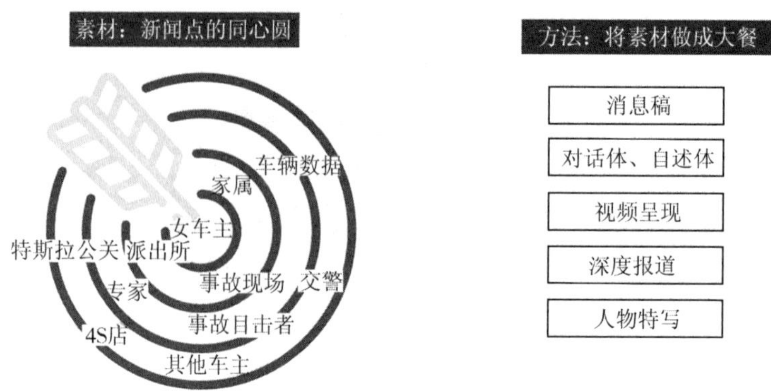

图 5-2 特斯拉车主维权事件系列报道素材和报道方法复盘

我们当时是怎么找到车主丈夫的呢？首先我们找到一个河南当地的媒体同行，但他只提供了一个联系方式，且联系方式背后的这个人不是女车主的家属，也不愿意受访，后来我们给他做了很多工作，发短信劝说后他才同意。

找女车主的时候，我想到了可以去派出所，因为她是被行政拘留，是要被转移到拘留所的，我想能不能在她被转移的时候问她几句话，只要她开口，这篇文章就会有人关注。因为大家都很关注这位女车主，但是我守株待兔了一天也没有结果，就放弃了。后来，我又跑到了女车主在河南安阳的老家，去找她的丈夫。但当时她丈夫已经去了上海，不过，我们通过上面那个联系方式找到了她丈夫的电话，并做了电话采访。

我当时为了还原事故现场，就想要去找事故目击者，这是一件很难的事情。我当时意识到他们撞到的车辆已经报废不能开了，所以就去了废旧汽车场找那辆车，但最终没有找到。

找人这个过程是非常麻烦的，也就涉及我们最开始讲的人脉的问题。不过这篇报道属于社会新闻报道，所以不需要财经领域的人脉，只要按照传统的社会报道方法就可以操作选题，只是我们还是要有财经报道的意识，要搞清楚你想写的方向是什么、最终目的是什么。

采访的时候也有很多技巧，比如如何让女车主丈夫放下戒备心和我聊？首先要对她丈夫有所了解。她丈夫很有钱，也很爱国，当时年龄是四五十岁。但是我聊着聊着就把车主丈夫聊哭了，当时我很震惊，这样一位成熟的商人，面对一位陌生的记者竟然哭了？后来我想了想，可能是因为我去采访之前做了一些功课，了解了他的性格特征。

找人

被行拘的女车主：派出所“守株待兔”
女车主家属：当地人、QQ群、贴吧、同行（关键突破）
事故目击者：交警、家属、废车收购站

同行前辈予以帮助。但当地媒体冷淡

家属的朋友不帮，后被劝服

采访

知己知彼，将女车主丈夫聊哭，获得信任；
腾讯影响力的加分；
家属协调资源，拿到更多独家信息

现场

假现场：特斯拉展台
真现场：派出所、事故现场、家属

节奏

保持独家意识，核心人物采访，快速出稿；
前后方协同，寻找同行的盲点，精准打击；
与专家保持沟通，时刻获得智力支持；
保持深度报道意识，采访时注意素材积累

图 5－3　特斯拉车主维权事件采访技巧复盘

突发事件往往是有新闻现场的，记者就要亲自到达新闻现场。但是，这个事情其实有两个新闻现场：一个是车展中特斯拉的展台；另一个是事故发生的现场。我先是找到特斯拉的展台，当时其他媒体去看过那里后写出一些不痛不痒的文章，比如说展台已经恢复常态等，但这样的文章没什么意义。我认为这是一个假现场。那么真现场在哪儿呢？我觉得是发生车祸的事故现场。

在写这种报道的时候，记者的脑子要非常清晰，要知道哪些东西是最重要的。因为这样的热门话题，全国几百家媒体都在盯着，只要你的方向错了，就会落后于别人，就写不出好报道，得到的浏览量也会非常少。同时，采访要有节奏，记者要保持独家意识，要采访核心人物，和编辑前后方协同操作，当然还要保持深度报道的意识。我们在做特斯拉车主维权事件的报道时，这个系列报道中如果没有后面那篇深度报道，就会显得不全面、不客观，这样也会影响腾讯新闻原创内容的公信力。

当时我们出的第一篇文章是《针对车展维权事件，特斯拉疑似已以财产受损为名报案》，讲的是特斯拉一方认为女车主站在车顶上把车给踩坏了，想让女车主赔偿；第二篇《独家对话被拘特斯拉车主丈夫：不敢妥协，怕污名后难做人》，是对话体报道；第三篇是视频报道《重走特斯拉事故现场》；第四篇是深度报道《不放弃与不妥协，逼近特斯拉“刹车失灵”真相》。

光看题目就可以看出，前三篇文章的立场都是偏向女车主的，但是当时我们也不是故意偏向她，只是那个时候特斯拉对外公布的信息太少，回应媒体的口径也非常保守，什么都不愿意讲。

但如果我们没有第四篇深度报道，这个系列报道就是不成功的，外界会认为我们这个平台不专业、不客观。我们的第四篇文章通过采访专家、回顾现场、警方陈述和大量信息整合，做出了比较公正客观的报道。这篇文章大概是在10天内写出来的。

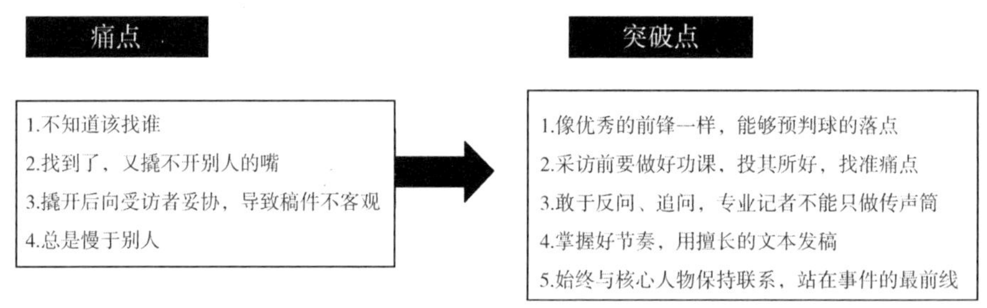

图5-4　常见突发类稿件痛点及突破点思考

写突发类报道其实有难点和痛点，比如记者可能在采访过程中不知道该找谁，找到受访人之后对方可能不愿意受访，即便受访，记者也可能倾向受害人，导致新闻报道不客观。还是以特斯拉车主维权事件为例，我们找到女车主的丈夫时，他承诺说有什么线索第一个给我，但是要求我一定要向着他们写，不能写特斯拉的好，被我拒绝了，我还是坚持自己的判断去写。所以，无论面对什么样的人，我们一定要敢于反问、敢于追问。

还有就是要掌握好节奏。我们采访完之后，其他媒体也采访完了，女车主丈夫是被我们独家采访到了，但其他媒体也在采访，这个时候就看谁出手快。如果这时候还在想一定要写深度报道，去全面还原事件，那肯定会落后于别人，这当然不行，我只能抓住自己最擅长的问题快速地写出来，在同题竞争中胜出。

财经报道的方法论二：《苏宁跌进多元化陷阱》深度报道复盘。

图 5－5　《苏宁跌进多元化陷阱》，腾讯新闻，《棱镜》第 786 期

我再跟大家分享一下深度调查类报道如何操作，以《苏宁跌进多元化陷阱》这篇报道为例。这里有几个问题，大家可以思考一下，苏宁易购的创始人叫张近东，苏宁创办三十多年，为什么他要把公司卖给阿里？我们可以看到苏宁易购的资产负债率在 66% 左右，是非常安全的数值。为什么苏宁易购明明有着比较良好的资产负债率，却在 2021 年突然出问题？出现大股东运作不下去要卖掉公司的情况？

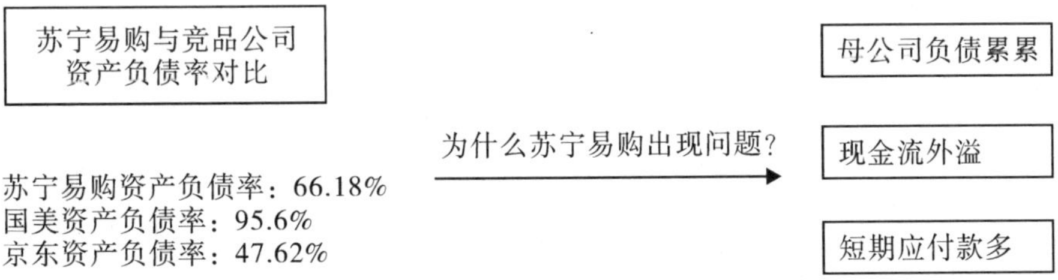

苏宁易购与竞品公司资产负债率对比

苏宁易购资产负债率：66.18%
国美资产负债率：95.6%
京东资产负债率：47.62%

为什么苏宁易购出现问题？→

母公司负债累累

现金流外溢

短期应付款多

图 5－6　苏宁易购资产负债情况

答案离不开这几点。苏宁集团本身非常庞大，苏宁易购只是旗下的一个上市公司，对于上市公司而言，66% 的资产负债率是不高的，但是，整个苏宁系统的资产负债率非常高，我们当时估算，可能已经达到 96%，对于一家零售公司而言，这个数字是非常恐怖的。其实，像京东、亚马逊这样的零售公司，曾经也是长期亏损，但是，为什么他们可以亏损而苏宁易购不能？问题就出现在了零售公司不该出现的现金流的问题。零售公司卖东西赚了钱，有大量的现金流进来，资产负债往往不会太高；如果资产负债高，就意味着没有足够的现金流进来，或者太多的现金流了出去。

苏宁易购作为一个零售公司，现金流进来之后，如果用来发展零售事业、电商等，那么现金流就是正向发展的。但苏宁易购只是苏宁集团的一家子公司，苏宁集团把这些钱拿出去投资，如果投资的项目是周期长、回报慢的项目，就会导致现金流出问题。比如，他们投资了 PPTV，PPTV 是一个长视频平台，不赚钱。还没有等到这类长视频平台赚钱的时候，抖音、快手就火起来了，让长视频平台的发展空间变得更小。再比如投资金融、房地产等，这些都需要大量的资金，但回报率如何就难说了。

如今来看，苏宁与恒大真是一对难兄难弟。四五年前，苏宁借给恒大 200 亿元。当时恒大要在内地上市，如果顺利上市，这将会是一笔不错的投资。但是，恒大 A 股上市失败，苏宁的这笔钱也就要不回来了，恒大将其进行了“债转股”的处理，这被普遍认为是“苏宁危机”的导火索。

我为什么想到要写苏宁的稿件？这跟记者的预判能力有关。2021 年 2 月，腾讯新闻在开选题会的时候，我提出苏宁可能有一天会倒闭，在我说完这句话的第二天，苏宁就发了公告，说大股东承受不了负债，把股权卖掉了。由此可见，记者对公司、对行业的长期观察和预判是非常重要的。

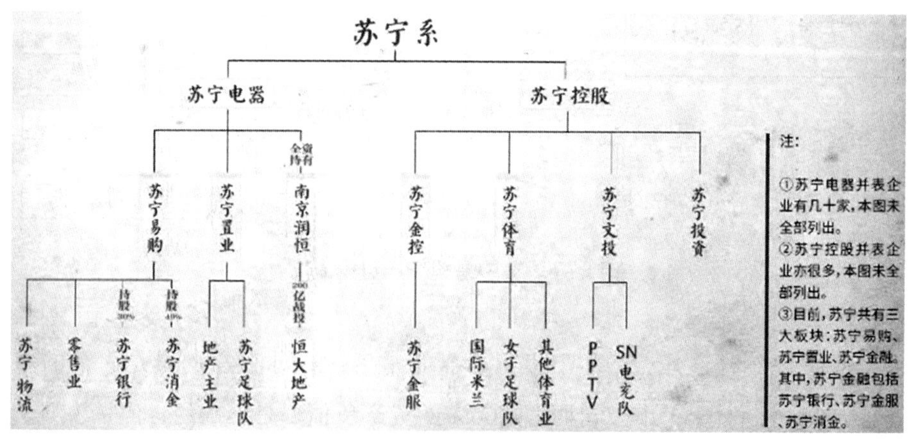

图 5－7　《苏宁系主要资产分布图》，腾讯新闻，《棱镜》第 786 期

图 5 - 7 非常有意思。我们对苏宁进行了非常细致的研究，才能做出这样一张图。我们做出这张图之前，也不知道苏宁会有这么多子公司，并且子公司的股权关系跟人们之前想象的也不一样。苏宁控股有几个板块，苏宁金控、苏宁体育、苏宁文投、苏宁投资。99% 的人都以为在 2020 年夺得中超冠军的苏宁（男子）足球队是隶属苏宁体育的，其实不是，它是隶属于苏宁置业的。

苏宁足球队有三个组成部分：苏宁男子足球队、苏宁女子足球队和国际米兰。苏宁男子足球队隶属苏宁置业，苏宁女子足球队和国际米兰则隶属苏宁体育。这样的股权设计是很有趣的，苏宁置业本身就是高负债、高杠杆，苏宁置业每年还要借钱给苏宁（男子）足球队。大公司的财务报表都值得细看，单独看财务报表，苏宁易购负债率 66%，是一个非常健康的企业，苏宁置业负债率 90%，虽然高，但在地产行业里也可以接受，一般房地产企业负债率都是 90% 以上。但是如果将整个苏宁系整合起来看，大家就可以发现这家公司的危机，这时候就需要专业的财经知识了。

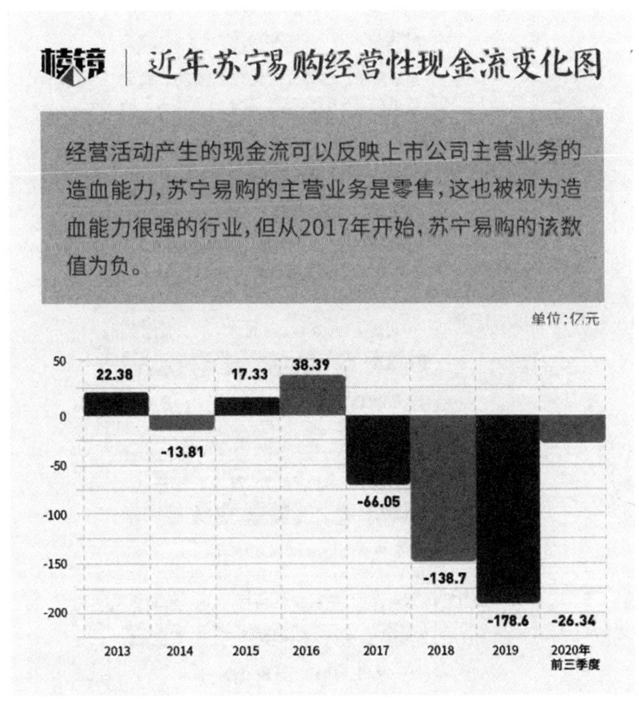

图 5 - 8　《近年苏宁易购经营性现金流变化图》，腾讯新闻，《棱镜》第 786 期

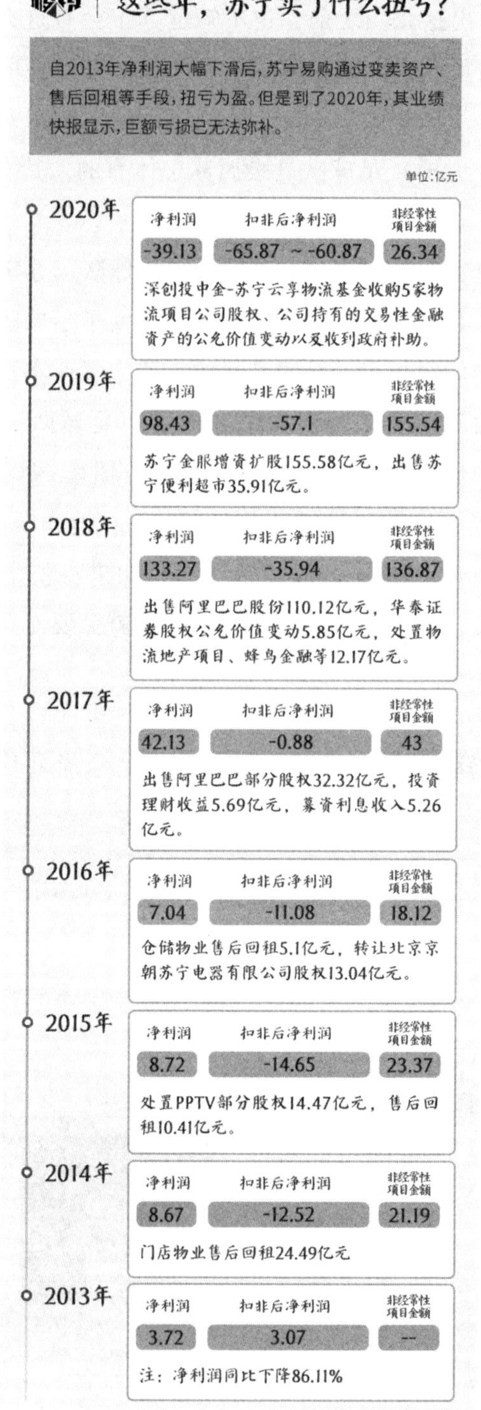

图5-9 《这些年，苏宁卖了什么扭亏?》，腾讯新闻，《棱镜》第786期

我们还做了苏宁易购现金流的变化图（如图5－8），发现其从2013年赚了23.38亿元，一直到2016年赚了38.39亿元，都是盈利的，但从2017年开始不断亏损。一个零售公司会亏损，这令人难以想象。世界500强排名第一的沃尔玛，也是世界最大的零售公司，现在每年有几千亿元、几百亿元的正向现金流。同样作为零售公司，苏宁易购的现金流竟然是负向的，那就有问题了。

结合上述对财务报表的分析技巧，我们也来研究一下恒大的问题，首先思考下面几个问题。

第一个问题，最近两三年恒大的负债都非常高，在1.9万亿元左右。有人算过，郑爽一天赚200万元，不吃不喝，每天不休息，得从周朝干到今天，才能赚1.9万亿元，很多小国家的GDP都没有这么高。恒大过去几年的负债一直都很高，但是为什么之前没事，现在却出问题了？

第二个问题，2021年3月，恒大集团发公告说“降杠杆出现成效”了，从90%多降到80%多，这是非常好的现象，可为什么仅仅过了三个月，就开始出现各种维权事件、产生危机了？

第三个问题，即便危机四伏，为什么刚开始恒大的银行贷款和债券没有出现违约现象？

我们首先回答第一个问题，为什么恒大负债这么高？发生危机的原因是什么？这里面涉及资金流向的问题。在我讲解负债的概念之前先跟大家分享一个有趣的现象：大家吃自助餐的时候，觉得自己能吃回本吗？男生可能觉得自己能吃回本，女生可能觉得吃不回来，但事实上很多自助餐厅都是亏损的，它们的商铺租金、运营费用非常高，但亏本的生意为什么还有那么多人愿意做？这也是涉及资金走向问题，假设我是自助餐厅老板，每天有1 000人来餐厅吃饭，每人消费100元，那么餐厅将获得日净收益10万元，年净收入大概3 600万元，这是进来的钱。假设餐厅经营每年的成本需要5 000万元，那么一年的亏损是1 300万元，但我依然愿意干，原因就是我的产业不止一家自助餐厅，还有别的产业，只不过顾客来吃饭不可能欠我的钱，所以每年这3 600万元收入是实时到账的，但每年5 000万元的成本费用不一定要马上花出去，比如今天餐厅进1 000万元的货，这1 000万元我过了很久后再付款，这样就形成了一个资金池。我就可以用这笔资金投资房地产、金融、股市等。

恒大的模式也可以这样来参考，假设它一年卖出5 000亿的房子，这就是一笔现金流，但是恒大不一定马上把钱付给盖房子的建筑商，而是能拖则拖。恒大之前是中国很牛的房地产企业，建筑商们也很信任它，这就是恒大负债形成的复杂原因。恒大不仅要赚买房人的钱，还去银行借钱。不过，房地产“三道红线”的政策出来以后，银行减少了给房地产公司的贷款金额，恒大的现金流就变小了。

第二个问题的答案，恒大将钱还给银行，就会降低杠杆率，按理说，杠杆率降低了，他们会更容易融资。但是，房地产行业当时已经发生变化，融资要比之前更困难，并且人们对房价的信心不足，炒房的人少了，恒大的现金流也就少了，恒大的风险也就增加了。

第三个问题的答案，因为恒大欠的多是供应商的钱。之前，恒大的信用非常好，他们给供应商们开了很多商票，这些商票一度是房地产行业里的硬通货。但是，随着房地产行业的回落，恒大依靠销售难以获得太多的现金流，银行贷款也减少，这些商票就出现了兑付难，甚至违约的现象。很多商票持有者开始维权，恒大的危机也就开始暴露在公众面前了。但是，对于恒大来说，商票违约只影响他们在商票持有者当中的信誉，而这些持有者很多可能只是票贩子，连他们的供应商都不是。所以，恒大不会优先给他们还款，而会优先给银行、债券持有者还款，因为后者对他们更重要。

表5-1　财务报表

单位：千元　币种：人民币

项目	本期末余额	上年末余额	变动比例（%）	变动比例超过30%的请说明原因
短期借款	73 632 444.00	123 058 911.00	-40.16	公司执行降负债战略借款减少
应付票据	205 702 887.00	165 463 292.00	24.32	
应付账款	288 629 447.00	302 407 742.00	-4.56	
预收款项	74 124.00	130 050 465.00	-99.94	执行新收入准则核算由预收款项重分类至合同负债

（续上表）

项目	本期末余额	上年末余额	变动比例（%）	变动比例超过30%的请说明原因
合同负债	145 575 402.00		100.00	执行新收入准则核算由预收款项重分类至合同负债
应付职工薪酬	1 149 804.00	2 540 322.00	-54.74	年末较上期的员工年终奖减少
应交税费	170 309 333.00	143 252 146.00	18.89	
其他应付款	146 247 921.00	128 246 125.00	14.04	
一年内到期的非流动负债	180 849 172.00	179 662 002.00	0.66	
其他流动负债	9 340 412.00		100.00	执行新收入准则核算由待转销项税重分类至其他流动负债
长期借款	189 839 258.00	224 923 075.00	-15.60	
应付债券	55 670 522.00	32 658 954.00	70.46	本期新增发行优先票据

表5-2　母公司报表

单位：千元　币种：人民币

短期借款	1 200 000	
交易性金融负债		
以公允价值计量且其变动计		
衍生金融负债		
应付票据	4 605 996	2 160 095
应付账款	352 272	321 213
预收款项		67 782
合同负债	125 311	
应付职工薪酬	34 377	118 823
应交税费	930 803	199 933
其他应付款	258 068 818	218 174 876

（续上表）

持有待售负债		
其中：应付利息		
应付股利		
一年内到期的非流动负债	23 481 154	25 652 966
其他流动负债	8 874	
流动负债合计	288 807 605	246 695 688

大家来看看财务报表，表5－1是合并报表，是子公司和母公司加起来的财务报表，里面有一个非常有意思的数据，叫“短期借款”。短期借款在财务报表里指的是银行借贷，是从银行借的钱，这里的单位是“千元”，也就是说短期借款是736亿元。2020年的时候这个金额是1 230亿元，2021年降低了40%，这就是恒大2021年3月份发布公告时说的“杠杆降低了”，银行贷款减少了。

恒大为什么会有钱还给银行呢？可以从应付票据的变化上找答案，2021年，恒大的应付票据是2 057亿元，但是他们上一年的应付票据是1 654亿元，相比增加了500多亿，应付票据就是恒大给供应商的钱，比如供应商来盖房子，恒大要支付500亿元，这500亿元本来应该是恒大从银行借过来给供应商的，现在银行不借钱给恒大了，恒大就给不了供应商钱，所以就给供应商开了支票，导致其一年应付票据金额暴涨24.32%，这是财务数据里的隐性问题。

整个恒大公司在2021年多开了500亿元的支票，而恒大母公司的应付票据金额很小，只有46亿元，这意味着还有2 000多亿元的票据都是子公司开的，子公司开票会有什么后果？比如，子公司开票随意就会导致很多工程都没动工就先开了票，也可能会滋生内部贪腐问题。当然，恒大的管理很严格，这种情况不一定会发生。

针对报表中的数据，我们知道了恒大开了很多票据，这个时候对比一下恒大、碧桂园、万科等各开了多少票据，我们就会发现这不是一个正常行为。

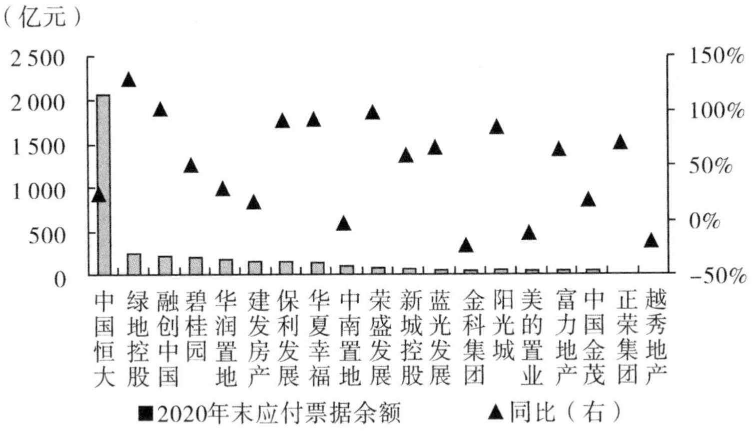

图 5－10　恒大商票规模较大

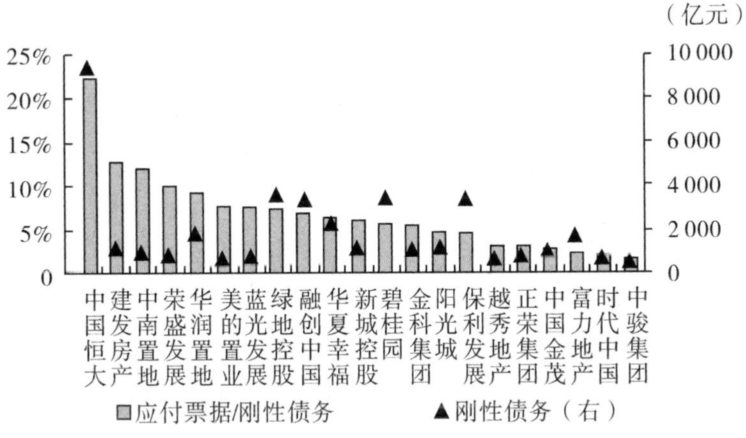

图 5－11　恒大、建发、中南等房企商票/刚性债务较大

图 5－10、图 5－11 显示，恒大 2020 年末的应付票据金额是 2 000 多亿元，排名第二的绿地控股只有 200 多亿元，不到恒大的十分之一，融创中国的也很少。在中国 Top 50 的房地产公司中，恒大一家开出的票据就占了很大比重，这是不正常的。恒大还钱是有优先级的，虽然对于这种商业秘密我们是很难得知的，但是可以想象，银行、债券持有人以及恒大金服的投资者，应该是排在前面的。正如上面所说，票据持有人很多可能不是他们的供应商，只是票贩子，欠票据持有人的钱不还，对恒大的征信不会有太大的影响。

我们在做报道时，要显现一些故事、细节，让读者沉浸其中，单纯地呈现财务报表的话，非专业人士很难坚持看下去，所以我们不能单纯地引用财报数据。记者还要对已掌握的信息有把控能力，要放在更大的视野里去使用这些信息。比如，关于苏宁的新闻报道，关心苏宁的人并不是很多，但是记者把它放到更大的视野里来看，例如放在民营企业发展的变化中来看，为什么苏宁出现了问题？进一步说，一系列的民营公司出现问题究竟是出于什么原因？那关注的人可能就多了。

可能很多普通读者不会关心这类话题，但是专业人士会关注，只是他们的信息获取能力没有记者强。记者要积累读者圈层，推动商业向善，因为有些商业模式是作恶的，比如“被系统困住的骑手”，要保障他们的权益，就要推动它背后的商业模式向善；再如一些金融诈骗的调查报道，可以提醒民众规避金融风险。

在今天这个时代，想写一篇文章太容易了，5 000 字的深度报道，很多记者用半天时间就能写出来，但是他们这种随意摘抄的文章并没有太多价值，相反还会浪费读者的阅读时间。所以专业报道要有信息增量，要有专业准确的内容，让读者看完之后觉得有所收获。

当然，有时候我们也会遇到质疑，比如被质疑说不懂某个问题。确实，记者不是行业专家，记者是通过资源和信息整合，呈现更全面的信息。但是专家往往没有记者广泛，所以没有必要要求记者像专家一样在某个领域研究得很透彻。有人会问，财经记者为什么要写社会报道？这是因为财经已经是人们生活中至关重要的部分，洪灾的时候很多人捐钱捐物，钱从哪里来，物从哪里来，物资的调配、红十字会的运作、民间组织的运作等，这就属于财经记者要写的信息。就像新冠肺炎疫情初期，老百姓买的菜从哪里来？菜价贵了怎么办？这个时候，财经报道对普通人来说就有价值了。

有些被调查采访的人还会问，你们记者是不是带着目的来“黑”我们的？不是的，往往是因为公司出了问题记者才会去关注，所以报道要做到客观、公正，也就是前面所说的记者人品要正，不能有私心，但要做到这一点并不容易。

很多刚毕业的学生，其实很难把控重大的财经报道，我自己也是从写消息稿起步的，经常写消息稿、看财报、听专家分析，从这些环节入手，培养新闻敏感性，等成熟后就可以开始写深度报道了。我并不建议刚毕业的学生去做财经类的深度报道，因为他可能因阅历不足、知识不充分而被别人利用。

课堂互动

问题一：您在《南方周末》做过传统媒体的深度报道，我认为互联网时代呈现深度的方式不同，也更加有深度，这个问题您是怎么看的？

王伟凯：互联网时代，深度报道本来应该更多元、更有趣。几年前，国内一些优秀的媒体做过一些很好的尝试，比如，《财新》曾经做过一个流传很广的数字新闻叫《周永康的人与财》，该报道通过一些数字技术，仅用了一张图片，就清晰、完整地展示了一套极其复杂的关系图，该报道当时一度被称为划时代的深度报道。再如，《南方都市报》也曾有过数字新闻部，用数字、图片的形式去呈现深度内容。不过，最近几年已经很少有这样广为流传的多媒体深度报道的尝试了，虽然我们的技术一直在提升。

我猜测，这可能跟制作成本有关。如今是一个流量至上的时代，如果高投入得到的流量少，回报少，很多机构可能就不会太支持。还有就是，今天是一个移动互联网极其发达的时代，如何将复杂的多媒体内容呈现在手机屏幕上，估计很多内容生产者和技术开发者会比较头疼。

对于财力更加充足的互联网平台来说，成本本来不应该成为问题，但是互联网平台的业务和部门更复杂，要想跨部门运作，难度会比传统媒体机构大一些。此外，互联网平台可能会比传统媒体更加看重流量，并且在传统的内容生产模式上形成了路径依赖，这也会限制他们在多元化、多媒体深度呈现上的创新。

今天，当我们讲到多元化内容呈现方式的时候，很多人会想到视频，确实有很多优秀的视频创作者，并且每隔一段时间就会有一段十几分钟甚至更长时间的视频刷屏。但是这些视频的创作者往往不是媒体从业者，他们不受传统媒体思路的限制，在创作时更有活力，我们也可以从他们身上获得灵感，但是，这也不是一件容易的事情。

问题二：怎么把握好写稿周期？

王伟凯：写稿周期取决于文章的重要性。比如苏宁的这篇报道，我花了一个月时间把它研究透彻，因为这个问题以前没人系统地写过，作为第一家报道的媒体，我们就要把它弄清楚。当时我们有四五个同事参与了这篇报道。

但是也有一些较为简单的话题，比如特斯拉的系列报道，我们十天内就要写四篇文章。所以写稿周期也要看选题是否重磅，是否值得你用很长的时间去写。当然一个比较现实的问题就是，写出来的稿子要契合公司或者媒体机构对记者的考核要求。

问题三：怎么用好短视频平台做深度报道的呈现?

王伟凯：用幽默轻松的视频解读一些沉重的话题，这是一种潮流，其实短视频平台是很赚钱的，因为流量非常大。但是很多时候，视频无法像文字一样表达得准确、全面又有深度，一万字的文章很难用短视频来呈现，所以短视频制作者会更侧重于通过一个小的点去深挖。分别通过文字和短视频报道，就更容易吸引两个不同方向的用户。

第六讲　节假日报道：休闲观念的变迁[①]

曹　轲[②]

我国法定的一年的双休日加上公众假期有115天左右，占全年天数的近1/3。休闲与工作成为同等重要的概念。与休闲观念和休闲时间对应的“休闲报道”是节假日报道的重要组成部分。

教科书上对于节假日报道没有明确的定义。知网上关于节假日报道的研究主要集中在对春节、国庆等纪念性节日的系统性报道的研究和总结上。而反映社会生活新形态、新内容、新模式、新经济的休闲报道，全行业目前仍处在一个共同探索的阶段。

节假日报道包括节日报道、假日工作报道、休闲报道。我今天要讲的主题是休闲观念带来的节假日报道中休闲报道的创新。

一、休闲观念与休闲报道的形成

1. 一年到底有多少“休闲天”？

双休日，是社会进步的表现。当年芝加哥的工人大罢工，为了纪念这次工人运动，后来就有了国际劳动节，有了8小时工作制。现在，双休日成为一个世界通行准则。我国的法定节假日一年有11天，节假日跟双休日加起来，一个人一年可休息近120天。对于普通人来说，一年中有近1/3的时间是在节假日中度过的，这种时间上的比重让节假日报道成为一个重大的课题。从某个角度来说，我们可以将它作为一个专业报道的分类来加以界

---

① 授课时间：2021年10月11日。课堂实录整理：李晓艺，暨南大学新闻与传播学院2021级硕士研究生。

② 曹轲：新闻学博士、高级记者，全国先进工作者、政府特殊津贴专家、全国新闻出版行业领军人才；曾任南方报业传媒集团新闻研究所所长、《南方都市报》总编辑、南方网总编辑、集团副总编辑，现为暨南大学新闻与传播学院教授、博士生导师、文本实验室主任。

定。占全年三分之一的节假日确实也给人们的生活、工作和学习带来很大的影响，人们都会相应地调整自己的节奏。所以当节假日成为常态之后，休闲也就变成了大家一种新的生活状态。

节假日是一个整体概念，严格来讲，我们应该把它分成节日和假日。除了放假的节日之外，还有一些法定的节日不放假。比如我们的“七一”建党节、“八一”建军节这些政治性的纪念日；又比如“三八”妇女节、“五四”青年节、“六一”儿童节、教师节、中国医师节、国际护士节、记者节这些庆祝性、纪念性节日一般是不放假的；还有一种既不叫假日也不叫节日、人为设置的日子，比如说“315”国际消费者权益保护日，在这一天，全社会相关部门、行业、品牌、个人就会关注和进行消费维权的活动，从1991年开始，每年3月15日的晚上央视还会举办“315晚会”。

现在一些节日慢慢变成了商业性消费的节日，比如说父亲节、母亲节、圣诞节、情人节，或者一些跟新民俗相关的节日。现在还出现了很多新型的、纯粹针对消费的节日，影响比较大的就是“双11购物狂欢节”，后来还延伸出“618京东店庆日”“双12购物狂欢节”这样带有强烈消费属性的购物促销节。虽然它们不是传统意义上的节日，但对很多人来说，它们已经变成很重要的消费时间点。

还有一些跟重大历史事件相关的节点，比如说每年的9月30日，是中国法定的烈士纪念日。这样的纪念日还有香港回归纪念日、澳门回归纪念日、12月20日的国际人类团结日等。每逢这样一些重大的、特定的历史事件的纪念日，官方会开展相关的纪念活动。在相关地区、相关领域的一些纪念活动产生了很大的影响，也会变成一个报道的契机。

同时，每年也有在特定周年的纪念日。比如习近平总书记在纪念辛亥革命110周年、世界反法西斯战争胜利70周年时都发表了非常重要的讲话。辛亥革命110周年、反法西斯战争胜利70周年这些节点就是特定的政治时间点。这是可以预知的重要的时间节点，其间有很多新闻点可以供记者发挥，有系统性、观点性的报道可以提前策划。因为纪念日和纪念日活动本身是经验性的活动，所以记者对此可以作相应的报道策划。

事实上，这些大大小小、意义不等、针对的对象不同的节日对每个人的心理产生的影响是不同的。当个体的心理影响和社会的整体影响高度匹配或高度不匹配的时候，恰恰是好的报道产生的契机。因为报道要能唤起共鸣、深化理解；或者具有提示功能，提示大家在这一天可以做点什么。

比如说“九一八”国家公祭日等是对全社会都有重要意义的纪念日。它与面向某一消费群体、带有营销目的的节日，如国际油脂食品日等是完全不同的。后者又往往被称为“营销节日”。再如世界读书日、世界环境日，它们既具有社会意义，又可以被商家用于营销活动。

我国还有个很有意思的节日，叫中国农民丰收节。这是国家于2018年设定的一个节日，定在每年秋分那天，2021年的中国农民丰收节是在9月23日。类似这样的节日、时间节点越来越多，确实对我们的工作、学习、生活产生了很多影响。

2. 工作、休息、休闲是并行的概念

接下来，我要跟大家分享一个新的观念，叫“休闲的观念”。

我国会根据具体的情况对小长假与工作日进行调整，调休之后的小长假甚至可以长达9天。大家都会据此去做相应的“休闲”安排。很多商家也会把旅游休闲当成一次假日经济来看待。

在这个背景下，节假日报道越来越成为一个值得被关注的现象，其背后的消费模式、观念活动也随之产生变化。过去人们的生活里没有太多休闲的安排，要么是工作，要么是休息。现在小长假出现，而且是法定假期，确实给人们假日的活动安排带来了一些变化。

我们普通人一年有超过110天的节假日，几乎占了全年的1/3。这么长的时间，单用来休息是不足以消磨掉这些时间的。所以，节假日给我们带来的最大的变化就是有了休闲时间，不再把工作和单纯的休息当成生活的全部。休闲也不再是消极、偷懒的另一种说法，休闲本身变成了生活的一部分。这是一个观念上很大的变化。换句话说，现代人的生活是由工作、休息和休闲这三部分组成的。这对于中国人来说是一个新的情况。对于从劳动生产率水平较低的年代中走过来的以工作为生活重心的人来说，这是一个比较“奢侈”的概念，但如前面所言，这恰恰是社会进步的象征。

双休日和节假日的概念，使整个社会的人们在工作、学习、经济运行状态方面都有很大的观念变化。比如“996”的工作制是此前很多互联网企业非常盛行的一种工作时间表，从早上 9 点到晚上 9 点，一周工作 6 天。现在全社会都认为这种工作制是不对的，是反人性的。很多人评论“996”使人们每天除了工作，剩下的时间只够吃饭睡觉，活得像个机器人。最重要的是，大家觉得没有了“休闲的时间”。这恰恰反映了大家想要休闲的时间。休闲的时间不同于休息，不等于睡觉。休闲的时间是用来娱乐、消费，用来学习、充电，用来陪伴家人的。所以“996”工作制不是让人们没有时间吃饭、睡觉，而是“我没有个人的时间”。

除了互联网企业，在一些国有企业的对外宣传或者对行业正能量的报道中也存在这样的现象。比如，我们经常报道从事一些职业的人在节假日期间仍坚守岗位，又或者一些人长时间地工作，整天加班。以前我们把这种个例当作正面典型来报道。但是在当前的社会环境下，媒体还继续这样报道的话，就会出现大家说的“高级黑”的问题。

我们在报道一些交警交管、景区服务人员、餐饮服务人员在节假日期间为保障大家的出行安全，保障社会各单元正常运转而坚持工作的时候，应该强调的是整体性的安排、系统化的能力、制度性的保障，而不是强调这是主动或被动的“996 式”没日没夜加班带来的结果。

跟应急报道对应的抢修、救灾类工作不一样，当假日成为常态，一些人在假日必须要完成更多的工作也成为常态。当我们报道这些人物和行业时，选择的角度应该是让更多的人“看到”他们的存在，关注他们的成绩，表达对他们的敬意。当我们在报道中遇到这个问题的时候，角度的选择和程度的把握是非常重要的。比方说，我们对坚守岗位的正面人物进行报道的时候要注意分寸，不能把一些人的休闲和另一些人玩命地工作以此保障休闲生活对立起来。这就造成了矛盾与不公。

休闲不是错误，它是社会发展到今天人们观念改变的结果。人们要求拥有“个人时间”不应该被谴责，更不应该在休闲的时候因为看到其他人在加班而产生负罪感。事实上，很多人通过休闲充实提升了自己，做了有利于增进亲情、稳定家庭的事，助推了经济。放到更大的社会系统中来看，休闲消费跟工作本身具有同等的社会价值。高效、稳定、和谐都是社会发展追求的指标。所以我们说“休闲的观念”，是一个新的观念，是社会、社会结构和社会生产力进化到某一个阶段产生的新观念。在新的观念下，工作和休闲不是对立的，而是并行的概念。这是我在节假日报道中特别想要强调的一点。

所有的媒体都应该看到节假日报道将成为一种常态化的报道。但新的观念下的节假日报道应该怎么做呢？

二、招牌的节假日报道怎么做

1. 积极参与还是乱蹭热点

一般媒体在临近重要的节假日时都会提前策划相关报道，这是媒体工作的常态。

事实上，不仅是官方媒体，国有企业、民营机构、自媒体、公关公司、市场公司等，现在都非常注重这些时间节点。针对一个社会性、公众性的节假日，作为媒体、公司、机构，它要怎么参与到热点中来？肯定是先顺应它，在响应中主动有所作为。

在公众的节假日之外，每家公司、每个行业又有自己的“营销日历”，它包括自己公司的节庆日、开张日、行业特殊的时间节点、季节性营销节点，这些都值得提前策划。

在这堂课上，我要强调的有两点：一，虽然我们平常会说节假日，但是节日和假日不一样，节日报道和假日报道也不一样。二，节假日是休闲日、消费日，也是纪念日。对于商业机构和个人来说，并非是个节日就能拿来搞营销，积极参与不等于蹭热点。

节假日的概念和活动有一个变迁的过程。个人有休闲时间就意味着社会有休闲经济。假日经济、假日营销的现象，大家不仅认可，更加认同。这里分社会、地方、商家三个角度。从社会的角度来讲，消费也是在创造价值，因为没有人去消费，第三产业是没有办法产生价值的。从地方的角度来说，很多旅游地的政府都希望利用假日经济进一步推动当地的经济发展。比方说，你去一个地方玩，你可能会留下来在当地吃个饭，可能会在周边转一转，甚至在当地住一晚。如果你去一个地方旅游，住在当地、吃在当地、乘坐交通工具，还消费了农产品土特产、享受了当地的KTV、酒吧、按摩等各种服务，最后还买了纪念品，那么这一套组合行为带来的经济量就很大。所以商家、地方政府都希望利用假日宣传实现假日经济的丰收，他们认为这就是一个很大的机遇。这个时候，作为媒体，其节假日报道就不仅是宣传某个景点人山人海、多么值得一看，而是应该考虑从更多的角度入手来展现地方特色。比方说有人钟情于美食、美酒；有人喜欢体验特色酒店；有人对非物质文化遗产的制作工艺感兴趣；有些自驾游者甚至只是对“开遍全中国所有特色国道公路”感兴趣。

还有一些企业的产品可能并非节假日的消费品，比如能源、金融、汽车、房地产。但不管营销的是不是实际商品，大多数企业都不会“放过”节假日宣传的机会，营销不了产品但可以营销品牌，营销不了品牌还可以营销情怀，总之要抓住机会给自己的品牌增加存在感，增加曝光率，提升潜在的机会。

因此，各企业在节假日都要做一轮“庆祝海报”，有实力的还会举办更复杂的互动活动，微信、微博、抖音等社交账号轮流转发，提振销售业绩，提升品牌价值。

说到这里，我们就不得不说一下很多企业乱蹭热点而出现问题的现象。比如 2022 年索尼的网上新品发布日定在了 7 月 7 日。结果中国网民就生气了，形容索尼这种行为是“疯狂作死”。因为“七七”在中国人眼里是国耻纪念日，“七七事变”是中国抗日战争的开端，对中国人来说有很多政治意味。后来在各种舆论压力之下，索尼也被迫宣布取消了当天的新品发布。

再举个例子，2021 年国庆节期间上映了一部电影《长津湖》，其票房超过 57 亿元，成为中国影史票房冠军。很多人都说它是一部很优秀的战争片，也是一部很好的爱国教育片。但是它的“系列票房海报”引发了争议，网友质疑，大家看这部电影看的是爱国情怀和民族精神，怎么能拿票房收入来做宣传海报呢？

从电影出品方的角度来说，电影是一个消费产品，其商业投入很大，期待一定的回报无可厚非。对看电影的人来说，观影是一种消费行为，看电影本身跟喝奶茶、吃大餐的性质是一样的。但是这部电影的内容有些特殊，它承载了一些其他的价值，很多人看完电影觉得这不仅是一部电影，还是一种民族精神的体现，观影是观众自发参与爱国主义教育活动的行为。这些精神层面的价值就突破了看电影这个消费行为的意义，上升到意识形态领域了。所以制片人、出品方从一部电影作为消费品的角度设计的海报跟人们观影后的效应产生了直接冲突，这个平衡点是很难把握的。换个角度想，电影《哪吒》作为动画片、《流浪地球》作为科幻片，也都弘扬了正能量，片商也都在内容优质、制作精良的宣传之外，做了大量票房成功和商业成功的宣传，大家觉得是可以接受的。

图6－1　图片来自网络

但是无论是有意为之还是无心之失，假日经济对节假日这些特点的利用，一定要把大众的情绪、社会和政治的影响纳入首要考虑的范畴，其次才是进行相应的消费、休闲类的宣传，否则就会在两个层面之间失衡，造成一些问题。

2. 常规的报道和不常规的思路

节日报道和假日报道是不一样的。因为节日和假日本身不一样。无论是全国纪念日还是行业职业纪念日，针对它们的报道偏重的是社会效益和意识形态的内容。节日报道往往具有社会性、政治性色彩，又或者带有民俗性、纪念性、文化性属性，有自身的空间、外延和张力，往往可以提前做系统性、观点性的报道策划。假日报道针对的是“放假”的假日，是跟假日经济、跟“休闲”对应的报道。这些假日的主题可以预知，但是具体形式和具体内容恰恰要报道出年与年、节与节、地方与地方、媒体与媒体之间的“差异感”。

我们以2021年9月19日《南方日报》关于国庆节、中秋节的报道版面为例来看一下常规的假日报道是怎么组成的。

08 | 广东

南方日报

看花灯

车辆排起长龙

“花样金秋 乐享广州”来了 活动500场

中秋国庆期间打造传统民俗新体验

广州南站中秋增开高峰线列车21对

广铁集团预计发送旅客535万人次

中秋当晚，全省大部分市县可见月光

广东警方7月以来捣毁制售假劣月饼窝点14个

月饼4万个 一查是假劣

DNA数据比对技术精准寻亲

失散22年 中秋前团圆

粤将开展第一批碳中和试点示范市(区)建设

全民国防教育日 羊城拉响防空警报

2021年“中国农民丰收节”广东省主会场活动

22日在汕头举行

中秋出行高峰18日下午出现！交警发布最新绕行指引！

图6-2 《南方日报》，2021年9月19日

首先是关于国庆，该版第一篇报道是关于国庆节出行的介绍；第二篇报道介绍了国庆节7天假期全国的旅游人数，以及带来的交通流量和经济值。这篇报道同时还讲了哪些地方人流多，哪些地方出行的消费高，并做了一些总结性的报道。这两篇报道都是假日报道的“招牌菜”，也是“例牌菜”，广州的媒体会做这样的报道，全国其他地方的媒体也会做这样的报道，各个行业的媒体都会做这样的报道。所以这基本上成为一种常态：假期开始之前的报道是预告式的，假期中的报道是一种动态跟踪式的，假期结束时还会有一些总结式的或者汇总式的报道。

2021年9月19号《南方日报》有一篇《打造传统民俗新体验，广州推出近500场文旅活动》的报道。这篇报道可以说是一条“节日资讯”，但《南方日报》作为一份党报，这篇报道背后想表达的是：这个节假日期间社会是祥和的、稳定的，大家是可以在假期进行休闲活动的。

同样的内容换作是新媒体会怎么报道呢？它可能会把节假日期间活动的时间、地点、内容全部列出来，甚至可以把这些活动的门票、优惠活动都放在里面，并展示链接、二维码，方便受众买票、参与、关注、互动、抽奖。

所以从这个细节我们能看到，虽然看起来报道的是同一个主题，同一套素材，但是不同的媒体的侧重点有微妙不同。这个“不同”恰恰是我们应当更加关注的。事实上，当天的第二篇报道有一张图片，讲的是很多人在中秋节看花灯。这也是非常“祥和”的报道。

第三篇报道的标题是“广州南站中秋增开高峰路线列车 21 对”。这属于我所说的“工作报道”。报纸版面有限，没办法详述增开了哪些列车、增开的列车时刻表和行程表。作为一篇工作报道，它说明的是广铁为了方便假日出行的群众做了一系列保障性工作。

9 月 19 日这一天还有一篇新闻也是跟节假日有关的，就是节假日的食品安全报道：广东省警方 7 月以来捣毁制售假月饼的窝点 14 个，查出假月饼 4 万个。说到月饼，这里想讲一个题外话。现在很多月饼本身就是一种宣传报道。跟前面说的逢节必过，过节必须要做海报一样，月饼也是很多企业、机构甚至规模较大的自媒体每年都要“出品”的一件产品。市面上很多“爆款”月饼并不是由常态的食品机构生产的。比方说，2021 年上海精神病院生产、出售的月饼就成了网络“爆款”。我不知道有多少人是真的尝到了精神病人做的月饼，但大部分人都从各种新闻渠道了解到了精神病院的月饼。

除此之外，复旦大学也生产月饼，《南方周末》生产的月饼也不错。这些月饼多数是委托其他机构贴牌代工的。姑且不论好不好吃，它们的传播和品牌效果是很好的。我在朋友圈“晒”了这两个口味不错、品牌独特的月饼。暨南大学的同学们马上就问：“暨大什么时候出自己的月饼啊?”这说明月饼变成了文创产品，被赋予了特殊的文化内涵。作为新闻素材、传播媒介，它本身也是一种节假日报道的另类形式。对一家机构来说，有新闻要传播，没有新闻也要创造新闻传播。中秋节就变成了各品牌的月饼文创大赛。

3. 必做的报道和出彩的报道

年年中秋，今又中秋。这么多年来，很多媒体在做中秋节报道的时候，已经把常规报道的套路都用过了，不知道该怎么创新。

我特别留意了一下《南方都市报》2021 年的中秋节报道，一方面，可以看出他们在认真地策划中秋节报道。另一方面也可以看出他们已经没有办法来做更好的突破了。

图 6－3 是 9 月 21 日的《南方都市报》，其版面的一大半位置都是跟中秋节有关的。当天《南方都市报》用了 8 个版、2.5 万字报道了些什么呢？首先是人文知识的科普。比如其中两个版叫“中秋民俗篇”，讲的是广东各地的扎灯笼、烧番塔、拜月娘等民俗活动。

看点

A06 07

中秋月圆之夜，你的朋友圈打算晒什么？

扎灯笼、烧番塔、拜“月娘”…… 重温小时光

但闻桂子香 又好月婵娟 之民俗篇

广州 扎灯笼

深圳

珠海

汕头 “拜月娘”

韶关

佛山

河源

梅州 月下对歌

惠州 舞火狗

汕尾

图 6－3　《南方都市报》，2021 年 9 月 21 日

紧接着的两个版也是民俗篇，分地区介绍了东莞、中山、江门、阳江、湛江、茂名、肇庆、清远、潮州、揭阳、云浮等地不同的中秋节风俗，如耍高翘、舞火龙、放孔明灯等仪式。

第五版、第六版介绍古人是如何吃月饼的，还饶有趣味地介绍了月饼是如何一步步沦为被“黑”得最惨的食物，主标题就叫“直到明代月饼才成为中秋的标配”。我认为这是对历史的盘点，借着这个节点介绍了一些人文历史知识。紧接着的两个版继续谈广州人中秋必吃的传统美食有哪些：广式月饼、鸡、草田螺，一个也不能少，还有很多地方说必吃芋头、菱角、柚子……看完这一系列报道，同学们大概也能感受到：一方面大家对节假日报道的期待很高；另一方面众口难调，常规的报道也越来越难满足所有人的需求。

这里有两个细节值得注意：一是从客观上来说，现在的资讯是动态的，就像开车用导航，实时计算、对比不同路线的拥堵状态与用时长短之间的关系，可以随时了解一个景点有没有票，一条路此刻是否拥堵，一家餐厅当下要不要排队、要排多久；二是从主观上来讲，看剧、看直播可以发弹幕，现在的人连看严肃的政府新闻发布会都要求通过弹幕留言，洗脸睡觉都要开着直播进行，并称其为“沉浸式体验”。大家不仅需要获得信息，更重要的是将交流过程本身作为一种“沉浸式”的休闲方式。

所以我认为报纸用八个版面来做中秋节报道，结果里面谈的全部都是静态的、民俗的、历史的、传统的内容，这样的方式只能满足报道需求，而不能使读者有良好的阅读体验。事实上，并非字数越多、版面越多，读者阅读体验就越好；而是内容有用、够用就好。

4. 节假日经济和节假日报道

为了了解节假日经济与节假日报道之间的偏差，我在知网上搜索了2 000多篇有关节假日经济的论文，其中关于节假日报道的论文只有20多篇，约占假日经济类论文的1%。

我想给大家分享一篇节假日研究的范本，这篇报道是以湖北报业集团《楚天都市报》为研究样本的一篇文章，叫作《把握三组关系、寻找精巧角度——〈楚天都市报〉2018年节假日策划报道的启示》。

文章提出：一是讲“事与理”，即事情与道理，以小见大讲故事；二是“人与人”，换个角度、换个视角可见精彩；三是“点与面”，众里寻他千百度。作者思考了节假日报道中的工作报道、常态报道、行业报道应该怎么报道才能更精彩、更有趣。但是，看完这篇论文你就会觉得节假日报道，特别是传统媒体做的节假日报道肯定会很无趣，跟节假日休闲状态的丰富精彩、千变万化相比，看起来单调、枯燥。

很多传统媒体，甚至新媒体，其节假日报道最大的特点就是减版、减推送。我知道广州的报纸比较厚，版面比较多，很多报纸到了节假日会把版面减少到只剩八个版，甚至是四个版。而《浙江日报》在前两年的春节只有两个版，也就是一张纸，打开后就像一张海报一样，上面也没有新闻，只有庆祝春节的大幅照片，喜庆的配色就代表了全部。这已经不是一张报纸了，它连一张海报都算不上，可以说，报社给大家送了一幅过年的对联。这是最极端的节假日精减报道的例子。它不再是一个仪式，而是成了一个形式。

现在媒体做的节假日报道主题特别狭窄，看不到让大家眼前一亮的思路。我经常会困惑：节假日明明是大家最需要报道资讯，最有时间“刷”新闻的时候，为什么节假日报道变得如此“形式简省”、套路单一？节庆、节点如何开拓？如何策划创新？如何出彩？假日报道的重要内容之一就是假日经济。对于假日经济来说，出行增长就是成就吗？未必如此。我们的假日报道最喜欢说出行人流又增长了多少，带来预期的经济效益有多大。这些都是我们预估出来的，没有严格的统计数据作支撑。这只是一种经济增长的形式，或者说简单地用数量增长来代表成就的报道的形式，它并不能“说服”读者，也不能提升其阅读兴趣。

老百姓对于节假日的共同心愿是希望能安全顺畅地出行，轻松快乐地休闲。我们每个人都会碰到很多节日、节点、假期、纪念日，一些新闻事件、一些场景、一些重大的话题也会借着节假日的背景来展开。节日新闻是一个偏社会性和政治性的话题，由此可以延伸出政策报道、政治报道、社会报道，这是相对容易的，因为其本身就是一个大的议题，只不过借着某个节日、假日的节点来集中推出、展示、宣传。

我们今天讨论的重点是节假日报道，侧重其中的“休闲报道”。下一步，我们可以通过大数据来挖掘节假日的一些人员流动的情况、经济形态的变化，从另一个角度研究节假日报道这个话题。

三、创新的“休闲报道”怎么做

1. 正面理解“休闲”意义，拓展休闲报道空间

我们总结了节假日报道的范例、特点以及不足。接下来我们讲一讲突

破现有的常规报道需要做到的几点。

正如我们前面说的，节假日报道之所以变成一种报道的类型，是因为对普通人来说，一年当中放假的日子有 110 多天，再加上各类纪念性的节日，则覆盖全年一半以上的时间。我们全年有三分之一的时间在放假，除了工作、学习、休息的时间之外，还多了些休闲时间。大家可以用休闲的时间来做些什么？可以休息，可以加班，可以学习，可以出游，可以宅家，可以美食，可以健身，可以参与线上活动，也可以参加线下活动。

做好休闲报道的前提条件是正确看待“休闲”的意义，观察休闲的内容，体会休闲对个人，对企业机构，乃至对全社会的意义。在正确理解工作、休息之外这个新的生活形态的基础上，媒体才有可能对这个形态做出积极、创新、出彩的报道。

现在很多媒体对休闲的概念理解不够，只是把它当成工作的补充，当成休息的延伸，没有把休闲作为生活本身的一部分来思考。

我们国家从很多年前就提倡各个单位的领导干部带头休假。我在南方报业集团工作的时候一年有 14 天的探亲假可以休。但是我个人从来没有休过。因为在当时的氛围下人们觉得工作才是光荣的，而休假则是可耻的。所以国家为了鼓励大家度假，在假期前常常会做很多动员性工作，甚至要求领导带头休假，但是当时基本上没有领导敢带这个头。

还有一些企业的管理人员或者比较敏感的公众人物，他们被媒体拍到的休假可能是带有表演性质的，故作轻松的姿态可能是想要向外界暗示自己的公司运行良好。所以关于他们休假的报道还是属于工作性的报道。

包括现在社会上很多职业技能培训班，相当一部分参加培训的人是利用休闲时间来完成个人技能的提升。你可能会问，他们为什么不在应该上学的时间里学完全部知识，获得应有的学位和技能？这里可能有经济的原因，也有“学无止境”的问题。比方说，近年来国家税务政策方面做了很大调整，很多企业的领导就需要重新学习税法、税务筹划的相关知识，他们可能有很多日常的工作，就需要利用节假日进行学习了。

中华民族是非常看重亲情的。休闲的时光在家陪陪家人、给全家做顿饭、一起看场电影，实际上都是非常好的，现在社会上有很多公益机构也会利用节假日组织各种公益活动。比如广州市图书馆周末常常举办公益性质的名家讲座，无论是做分享的嘉宾还是参与的社会公众，利用的都是他们的休闲时间。而这些都是休闲报道可以并且应该包括的部分。

正确理解休闲的概念，拓展休闲的广度，我们才能找到更多关于节假日休闲活动报道的角度与出彩的点。

2. 当我假装在度假，你要怎么报道我

现在网上有很多段子，教你怎么假装在度假。大家可以看到图 6 -4 的最右一幅，展示的是主人公仿佛是在去度假的飞机上的悬窗边拍下的。而左边两幅图则展示的是他用一个洗衣液瓶子的把手和一张手机图片完成了这次拍摄。

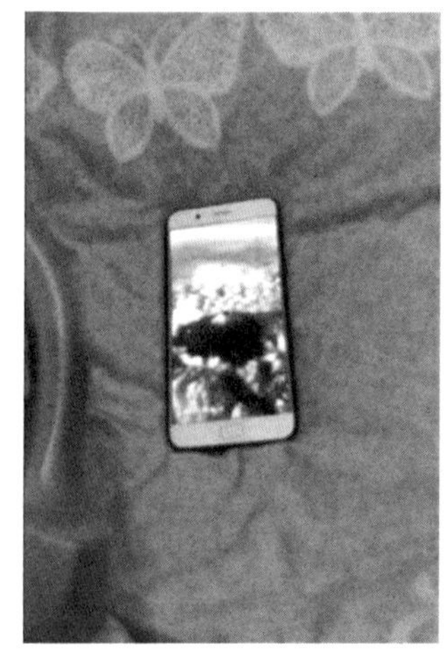
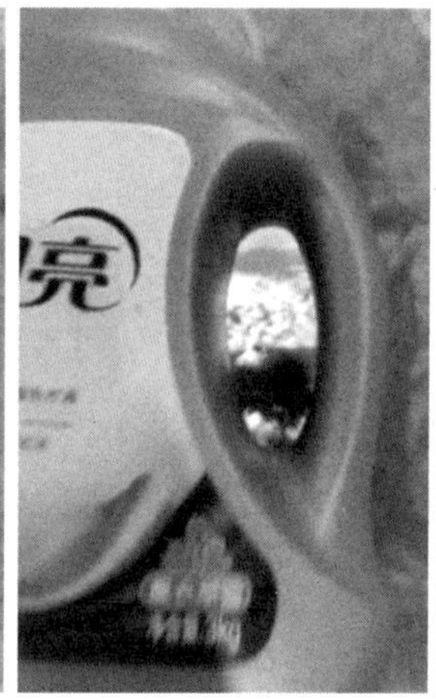

图 6 -4　图片来自网络

现在网上这种搞怪的段子也越来越多，手把手教人们怎么假装在国外、假装在美食城、假装在一些著名的景点。为什么要假装呢？因为出去度假的人确实没有那么多。之前我们也看到很多新闻，说很多人不想出门或者说在经济条件不允许的情况下，买一大堆食物，关起门来在家里看电视、打游戏或者睡懒觉，但同时他们需要在社交软件上假装自己在度假，躲起来不出门是为了不被朋友和邻居发现他们其实一直在家。

那么问题来了，为什么他们要假装在度假呢？很多商家、自媒体、媒体会宣扬度假是一种高级的生活方式，以此来助长消费者购买的欲望。又比方说吃糖、重油重盐的行为是贫穷的习惯，非长寿人群所为。其实我们看看 90

多岁的巴菲特还在吃汉堡喝可乐，就知道这些观点的逻辑和论据都经不起推敲。奢华的度假方式并非人们生活的必需品，但说的人多了就容易让人们跟风。很多官方媒体也在推波助澜，每次假日都要报道景区人流量又达到多少，有多少人在景点玩得多么开心，拉动了地方经济。首先，人流量和经济增速的关系是否真的经得起推敲，还是只是成为报道的“习惯”？其次，出门玩就一定代表“充分利用”假期和“高兴”吗？确实，在这样的舆论环境下，当度假成为一种潮流，而一到放假身边的人就会问你放假去了哪里，你就“不好意思”说哪也没去，于是就有很多人会假装在旅行。

我认为，这是由人们对“休闲”的误解导致的。休闲、工作和休息是并列的概念。休闲的假期可以只是在休息，而休息是为了下一个阶段有更好的精力去工作和学习，可以是学习充电，可以是对家人“长情的陪伴”，可以是参与社会活动。

休闲的假期还可以是“云旅行”“云聚会”。因为疫情不能聚在一起的朋友，大家可以在网上见面，一起在网上“云旅行”“云观展”。2020 年疫情最严重的时期，就有几个人一起通过视频“隔空”参加酒局。

这些都是休闲和度假的方式，对个人、家庭、经济、社会都有积极的意义，也都值得被纳入报道范畴。

3. 用发展的眼光做休闲报道

传统的假日经济在新冠肺炎疫情、无接触经济、“云办公”等各种新经济、新概念、新形式的综合作用下发生着变化。与之相对的假日报道，作为休闲报道的一部分，也随之发生变化。

我们先来看一下假日经济本身的发展轨迹和特色。

“黄金周”本身是个商业用语，对很多行业来说是收入季的代名词。但最近两年这个词的使用频率已经大幅下降了。与黄金周相关的很多话题，比如节假日消费、消费者维权等会不会因为“黄金周”表述的降温就不存在了呢？

比如广交会，以前广交会是全城的盛宴，它能给广州的酒店、餐饮都带来巨额收入，很多酒店一年的利润就是靠两季广交会获取的，因为广交会期间酒店床位紧张，房费可以从三五百元涨到两三千元一天。疫情之下，2021 年的广交会变成了线上线下融合举办，这个情况给酒店的生存带来很大挑战。从出行方式来看，地铁、高铁、私家车、民航等各种通行方式越来越发达，平时依靠春运的大量人流、高昂价格获利的长途车，其生存状况又会发生什么变化？把整个行业的利润赌在一次广交会上，赌在一次春运上的营利模式，还能继续下去吗？不知道有没有媒体从这个角度去展示假日经济的变迁？

以前广交会期间，记者去采访广交会、采访酒店、采访客运，现在没有这些人流集中的“大集会”了，那么同样的时间里不同形态下，或者同一个形态下不同的时间里，这些“假日经济体”都发生了什么样的变化？这会不会也是一种假日经济报道和假日经济报道研究的方向呢？

2020 年以来，受新冠肺炎疫情影响，很多景区在假期人流高峰时开始限流。还有一些人在假期刚到达某个景点就因为居住地或景点所在地暴发疫情，被原地遣返，变成机场一日游。同时，因为发生以上这些情况的可能性，很多单位、学校就会在假期前一直提醒员工、学生、老师非必要不出省，非必要不出境。在我们做假日安排的时候，这些因素都会被考虑进去，那么假日报道呢？是不是也会把这些内容和它们的延伸内容考虑进去呢？哪些报道是你在假期前想去看的？愿意去看的？

刚才说到今年的“云上广交会”，它对外宣传时就叫“永不落幕”，可以实现线上随时联系。像这样由线下活动转为线上活动的，现在还有“云观展”，在线逛博物馆，腾讯技术大会云上会议，2022 年文化和旅游部主办的百花迎春晚会在学习强国客户端的在线观看，等等。钉钉 App 在 2020 年疫情期间服务超过 21 万所学校、700 万名教师，支撑了 1.4 亿名中小学生的网课。腾讯会议注册用户数也突破了 2 亿人。中国国家互联网信息办公室说，这种“无接触经济”是疫情带来的时代革新。

很多原来下载量不高的 App 移动客户端，在疫情暴发之后，其用户都增加了很多。确实如国家网信办的判断，疫情是一个奇点，它可能真的引爆了很多技术储备已经到位的 App。但这些 App 是不是真的已经做得很好，人的思维观念是不是也已经紧跟了这种变化逻辑，用户注册了是不是就会一直用下去？如果疫情过后人们可以进行线下活动了，大家是不是还愿意继续在家里“云聚会”“云观展”？

假日经济背后对应着新消费模式、新维权手段、新休闲方式、新经济形态、新社会结构，这些新变化是假日报道、休闲报道值得关注和报道的内容。我们应该用发展的眼光看待变化中的事物，用发展的眼光打量世界才能写出有角度、有深度和有温度的报道。

4. 节日硬新闻与假日休闲报道的关系

休闲报道应该有创新，有突破，但是它也有不变的规范。

我们来看看节日硬新闻和假日休闲报道之间的关系。

2021 年国庆节期间，《南方日报》和《南方都市报》的报道面临一个共同的问题：10 月 1 日是国庆节，《南方日报》头版也是套红彩印，喜气洋洋，头版头条是习近平总书记出席烈士纪念日，向人民英雄纪念碑献花的内容。

这里有两个概念。一方面对政府而言，这是一个具有政治意味的纪念日，是烈士纪念日；另一方面对普通老百姓而言，这是一个节日，有一周的假期。这是两个需要区分的概念。企业不要把节日简单地当成促销节点，否则就有可能踩到高压线，碰到敏感点，造成“翻车事故”。我们在过好假日的同时也要知道它是个纪念日，方便我们从另一个角度去考虑我们的新闻报道。

这张报纸的一版还有一篇文章，讲的是广东省委常委及省新冠肺炎防控领导小组指挥部召开会议，要求扎实做好国庆假期疫情防控工作，坚决守牢“外防输入、内防反弹”的严密防线。在政府的工作部署中，节日、假日是比平时更加紧张的：一方面政府号召人们去放松、去休闲；另一方面政府要坚守很多安全防线，政府工作人员一刻也不能离开岗位，以保证人们的出行是安全的，社会是稳定的。

这种张力的变化在报纸版面上很容易看得出来，一方面会有很多人很开心地去休闲，另一方面有很多岗位的工作人员却变得比平日更加紧张。对这些行业、岗位来说，假日已经不是坚守岗位的问题，而是常态工作中的一部分。那么这些行业、岗位在假日里更加紧张的工作状态，也是节假日报道的一部分，是需要策划、关注、精心安排，需要派出专人去做专门采访、划出专门版面去进行报道的领域。

从这个角度来说，为什么过去传统的教科书没有讲专门的节假日报道呢？是因为人们很难用现有的理论对节假日报道进行简单概括。此时的节假日报道是由政府行为的节日报道、普通人的休闲报道、特殊行业的工作性报道等共同组成的。

5. 那些年休闲报道踩过的“坑”

有些行业在新冠肺炎疫情期间不需要坚守岗位，但它们也希望出现在假日报道中，于是它们会用一些动作来主动制造新闻。

北京烹饪协会在2021年国庆节前发出一个倡议，叫作“国庆吃面，国泰民安”，提倡国庆期间人人去吃面，听说很多北京的高级饭馆都特别推出了他们的特色面食。

但是有人就不同意了，说“国庆吃面”“国泰民安”两段不对等，也不对应。“面”跟“安”看似谐音，其实不押韵。所以一个比较知名的网络大V就说：什么节都说吃饺子也就忍了，但国庆吃面我不奉陪。我想他的观点也代表了很多老百姓的声音。

我认为，北京烹饪协会的倡议是希望可以在国庆假日形成一种新风俗或者新风尚，但是没有考虑到南北饮食习惯的差异而显得有点突兀，变成了一件尴尬的事情。

北京市餐饮行业协会
北 京 烹 饪 协 会

关于弘扬“国庆吃面 国泰民安”新民俗倡议书

各餐饮服务单位：

在举国上下喜迎中华人民共和国成立72周年之际，为表达本市餐饮行业向祖国母亲祝福生日的爱国之心、喜悦之情，北京市餐饮行业协会、北京烹饪协会联合广大餐饮服务单位，向全市餐饮业发出倡议，鼓励各企业组织开展丰富多彩的特色节日活动，弘扬“国庆吃面 国泰民安”新民俗，表达热爱祖国之情。

1. 面条是中华民族的传统美食，吃长寿面寓意“长寿、安康、幸福”等美好祝福。各餐饮服务单位要深入挖掘面条历史文化和制作技艺，在国庆期间推出特色面条产品、国庆主题菜肴，共同营造为祖国庆生的喜庆氛围，传承中华传统饮食文化。

2. 国庆期间，各企业可结合实际开展多种优惠活动，如向医护工作者、环卫工人等节日保障人员赠送“国庆面”慰问活动等，传递行业新风，同唱生日歌，彰显爱国热情。

图6－5 《关于弘扬“国庆吃面 国泰民安”新民俗倡议书》，北京市餐饮行业协会公众号

什么节都说吃饺子也就忍了，但国庆吃面我不奉陪!

原创 项栋梁 基本常识 昨天

春节，家家户户包饺子。
正月初五，家家户户吃饺子。
入伏，家家户户吃饺子。
立秋，家家户户吃饺子。
冬至，家家户户吃饺子。
家里来客人了，吃饺子!

就问你有没有生理不适吧？！

也不是说饺子不好吃，更不是说不让你天天吃饺子，谁爱吃谁吃去，一点问题都没有。

图6－6 《什么节都说吃饺子也就忍了，但国庆吃面我不奉陪》，基本常识公众号

2021 年 9 月以来，各地纷纷出现用电限电、断电的新闻。之前有很多地方断电或者停电是由于故障被迫为之的，但一部分地区是为了提倡有序用电、科学用电、计划用电，所以是主动地在某些时段断了电。这个事情也会影响到当地经济，影响到很多人的生活。大家为什么这么紧张？因为接下来马上天气就转凉了，冬天的北方是需要取暖的，很多地方取暖是需要能源、需要电的，没有电怎么办？

吉林新北水务公司还发布了一个通知说要停电、限电，这个消息在网上引发了舆情。这个通知写得有些随意，大概是说公司会随时停电，希望大家做好准备。这种说法仿佛告诉大家限电是随时、随意的，而不是科学有序的。今年国庆前后出现的这两个例子，体现了跟人们的工作、生活相关的一些事，因为它们报道的时间或者内容都跟节假日有关系，大家喜欢或不喜欢都会去关注，这些报道也有意无意地成为节假日报道的一部分。

前面提到了，很多媒体、自媒体在节假日就会减版、停更。比如说我在报社时最早做的是批评报道、舆论监督，因为一些重大节点要保证社会面的祥和稳定，所以那个时候一般不刊登批评报道。但是对另外一些行业来说，比如娱乐、金融业，在节前那天晚上可能会更加繁忙。有些企业，甚至政府机构，因为担心信息会给市场和公司造成巨大冲击，它们会特意挑选大节、大假的前一天凌晨发布信息，因为那个时候普通人已经休息了，可能不能立刻做出反应，因此人们有时间“消化”这些信息，从而尽量减小信息给人们的冲击。同理，有些明星也会选在节前宣布离婚、分手。还有一些政府反腐类的新闻也都选在这个时间点发布。

在广义的节假日报道里，在讨论节假日报道的规范、规律的时候，媒体都应该把它们纳入范畴，做好相应的“预期”。节假日没有报道，或者没有哪一类型的报道，或者特别容易发生哪一类型的报道，本身都是报道规律的一部分。

四、新闻报道的“二十四节气”年历

无论哪一个细分领域的新闻报道都是有共同规律可以学习和掌握的。媒体也有自己的“二十四节气”年历。有一种说法叫作“四季歌”，把报道计划分成四季，到什么季节做什么报道，到什么节点做什么策划，一年四季都有不间断的规律性的关注点。

我认识一位记者，他根据自己的报道经验制作了一个工作日历。它不是简单的时间节点，而是把当时一年内预期会发生的重大新闻、要召开的重大会议、要发生的重大事件、要关注的重大节日和纪念日全部提炼出来。比如“9·11”事件二十周年这样的节点，他全部都标在自己的“二十四节气”新闻日历上。他会按照日历上标注的节点，提前关注、搜索和规划相关的信息和采访，提前寻找线索，选择报道对象。

今天的节假日报道相关论述是我个人经验、思考、研究的总结，是跟同学们的一次分享。以深度带专业，以专业求深度。这是我对专业报道与深度报道的理解和尝试。希望以后我们可以一起继续研究这个话题，实践这类报道。

这节课就到这里，谢谢大家！

第七讲　美食报道：美食不仅是一种生活方式

闫　涛[①]

一、美食报道的重要性

提到美食报道的时候，我们必须要想一个问题：它究竟有什么样的社会意义？我们可以把新闻写作的五个要素看作美食报道的基本要求，但是仅仅停留在这个阶段是不能称其为新闻的，最多是有一点价值的资讯罢了。

比起宏大的社会事件，我觉得看起来无关紧要、琐碎的美食报道，依然有它不可替代的社会价值。一些学者在点评《红楼梦》《金瓶梅》《水浒传》等中国的古典小说的时候都提到了一个很重要的观点——饮食这种世俗文化的形态，其实是一种最真实的底层记录。你喜欢吃什么，

---

① 授课时间：2021 年 10 月 24 日。闫涛：美食评论家，专栏作家，视频策划人，曾任《南方都市报》首席记者，担任《舌尖上的中国》《风味人间》《寻味东莞》《寻味顺德》美食顾问，曾策划拍摄《黄金海岸线》《岭南水中鲜》《濠江味传》《一人一口》《尝，不寻常》等岭南饮食文化专题片，担任广州市非物质文化遗产推荐官、广东省餐饮行业协会首席媒体顾问、“得到”知识平台锦囊讲师、轩尼诗饮食文化顾问及多家平台美食榜单评委，于 2019 年发起成立中国首个美食纪录片单元展“影飨会”，著有美食散文集《饭醉分子》《闫涛带你一百元吃广州》。

你为什么要去吃，什么时候吃什么东西，其实是一个时代生产力、人的价值取舍、人的生活方式，甚至是中国哲学的一种折射。所以今天我们可以看到很多人在研究《红楼梦》里面的美食，这不是要为当代餐饮提供烹饪指南，而是见微知著地发现社会的很多线索。那么我们反过来想，今天的饮食代表着什么？是科技。历史上，人类真正开始吃饱肚子不过是从 100 年前开始的，此前全世界都在面临着饥饿。除了政治、经济、科技，美食里还潜藏着什么？还有大众审美。所以我们在报道的时候，既是记录也是判断，既是整理也是分析。这就是我观念中的美食报道。美食报道一个重要的意义是，能够为我们的后世子孙来看我们这个时代的人的生活状态时提供很多第一手素材。

图 7－1　图片由闫涛提供

二、美食报道的几把钥匙

第一，做好细节观察。越是看起来很琐碎的日常新闻报道，其实越需要记者找到一些有用的小细节。如果让你去报道“火锅很流行”这个主题，你会怎么写？街头为什么会出现啤酒烤鸭？这就需要超强的观察能力。

举例来说，有一段时间，街头出现了很多啤酒烤鸭店，鸭子在炉子里面现烤，一到下班时间就有很多人去买，一只烤鸭 20 多块钱，很便宜。这个新闻该怎么去报道？很多人想到的是味道好不好、它是什么流派的、有没有食品安全问题等。首先，口碑这个东西是各有千秋的，你不能代表别人去判断好不好吃，所以这代表了个人体验的视角。其次是食品安全，只要卫生防疫部门已经准许了经营，这就不是一个关乎卫生防疫的事情。真正的新闻点应该怎么观察到？我觉得这里面有一样东西是值得深挖的。在现在材料那么贵、劳动力那么贵的前提下，一只烤鸭卖 20 多块钱，老板是怎么做到有钱赚的？所以这里面真正的新闻价值点是在哪里？是产业链。啤酒烤鸭的背后其实是中国的养鸭行业。我们国家为什么会养那么多鸭呢？这与中国的羽绒服出口有关。在全世界寒冷的地方，尤其像俄罗斯、北美地区、东欧地区、北欧地区，甚至一些中亚国家，冬天都需要穿羽绒服来御寒。但是加拿大产的羽绒服价格很高，而真正在全世界销量最大的还是中国产的羽绒服。中国羽绒服的原材料从何而来？就是中国的鸭子。

中国原生的鸭种有大白条鸭、小白条鸭等，多年来已经形成了一个庞大的养鸭体系。工厂把这些鸭厂的鸭绒全部收走做成羽绒服之后，这么多鸭子就成了一个副产品。中国人喜欢吃鸭脖、鸭肾、鸭肠、鸭架等副食品，这种休闲零食的产业消化掉了鸭的很多边角料。其实出售鸭绒就已经让养殖户收回了成本，而副食品则实现了二次盈利。我采访过啤酒烤鸭店老板，开店卖烤鸭最大的成本不是鸭子本身，实际上一只烤鸭的成本结构里面鸭肉只占 5 块钱。那么其他的成本体现在哪里？铺租、人工。为什么选择烤鸭？因为技术成本、劳动力成本低。啤酒烤鸭基于标准化操作，任何一个人只要培训一个小时就可以操作了。这样算下来你就会发现，烤鸭实际上是被纳入社会化大分工中的。如果你自己养一只鸭子，会觉得 20 多块钱的烤鸭很不可思议。但是一旦放到这个产业里面看，我们今天能够花 20 多块钱吃一只安全、可口的烤鸭，正是因为工业时代的精细化分工，鸭子的成本实际上是由穿羽绒服的人承担的。能够发现美食表象背后的产业链，这就是观察。

第二，表达要世俗化。一个真正的新闻从业人员或者说一个真正有知识分子情怀的学者，他所有的文字应该具备一种社会责任——启蒙开化。我们的语言、风格、方式、方法一定要世俗化，用最浅显的语言说给大众听。我接触过很多资深专家，他们从营养学、烹饪化学、机械物理、分子结构来讲，把味道的鲜美从氨基酸结构、蛋白质分子物的层面来剖析，但是这样的东西非常不利于大众传播。

为什么现在有这么多谣言，这么多营销陷阱？就是因为谣言、陷阱都符合了一种口语化传播规律。喝红酒延缓衰老，喝碱性水可以防癌……为什么这种胡说八道的理论可以大行其道？我认为很大一部分原因在于，真正掌握了科学知识的人没有用一种大众听得懂的话来讲述。我们讲美食的时候，也希望一些正确的、高端的信息能够及时、精准地传递到大众耳中。记者做完采访工作之后，第一项工作不是动手写，而是消化。要把杂乱无序的、真伪难辨的、枯燥深奥的、条条框框的东西变成一种大家能看得懂、大家愿意去看的东西。如果没有消化就匆匆忙忙去写，写出来的东西就只是照搬。

第三，写作需要韵律之美。这种韵律之美，其实是我在谈传统媒体跟自媒体差异的时候经常谈到的。现在的自媒体最不好的一点是什么呢？它忽略了内容生产基本的美学价值，有哗众取宠、粗制滥造的嫌疑。我只愿意看传统媒体人做的自媒体，就是因为它的表达清晰干净而且富有美感。很多人刚进入媒体行业的时候很害怕别人看自己的东西，觉得不好意思。但是到了后来，自媒体失去了这种必要的谦卑。

韵律之美在于什么呢？自古以来，识字跟撰文就是两码事。我们写的文章要像白居易那样能够读得出来，现在有些文章很简单，但是一念发现是没有办法听的。所以为什么我们现在会听书？好看的文章肯定好听。我很喜欢汪曾祺，他的写作就有种韵律感。这是因为他有另外一个身份：剧作家。有这种经历的人很注重文字的音律。音律的缺失，是我们这个时代文字写作一个最大的短板。所以今天我看朋友圈、看短信，会对语法表达清晰、标点符号用对的人抱有更多好感。我觉得这是一种基本素养。然而，这看起来应该是对小学生的要求，但今天很多人的文字里面都达不到了。

《舌尖上的中国》韵律之美就非常突出。除此之外，大家还可以去看一部叫《和食双神》的纪录片，我觉得它是讲食物和人的关系中拍得最好的一部纪录片。里面两个主人公，一个是我们熟知的寿司之神小野二郎，一个是天妇罗之神早乙女哲哉。在这部片子里你能感受到“匠人”的力量。

韩国拍的《面条之路》也很值得一看，这部片子基本功做得很好，考据很翔实。

而在美食纪录片之外，还有一些故事片也是值得一看的。比如李安的《饮食男女》，通过拍美食讲述了一个伦理关系。还有《小小得月楼》，背景有很强的计划经济时代的影子，看完就知道美食这个东西不是凭空创造的，是一代又一代的人在不同的历史状态下一点一点传承下来的。电影特殊的韵律能够让人把自己代入到 20 世纪 80 年代初那个特殊的场景氛围里，从而感受这部电影或者生活的不同。

最后，我们要传递价值观。当然，每个人都有每个人的价值观，在面对同一个描述对象的时候会有不同的感受，但是这种表达出来的情绪观念应该具备一个底线——那就是人道主义。我曾经提到过一个概念：饮食伦理。新闻有新闻伦理，饮食也有饮食伦理。比如说对于吃野生动物的行为，可以用法律去约束，犯法还是不犯法，很容易理解。

图 7－2　趴在农村路口的狗，李晓艺摄

其实野生动物并不比我们饲养的家畜具备更多的营养，而且在没有得到养殖屠宰规范监控的情况下，反而存在很多疾病的隐患。很多人吃一些稀有的东西，只是通过这种稀缺性的满足来彰显社会地位。我有你没有，我能吃到你吃不到，你不能吃的我能吃，比如传说中的吃猴脑、生抠鸭肠。此外，科学证明，动物有一种自我保护的应激反应，比如一些昆虫为了让你不吃它们的后代，它们会主动分泌毒素。所以说吃屠宰的肉更安全。用很残忍的方式去吃，除了达成畸形的满足之外没有任何好处。那么我们在吃的时候，需要具备什么样的价值观呢？用我们中国人的一种说法，叫作菩萨心肠。哪怕吃再好的东西，我们都怀着一种朴素的、谦卑的敬畏之心，而不是通过炫富、浪费、夸张来体现自己跟这个世界的关系。

观察、世俗化与菩萨心肠组合在一起，就成了所谓的“观世音菩萨”。这是美食报道一个基本的钥匙。

三、寻找美食报道核心价值与新闻视角

互联网尤其是移动互联网出现之后，人人都能成为新闻现场的记者，这种现象给新闻写作带来前所未有的挑战和冲击，公众的参与也为我们观察美食带来一些不同的视角。

前面提到从文字里面看美食。举例来讲，我们在看《红楼梦》跟《金瓶梅》的时候能看到其背后的社会结构。《金瓶梅》比《红楼梦》创作的时间要早，它成于晚明，那时候的社会消费风气是基于民间消费的，这源于当时明朝的社会背景，财富大量藏于民间。在《金瓶梅》里，看到的就是民间世俗工商阶层的消费细节。但是到了曹雪芹写《红楼梦》的时候，他写的是礼仪，看起来好像无足轻重，但它是中国社会等级政治维护自身的体系运作的价值遵守。曹雪芹的创作源泉是他的家庭，这里面其实可以看出来清朝时财富是集中的，而普通老百姓是贫穷的。

从社会结构来讲，美食是一个黏合剂，它可以把社会很多不同的阶层通过一种隐性的产业链条组合在一起。比如我去拍湛江的沙虫，在海岛的时候就发现一个问题，渔民很辛苦，每天早上太阳出来之前就要到沙滩上去挖沙虫，挖到的沙虫自己不能卖，要全部交给收沙虫的人，其实就是地痞流氓。当时我觉得很奇怪，他们遇到地痞流氓为什么不举报？后来，有一个当地人告诉我，没有这些收沙虫的人，别人也吃不上沙虫。为什么？因为岛上一个渔民每天只能挖到一点，这一点沙虫靠个人没有办法把它集

中起来，也没有能力把沙虫从海岛上运到大城市里面去，形成一个产业链。从海岛上运到城里面，也要及时找到供求的信息，哪里卖、能卖多少钱，必须要把这些全部对接好。所以很多不可控的成本风险，由这些地痞流氓消化掉了。一旦你把这些人全部打掉，谁来承担这个环节？从沙虫这个例子我们可以看到，在饮食味觉之外还有一种客观因素在起作用。

在报道美食的时候，我们要有一个抽丝剥茧的过程，不要放过任何一个细节。比如吃芋头，宫崎骏拍过一个纪录片叫《民以食为天》①。里面讲述了一个问题，海岛上的一些土著人吃芋头的方式很特殊，是蒸熟之后放臭了再吃，像吃臭豆腐一样。很多人认为那是因为发酵有特殊风味，但其实是因为野生芋头有一个副产品——硝酸钙，这种物质有毒，在发酵变臭的过程中，硝酸钙结晶分解，芋头就变成无毒的了。所以不能想当然地认为他们就是喜欢吃臭芋头，这是他们经过生命的洗礼、选择才发现的安全吃法。

图 7－3　亚米族处理芋头，《民以食为天》纪录片画面

① 原名《人間は何を食べてきたか》，在 NHK 播出。

随着现代科学的发展，人类学、经济学、社会学、物理学、化学、基因科学都给美食报道带来很多前瞻性的视角。比如说有一个日本的经济学家，他的一个报道给我带来了非常大的启发。为什么印度人不吃牛？经济学研究发现，印度的德干高原是硬土质，在没有出现机械化耕作的时候，没有牛、只靠人是没办法耕作的，杀牛就意味着破坏生产力。朱元璋刚刚建立明朝的时候也下令不能吃牛。朱元璋是吃过苦的，建立王朝的时候社会生产力很差，需要休养生息，所以当时盗牛者是要问斩的，家里的牛病了、老了、要死了，也得报备官府，官府验过了给你衙门的印作为凭证。为什么会有盗杀耕牛罪？因为当时中国农村的机械化不普及，牛是生产队里重要的工具。很多地方没有牛，就没办法耕地。

《水浒传》里面有一个现象，梁山好汉动不动就吃牛肉。其实在宋朝时民间并不盛行吃牛肉，那为什么在《水浒传》里面有大块吃牛肉的情节？因为明朝的知识分子是很压抑的，他们通过吃牛肉的文字细节赋予人物“造反”这一身份标签，你是英雄，你可以吃牛肉。这是明朝的知识分子为了表达对现实的不满，赋予人物的一个符号。到了《红楼梦》中，牛肉的出现就少了，因为不需要这种表达了。

同样是一个很简单的现实，但是背后会有很多故事。陈晓卿说，豆腐是中国最伟大的一个发明，豆腐救了很多中国人的命。因为中国自古以来就种大豆，但是我们人体是没有办法消化吸收大豆里面的蛋白质的，吃完之后就消化不良。但是把它变成豆腐以后，大豆中的蛋白质就能够被吸收，就是充分有效地利用了这片土地上的物产。

再比如，汉民族的菜系里面很少出现乳制品。为什么呢？因为缺少乳源。汉民族没有畜牧业的传统，耕牛数量有限，不可能用于产奶。但奇怪的是，珠三角一带的顺德却有吃乳制品的传统。据一个民俗学者考证，顺德吃乳制品跟澳门有关。因为葡萄牙人喜欢吃乳制品，所以有了需求之后就会跟当地人买。为了满足这个需求，当地人就会养牛，因为他们光是卖牛奶都能有足够的收益。供给就在南番顺一带，它就在广州跟澳门中间。有了足够的供给之后，自然就会有一些剩余，所以南番顺今天能够有吃乳制品的习惯。

提到这里，我想到了陈晓卿、宫崎骏还有陆文夫，写美食作品的人里面，这三个人我是特别推崇的。为什么呢？他们体现了一种核心的观念。宫崎骏拍《民以食为天》，聚焦肉、米饭、面条、酱油和小米等 18 种历史悠久的食物，突出的是食物与人的关系。陈晓卿说，他拍《舌尖上的中国》讲的其实不是食物，而是人的故事，人通过食物跟自然、跟社会产生关联，他们关心的是人的存在状态。陆文夫的小说《美食家》，其实今天来看，里面并没有讲太多我们所期待的那种高深、厉害的美食。这本书告诉我们可以吃得更好，吃得更精细，这是合理合法、正当的追求。为什么这些作品会打动我们？因为他们关心的是人的存在。这也就是我认为报道美食的价值，它一样有它的社会道义，一样有它的文化使命感。

图 7－4　《舌尖上的中国 2》海报

最后，我们进行一个开放性的思考。美食跟人是共生发展的，我们人类社会目前迎来了前所未有的巨变，无论是科技、信息，还是社会结构、价值观，从来都没有那么大的一个转变。在这个时候，我们应该如何关注美食报道？

第一个是关注危机。今天人类吃饱了，但是也有一些别的危机，比如说病虫害、过度捕捞。人类对自然界的索取是过度的。陈晓卿提到，有据可查的是 50 年前我们捕捞的鱼要比现在的大，再这样下去我们的子孙后代还有没有大鱼吃了呢？根据研究，或许再过 10 年整个人类、整个星球就剩下 20 多种谷物，物种多样性受到了极大的挑战。因为种大麦销路广，农民就只种大麦，没有种别的东西，这就会导致一些可怕的危机。很多人不知道，我们今天吃的香蕉其实只有一个品种而已，之前有的其他品种的香蕉已经灭绝了，就是因为它们的基因过于单一，一旦发生病变后，没有办法去抵御，就彻底灭绝。

我们的生产线、烹饪技术也发展了，比如说热媒，以前只能烧柴，后来变成烧炭了，后来有燃气有电，现在还有光波，有各种各样的技术。但是过去是回不去的，我们不能一味地用悲情来讲述美食的发展，应该直面什么样的未来才是我们需要去关注的。

第二个是面对我们的传统，我们自己会怎么看呢？我们怎么跟传统共处，又怎么看待以人造肉为代表的未来的趋势？

你如果问我中餐跟西餐比怎么样，那我会说，在科学的世界里 1 +1 就只能等于 2，但艺术没有标准，同样的道理，西餐和中餐很难说孰优孰劣。而且中餐具有全世界独一无二的丰富性，因为中国文化的传统，不同的民族从南到北，不同的海拔纬度，从沙漠、草原、山地、平原到沿海，丰富的多样性和历史的传承使得我们中国出现不同菜系，上海菜、客家菜、潮州菜、川菜之间差异很大，但是它们都属于中餐的范畴。日本料理虽然很精细，但是日本国土面积小，所以日本料理十分单一；美国地域足够大，但是它缺少文化的积累；俄罗斯地域够广也有文化积累，但是其领土大部分在寒冷地带。所以中国饮食文化的多样性是中餐最宝贵之处。但是中国饮食文化的多样性也面临一个危机。现在全国各地人员流动性加大，深圳的第一大菜系竟然是川菜。这种演变对大家来说很方便，在一个地方就能吃到天南海北的美食，但是从人类学的角度来看，这是一种生态和基因的污染。再过 100 年，可能深圳就只有川菜了。若干年后，中国的大菜系可能会越来越少，小菜系都活不下去了，因为没有人再吃，没有人再做了，到最后就只剩下强势文明。所以这个时候我们应该去关注一些小的文明，保护文明的多样性，这对我们来讲也是一个课题。我们为什么需要美食报道？因为我们有一种保护文化样本的历史思考。我们可以设想一下，“00 后”或者“10 后”，他们出生的时候，看到的是西餐、日本料理，或者是川菜，在他们那个时代已经没有地域性美食的划分了。他们可能泡的是酒吧，喝的是红酒，平时可能是吃快餐，吃肯德基、麦当劳有时比吃中式盒饭还要便宜。现在中国美食还能成体系，北方以鲁菜为代表，东部以淮扬菜为代表，南部以粤菜为代表，西部以川菜为代表，但是在很多年之后各个菜系互相影响，可能会产生新的菜系，也可能有一些菜系会消失，这是我们作为文化学者或者社会新闻报道者应该关注的。

吃喝看似只是简单的一日三餐，其背后同样是“为天地立心，为生民立命，为往圣继绝学，为万世开太平”。做美食报道也一样，需要有一种使命感。

第八讲　文化报道：由纸媒走向全媒体时代[①]

李　贺[②]

今天我主要谈的是文化报道从纸媒到全媒体时代的变化。

我是1992年进入报社的，可以说经历了整个中国报业的腾飞和纸媒的黄金时代。大家知道，报纸的呈现是有限的，所以文字、图片和版面语言十分受重视。我曾经做了10年的文化周刊的封面版，我可以给大家讲一下文化专题报道是怎么做的。一般报纸的封面版会刊登5 000字的长篇通讯。一听说5 000字的大稿，很多记者都会觉得为难。但其实它是可以被拆分的，一般我会把它分成“综述+专访+短评”，或者“综述+案例+专家点评”。

综述一般为3 000字，其实就是把事情的背景、发展、结局等整个过程写下来，我们一般可以将其拆分成三个小标题来写。分开来写之后就比较容易了，每个小标题有800~1 000字。比如说《中国纪录片的春天来了?》，这是2013年的一个版。2013年广州国际纪录片节正是这个“春天”的开始阶段，我们所做的深度报道的三个小标题是怎么分的呢?

---

① 授课时间：2021年11月1日。课堂实录整理：李晓艺，暨南大学新闻与传播学院2021级硕士研究生。

② 李贺：《南方日报》文体新闻部主任，高级编辑，中国文艺评论家协会会员、广东省文艺评论家协会理事、广州市文艺评论家协会副主席，创办并主持《南方日报》名牌“文化周刊”十数年，获中国新闻奖、中国副刊奖金奖、广东新闻奖一等奖、广东省报纸副刊作品一等奖等奖项；著有个人散文集《从故乡到远方：一个媒体人的时光碎片》。

第一个小标题《撬动市场要走大众化路线?》，讲的是纪录片面临的困境：没有市场，没有播出平台。

文化周刊

中国纪录片的春天来了?

撬动市场要多走大众化路线?

“南派纪录片”如何讲好本土故事?

一个“零经验”团队缘何赢得“金红棉”大奖?

想要“走”得远，就得更“土”一些?

图 8－1　《南方日报》，2013 年 12 月 15 日

第二个小标题《“南派纪录片”如何讲好本土故事?》，讲的是“南派纪录片”的故事，探讨了其应该怎么发展。文章提出，编导既要提高技术写实，也要有深入的思考，还要学会艺术的表达。

第三个小标题《想要“走”得远，就得更“土”一些?》，说的是纪录片如何才能走得更远，什么内容才受欢迎。有一种观点说，“越是中国的就越是世界的”。实际上这只讲出了一方面。纪录片在面对国际市场的时候，怎样找到共鸣点很重要。版面最右边配了一个案例，说的是赢得 2013 年金红棉影展最佳纪录长篇奖的纪录片《乡村里的中国》，大概是 2 000 字的篇幅，分成两

个小标题。整体上来说，左边的综述代表宏观的观察，右边的案例是一个微观的分析，既有宏观角度又有微观角度，再配一些图片，看起来就比较完整。总而言之，这种文化专题既要结合时效性，又要写出文化味。

第二个案例是关于艺术品拍卖的。大家能看到这篇报道也有三个小标题。版面最下面配了一篇广州秋拍的综述，作为一个延伸。版面右边是三个过亿的拍品案例的介绍。所以，按照我刚才介绍的这个套路来写深度报道，大家就很容易上手了。

文化周刊

“天价”拍品真的“货真价实”吗？

“天价”是泡沫还是风向标？

国内艺术品藏家欠缺学术根基？

“外来的高僧”更会“念经”？

2013秋拍部分高价作品

广州秋拍重在梳理本地资源

图 8－2　《南方日报》，2013 年 12 月 8 日

前面我给大家展示的是纸媒时代的文化报道的写作模式。在图 8－3 中，大家看到的是我们曾经做了一整年的一个专题，《“世纪广东学人”首批报道名单》，这是一个跨版的报道，挑选了 22 位在 20 世纪初建立了各门学科体系的学者，构成了首批报道名单。

A16—A17

风云激荡的时代，大师成群而来……

“世纪广东学人”首批报道名单

图 8-3 《南方日报》，2010 年 4 月 20 日

前面大家对纸媒时代的一些文化报道和专题报道、系列报道有了一个基本的认识。其实《南方日报》从 2016 年起就进行了减版，引导全体采编人员进行全媒体转型，文化、娱乐、体育领域的动态消息都改成了网上呈现，在“南方＋”开设了三个频道：“文化”“娱乐”“体育”，同时托管“非遗”和“成长频道”。

“南方号”平台上也建立了文化矩阵自营号和托管号，像“文物鉴定站”这样的平台还是比较有意思的，记者全程跟着文物鉴定站去做文物鉴定。

大家可能会问，文化报道范围如何？应该包括哪些方面？第一，文化报道承担了主旋律的宣传任务，其中包括本地的文化精品和评价报道；第二，要聚焦全球范围内热点文化人物、文化现场等；第三，要关注与文化相关的一些突发事件，比如著名文化人去世，以及一些文化事件引发的热议等。

《南方日报》作为党媒，主旋律宣传是其首要任务。比如，我们从 2021 年 9 月开始筹备一个方案，要做一个关于广东扎实推进“文化强省”的全面性策划报道特刊，同时要推出几个新产品。这是为了响应广东省召开的文化强省建设大会。上一次召开类似的会议是十年前了，所以整个广东各地和文化界都很重视这次大会。据称大会举办之后会推出一系列政策“大礼包”，事关文化政策的制定和文化发展方向，所以我们提前做了一些策划，展示了各行业、各地市的文化建设成就。

对于文化报道来说，我们的关注点都有哪些？到了全媒体时代，在网络呈现中，人们对文字的关注度相对降低，而视觉表现成为主要形式。我们在全媒体传播中有多种形式的呈现——海报、长图、短视频直播，记者工作量是成倍增加的。拍短视频是一个工作量比较大的过程，首先要写分镜头脚本，然后分场景进行拍摄，再剪辑、配乐，整体工作就相当于一个电视台的工作。全媒体时代的传统纸媒承担了“报纸＋电视台”的功能，也许没有电视台制作精良，但是做到了快速反应和多样化。

图 8－4　“南方＋”客户端、“云端游艺”线上平台和“南方副刊”线上平台

我们的日常工作是这样安排的：每时每刻关注新动态、每周要产生新的选题策划。这种竞争是无形的，因为你没有想到的选题其他部门可能会想到，其他报纸可能会想到，其他媒体可能会想到，所以必须时刻牢记出新、出彩，要有有竞争力的、抓眼球的、有流量的内容。同时，还要有深

度分析的稿子，如果一段时间没能产生让人眼前一亮，引发关注的内容，媒体人就会坐立不安。还有就是我们要配合主旋律写宣传稿。所以党媒的压力是双重的：要完成主旋律宣传的核心任务，另外还要和其他媒体参与同样的竞争。

我以 2021 年 10 月份的宣传任务为例来给大家解读一下：我们的第一个选题是国庆报道，我们准备了见报编系列和专题网页，国庆节 7 天长假期间，《南方日报》文体部生产了一个头版头条、一个二版头条和一个四版头条，其内容基本上是国庆节期间的文旅市场、文化活动报道，包括红色景点的一些跟踪报道，以及主旋律、正能量的文化报道。国庆节小长假结束后紧接着是习近平总书记视察广东三周年的报道，从 10 月 12 日一直持续到 24 日（这天是习近平总书记视察广东三周年），相关报道持续了 10 多天，岭南文化“双创”工程报道得到了肯定。10 月 24 日我们做了一个新媒体产品“大美广东长卷”，当天客户端播放量就达到“10 万 +”。

下图是“大美广东长卷”这个产品的封面，这个视频展示了广东的文化发展，涉及广州、潮州、汕头，清远、深圳、珠海等地区的文化成就。为了节省制作费，部门的同事们都自己出镜，视频中的人物多是我们部门的同事。虽然拍一部片子工作量大，但是大家都很喜欢，因为工作很有意思，寓娱乐于工作。

图 8 – 5　“南方 +”客户端，2021 年 10 月 22 日

由中共广东省委宣传部指导、南方日报社携手腾讯共同出品的《100·正青春》经典红歌新唱，是献给“七一”中国共产党百年华诞的礼物，此次活动请了各个年龄段的明星来把经典歌剧改编成摇滚、流行、美声等6种形式，重新演绎经典红歌，演唱者包括董宝石、莫华伦、岳震云还有创造营、明日之子、声入人心三大热门综艺的偶像实力派选手。其中MV《星辰大海》的录制，参与演唱的是各行各业的名人和普通人代表，还有报社的一些名记者。该作品在全网推出没几天就达到了11亿次的点击量，这部作品也得到了新华社、人民网等央媒的报道，“传媒茶话会”等一些圈内的专业自媒体也拿这个案例做分析。

总体来说，广东的文化产业还是发展得比较兴旺的。我看过《广东文化产业大数据调查报告》，该报告称广东文化产业的特点是中小企业比较多，流动性强，从业者能力和受众的消费力强。其中腾讯、网易的总部都在广东，游戏产业占全国份额的7成，动漫产业占全国份额的近1/2，在我们的相关报道中记者用数字长图来解读文化产业。

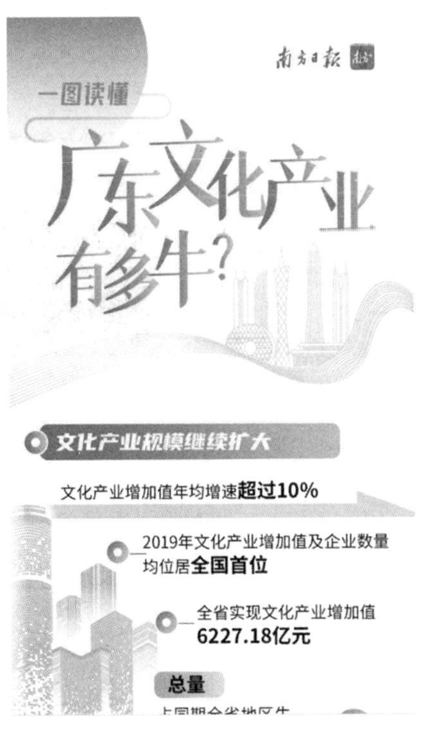

图8－6　“南方＋”客户端，2021年9月23日

2020 年 8 月东京奥运会期间我们做了一些专题报道，在体育报道中融入了更多文化娱乐的元素。在体育报道中，报纸在赛事报道上没有时间优势，因为没有电视直播更快，而且有版权限制，因此我们会做一些外围报道，加强评点。比如文化报道的记者做了 12 期“花式看奥运”的策划。结合当时解说员的解说词里有不少诗词元素，我们做了《这场优美浪漫的“奥运诗词大会”，你能拿几分?》报道，受到各方好评。

“花式”看奥运 | 这场优美浪漫的“奥运诗词大会”，你能拿几分?

记者 黄楚旋 周倩欣 07-29 18:56

超燃的奥运赛场上，除了为英姿飒爽的奥运健儿呐喊助威，许多观众也注意到转播解说词里频频出现的古雅诗词，纷纷感叹**“太美了！”“中国人的浪漫”**。

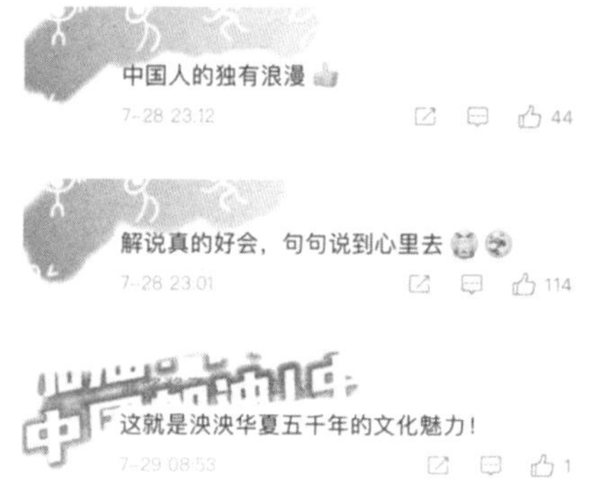

专业又文雅的解说员引用了哪些诗词？**快来看看有没有你会的题目——**

投票 | 博物馆里这些“戏精”

投票 | 博物馆里这些“戏精”月饼，吃完感觉超有文化！

南方+ 09-21 11:33

这年头，奇奇怪怪的月饼越来越多了。

以前吃月饼，挑的都是**传统的京式、苏式、广式、潮式……**

而现在，**小龙虾月饼、珍珠奶茶月饼、流心泡椒月饼**等横空出世。

就连平日里“岁月静好”的博物馆也加入这场“月饼大战”。

每一块月饼，都像一部行走的历史书，吃一口都是满满的“文化味”↓↓

最可爱：三星堆博物馆

今年三星堆太火了。

图 8－7　“南方＋”客户端，2021 年 7 月 29 日

《博物馆里这些“戏精”月饼，吃完感觉超有文化!》是中秋节时的一个报道。中秋节期间各个博物馆都在宣传推广自己的文化特色，他们会做一些文创产品。我们先展示了每个文创月饼所属的博物馆的特色，然后附上了投票的链接。

新媒体做新闻要看流量、阅读量，这有点像电视台看收视率。阅读量某种程度上代表了作品的传播率、影响力，所以记者也会想尽办法提高文章的阅读量，比如发起投票评选，发动更多的人来参与。

要做新媒体就是要利用好新媒体的形式，注意转换思路。比如说我们娱乐频道有一个专栏“大牌档”，它是“文图＋视频”形式的明星专访，我们之前邀请过黄晓明、周冬雨、张涵予等人，最新一期是“中国好声音”的冠军专访，伍珂玥是台山姑娘、深圳大学的学生，她在节目中唱粤语歌并最终获得了冠军。党报做娱乐新闻，必须侧重于正能量、主旋律、励志的元素，所以我们的报道整体也是侧重于明星们的奋斗史。

刚才讲到全媒体做文化报道的优势，《宝览南粤》是南方日报社文化报道全媒体转型的王牌节目，做了三年，成功让博物馆静态的文物“活”了起来，节目让这些文物拟人化，让中国文物火了起来。2021 年的“青春红图志”是这个系列的第五季，是配合建党百年做的一个系列。其中“红色文物主题创作优秀作品线上展”是节目组跟广东美术学院的学生一起做的，节目组带着学生深入了 4 个地方的 5 个博物馆，挖掘红色文物背后的历史故事，再让来自 6 个专业的 12 位学生采风创作，以此为题材做了一个线上展览。线上展览展出之后的点击量也超过了 10 万次。这个节目是比较成功的，在中宣部和广东省委宣传部都获得了阅评表扬，同时获得了社内总编辑奖和广东新闻奖，是传统媒体创新转型的一个样板。

图 8－8　红色文物主题创作优秀作品线上展

讲好中国故事，做好国际传播也成为我们的一项重点工作，比如《侨批里的江门故事》讲述的是广东华人华侨的故事，系列微电影共有三集，分别在春节、中秋节、国庆节三个节日期间播出，引发了海外华人华侨的共鸣，获得中宣部表扬和社内总编辑奖。我们另外一个外宣项目就是“MASTER 大师”系列，2021 年的计划是做三个系列——岭南功夫、岭南戏剧、岭南“非遗”，让外国人来讲中国故事，同时也借助他们的影响力传播中国文化。岭南功夫邀请了一个英国网红小伙子担任体验官，他作为串场主持，展示了广东的 5 个拳种。他把影片分享在自己海外的社交媒体账号上，传播效果不错。现在节目第二、第三季在同时开拍。

下面我讲一下我的体会。因为我在报社做了 30 年，最近 5 年报业整体转型，通过多种形式利用新媒体，我的感触还是比较深的。我们都知道，新闻以往的惯例是用简短的语言说出最重要的内容，所以才重视标题导语和“5W”。有一种说法是：越短的新闻越重要。公布一件重大的事情可能只需要两三行字。

但是发展到今天这个时代，有些新闻的核心要素日渐模糊了，比如说在纸媒时代，新闻还是那种精短版面，语言也要有表现力；而到了今天新闻改变了产品评判标准，变成了以阅读量和点击率为标准，在注意力稀缺的时代，传播力、影响力成为评判的最核心因素。

现在的新闻形态如此多样，但是也改变不了一个事实，就是权威机构发布。以国内媒体行业为例，中国的官方新闻发布还是垄断性质，换句话说就是权威机构才有发布权，重要新闻都要用新华社的通稿。即使是发生在广东的事情，也不一定能放开由媒体去采访。比如说前段时间“华为公主”孟晚舟回国是从深圳入境的，实际上在这个事情上广东媒体有地缘优势。但是当地媒体其实没有现场采访权，新闻还是由央媒统一发布，所以做新闻不是说想做什么就做什么的。

一名合格的文化记者，要有广阔的专业视野，要有广泛的行业人脉，要擅长写大稿，要擅长抓新闻热点，与各种人能够快速有效沟通。而一名党报记者，除了广阔的专业视野，广泛的行业人脉，抓新闻热点的能力，写作的能力，与各种人有效沟通的能力之外，还要有过硬的政治素质，要及时学政策、学政治，这是必修课。

比如我们在筹备推出文化强省调研特刊的过程中，学文件、学政策、深调研，同时进行了两个多月，对广东省的情况进行摸查，如广东省文化的发展，文化事业、文化产业。我们的“深调研”要达到一个什么程度？

要达到上级主管单位的专业处室的水平，否则你也写不出让其认可的东西，所以我们现在要把精力放在政策研究和实地采访调研上。

要达到这样的水平，首先要得到第一手材料，这就需要记者实地调研，比如韶关公共图书馆的建设、珠海的文艺院团全面改革、融媒体改革试点等报道。

这五年来，传统媒体的转型不仅是表现形式的转型，实际上还有内容的转型，我们会更多地转向原汁原味地传达党的精神。从纸媒向全媒转型，说到底也是为了增强媒体的传播力，扩大影响力，发出主流的声音。所以一名党报记者必须要全面、深入地了解国家的政策精髓。

课堂互动

提问一：老师您好，刚刚您说到我们现在处于新媒体时代，文化报道会把关注量、点击量作为衡量报道的一个重要因素。那么在新闻价值中，有时新性、重要性、接近性、显著性还有趣味性，您觉得趣味性的重要程度是否在全媒体时代得到了一个比较大的提升？

李贺：也可以这么说，因为现在自媒体这么多，它们各有各的特色，很多自媒体为了抢夺眼球，可以说是无所不用其极。现在在考评方面，阅读量是一个重要的指标。为了达到流量，你说的那些元素记者都会参考。现在确实也有媒体人提出不要“唯流量论”，但是目前在传播力方面还没有更多的参考标准，所以流量还是一个硬指标。

提问二：请问，在新媒体时代，视觉是不是会比文字更加重要？应怎么权衡视觉跟文字之间的关系，让一些文化类报道更有深度？

李贺：我自己的体会是，无论是文图还是视频，关键还是要看内容。内容好，无论什么样的表现形式都会有说服力。其实现在大家看到的视频有很多，不是说把新闻做成视频就一定有优势。有一些消息哪怕都是文字，就几行字，它的阅读量还是很高，因为它的内容本身值得关注。比如说一些重大政策的发布、大家关注的热点事件报道。

文化方面一般没有什么政策要发布的，所以我们偏重于通过多种形式报道得热闹一点，制作得精美一点。

提问三：您提到的这种考核标准可能更关注流量和阅读量，但是怎么考察读者对于文化报道的真正接受程度呢?

李贺：读者反馈和传播力一般通过流量和点评来衡量，所以我只能说尽量去做好报道。文化报道可以分为好多个门类，如影视、音乐、舞蹈、戏剧、文学、美术、摄影、书法、设计、动漫等，我们也做过一些相关的策划，比如今年我们做了一个“粤艺薪传”，意思是广东文化艺术界薪火相传，给各门类的艺术家协会带头人和新人分别做了一个系列报道，一共做了26期。其实这个也是党媒的传播任务，是为了配合政府发掘广东省内的文艺新人。我们会留意每篇稿子的评论，以此来分析读者需要什么，以作为参考。

下一步我们计划做一个“原创广东”系列，鼓励广东的一些原创艺术者、原创文化人，聚焦省内各门类的拔尖人才和潜力人才，尤其是挖掘一些来自广东、但是在其他省红起来的人。比如河南卫视最近的节目《洛神赋》挺火的，洛神舞的水下表演者叫何灏浩，是一位土生土长的广州妹子。再如我刚才说的伍珂玥，也是广东的选手、台山妹子，她们都是在其他省的电视节目里火起来的，为什么我们自己的人我们自己没发现?所以我们以后要重视这方面的宣传，积极挖掘新人。

提问四：刚刚看到您分享的文化报道策划特别丰富，我想请问老师，从策划到制作需要花费多长时间，策划的内容是怎么考量的?其中有没有遇到过什么困难?

李贺：比如《大美广东“画”中游》的视频制作，这个策划其实最早是为了配合文化强省建设大会，做一个展现广东文旅之美的新媒体产品，来展示广东的文旅地标和文化成就。后来因文化强省建设大会推迟，又恰逢习近平总书记视察广东三周年，我们就在10月24日把它推出来了。这个视频一开始是想参考网上比较红的视频《醉成都》的制作，做一镜到底的画面，通过抠图制作来表现人在画中走的感觉，后来根据任务要求又加了很多实景，所以没那么纯粹了。这部作品从创意到推出，前后有一个月时间。

提问五：请问《南方日报》关于明星的报道采访，如何在做到客观真实地报道的同时，又能对受众进行正面引导?

李贺：我们是在客观报道的基础上进行适当引导。在正能量的引导上我们是多方面进行的，不仅是明星专访，比如今年我们在批判“饭圈文化”这个热点话题上也做了很多相关的报道。其实《南方日报》是比较早开始质疑“饭圈文化”的，一直是以一个批判的态度去做报道的。让读者愿意看，又觉得我们说得对，这一点我们基本做到了，所以我们报道的相关流量一直很高。我们始终坚持正面宣传，因为明星身上正面的点不少，他（她）之所以成功，肯定付出了很多努力，首先我们要选对采访对象，避免“翻车”；然后在报道中挖掘明星身上的正能量、励志故事。

第九讲　新闻，在路上——突发新闻与深度报道[①]

胡念飞[②]

今天是个特殊的日子，正好是记者节，很高兴来这里和大家交流，首先祝大家记者节快乐！昨天我在网络上看到有文章说，现在记者行业“内卷”非常严重，其实大家都过得不容易，所以首先祝大家记者节能有个好心情！

我想先给大家分享一组照片，让大家感受一下突发新闻报道记者的从业环境。下面几张都是记者们在采访报道突发新闻事件时的一些现场图片，有在台风登陆一线的，也有在洪涝灾害现场的，这些新闻事件发生时，我们的记者都去到了第一现场。

在新闻报道题材中，突发事件报道更容易体现出记者的存在。前两天商务部发布了鼓励家庭存储一定数量生活物资的信息，有几位记者揣测：“是不是要打仗了？”他们主动申请去当“战地记者”。我觉得，记者们能有去新闻一线的积极性是一件好事。新闻事件发生后到现场去是记者的使命和责任。

今天我要讲的是“新闻，在路上——突发新闻与深度报道”，我想从自己的亲身经历讲起，和大家分享一下我对新闻工作的一些思考、深度报道的操作思路以及突发新闻和深度报道对记者的要求。

---

① 授课时间：2021 年 11 月 8 日。课堂实录整理：王健，暨南大学新闻与传播学院 2021 级博士研究生。

② 胡念飞：哲学硕士，主任记者，现任《南方日报》机动记者部主任，擅长调查报道、舆情研究，曾获得“全国优秀新闻工作者”称号，广东新闻金枪奖获得者，入选广东特支计划“青年拔尖人才”。

图 9－1　图片来自网络

一、新闻工作者的思想建构：我是谁？为了谁？依靠谁？

我是 2005 年开始做记者的，算起来已经有十多年了。这些年里，我身边的同事、记者朋友一波接一波地跳槽，很多人干了几年就不干了，能做十年已经算很久了，再久的就比较少了。他们为什么要跳槽呢？因为大多数人都觉得做记者没什么希望，只能选择转行。

去年有一个记者朋友和我说，他必须得跳槽，因为他一个月要还 2 万元的房贷，媒体开的工资根本还不起房贷，压力很大。最后他去了一家互联网企业，我问他新东家到底给他多少钱？他说年薪接近百万，起码还得起房贷。

有很多人选择离开，一方面是为了生计，另一方面还是因为有些压抑。有时记者花了很大精力做的一些稿子却很难刊发，其实稿子能不能发，常常只和内容的表述方式有关。一些记者在写稿时会加入猜测性和判断性的话语，文本风格呈现出一种"愤青"的感觉，这一类稿子，其实只需要换一种表述方式，也能发出来。

新闻记者怎样才能再坚持一下，干得长久一点？除了生存问题，思来想去，我觉得关键是要从思想上发自内心地认同这件事。做新闻工作要有个过程，从一开始，我们就要从思想上接受并认同当前的环境和现实。

国家明确提出"党媒姓党"，习近平总书记在 2016 年的"2·19"重要讲话中强调，党的新闻舆论工作要坚持党性原则，"党和政府主办的媒体是党和政府的宣传阵地，必须姓党"。最近国家发改委也发文，强调"非公有资本不得介入新闻采编播发业务"，现在还在落实当中。可以说以后境内的媒体都是"姓党"的，我们要认清，我们都是党的新闻工作者。我们要从内心里真正铭记这一点。

有专家说，新闻的核心和本质是政治，不懂政治就是不懂新闻。新闻工作者要懂得媒体的属性也是个“大政治”。苏格拉底曾经讲过“认识你自己”，大家从事新闻工作，一定要充分地认清媒体的属性和新闻工作者的属性，新闻工作者的身份就是党的新闻工作者。

在高校新闻系的专业学习中，大家可能会听到“新闻专业主义”。但在近些年的新闻实践中，尤其在近两年国际局势比较复杂的情况下，我们常常会看到新闻专业主义存在理想与现实的悖论。西方新闻从业者在追求新闻专业主义的过程当中，由于现实因素的规范和制约，常常会陷入矛盾当中，比如特朗普之前就经常和媒体“干仗”，这种悖论也揭示了西方标榜的自由、客观、公正、独立神话的虚伪。现实让我们感觉到新闻就是为政治服务的。

所以我常常觉得，缺少中国特色社会主义思想武装的新闻记者，很难在中国特色社会主义新闻事业上走得远，所以大家不断地转行，尤其是突发新闻与深度报道记者，不少人走着走着就干不下去了。

整体而言，我认为新闻工作者要从思想上解决自己“身份认同”的问题，就一定要搞明白“我是谁”“我为了谁当新闻记者”“我要依靠谁当新闻记者”这三个哲学命题。搞清楚了这三个问题，大家也就知道了自己要做什么、该怎么做，工作中才能有足够的热情，不那么容易泄气。

不过，我觉得现在我们从事新闻工作面对的也不全都是挑战和压力，也有可以让我们自信的现实条件。

其一，党和国家依然需要。从宏观的方面考虑，党和国家还是十分需要新闻工作者充当党和群众的“耳目喉舌”，尤其在当前形势下，国家强调要加强国际传播。

其二，人民群众依然渴求。做新闻工作要为人民说话，人民群众需要我们。当下，群众对于新闻信息的需求程度越来越高，但真正的新闻产品并不多，一些重大突发事件中很多媒体都不派记者去现场采访了，还有一定记者队伍规模的少数几家媒体机构才会派记者去新闻现场，难以满足市场需求，这说明我们还有很大的市场空间。

其三，新闻理想依然闪耀。我相信大家作为新闻专业的学生，还是有新闻理想的。新闻理想，就是相信我们所做的新闻依然有推动信息公开、推动问题解决、促进社会公平的力量。

其四，媒体主流依然健康。在互联网时代，主流媒体依然具有强大的生机和活力。传播本质上是信息的传播，无论产品样式、传播载体、技术手段怎么变化，人们对于权威、专业信息的需求是永恒不变的。

其五，新兴媒体发展迅速。传统媒体和新兴媒体不一定是此消彼长的关系，而是在一定条件下可以相互转化促进、实现共同发展的关系。主流媒体在组织架构上正在构建“中央厨房”式采编架构，通过技术手段搭建统一的策划和调度平台，深度整合媒体集团内部资源，努力实现信息一次采集、产品多种生成、终端多元适配。在传播形态上，新兴媒体的可视化、直播成为潮流，一大批新闻产品深受群众欢迎。

总而言之，对于媒体行业，我的基本态度是不悲观，不抱怨，也不沉沦。尽管与过去相比，媒体行业的整体形势并不是那么好，但我们依然选择坚持“南方风骨”。

我们的报道从来不是为了批评谁、炒作谁，真正推动问题的解决才是我们的目的。尤其是监督报道，更能体现新闻记者的价值。就新闻选题而言，我们最明确的两个方向就是：党委、政府明令禁止但仍存在的现象，以及人民群众生活中的痛点问题。这两个方向的新闻做出来之后很可能就把问题解决了，如果做了但仍然没有解决问题，那就留给时间来解决。

这里我想引用习近平总书记的一句话：“中国人民不但善于破坏一个旧世界，也善于建设一个新世界。”作为一名新闻工作者，在当下做新闻，从某种意义上来说，就是在参与建设美好的社会主义新中国。

在当前的环境下，基于对媒体行业的整体判断，我总结了如下几个观点：

首先，在当前中国，问题矛盾归根结底还是要通过党委、政府来解决，媒体只是履行舆论监督的社会责任，最后解决问题的并不是媒体。

其次，现实存在多个舆论场的背景下，媒体力量有了更多的表现形式，尤其是进入互联网时代后，网络的动员力量更加不容小觑。举个例子，11月6日晚上的2021年全球英雄联盟总决赛，中国EDG战队与韩国DK战队的比赛受到了学生群体的广泛关注，以至于陕西杨凌职业技术学院的学生把国旗换成了 EDG 队旗，我们可以看到，借助互联网，电竞展示出了强大的组织能力。还有一个让人震惊的案例，是清远发生过的一起垃圾焚烧项目邻避事件，在当地政府在已提前布置警力的情况下，短短 10 分钟内，清远市人民政府广场上竟然聚集了 1 万多人，这令警方很诧异，其实这件事背后体现的就是互联网强大的组织动员能力。

再次，传统媒体依然还有很多市场机会。目前来看，传统媒体经过前几年断崖式下滑，逐渐醒悟过来的媒体人采取了一系列自救举措，使得传统媒体在近两年有了一定起色。之前，中央办公厅、国务院办公厅联合发文提出，媒体要探索建立“新闻 + 政务服务商务”的运营模式，无论是围绕着政务服务还是商务服务运营，传统媒体现在都有所起色。

以南方报业集团为代表，无论营收还是利润，近两年应该是其历史上比较好的时候，或者说是最好的时候之一。所以，只要有市场机会，尽管机会的存在形式、表现形式有所变化，但只要我们努力去抓住，就还有空间。

最后，并非破坏才有力量，建构更是一种有价值的力量，正能量也是大能量。新闻工作者如果坚持做到、实现“建构”，整个社会就会充满更多希望。

二、突发新闻的报道思路：打造“一鱼多吃”的链条式新闻

围绕刚刚讲的新闻工作者的思想建构，我接下来分享一下我们突发新闻的报道思路。现在很多记者面临一个现实问题，就是可能去了突发现场以后做的报道发不出来。针对这个问题我们该怎么办？经过多年探索，我们摸索出来一套模式：一定要做到“只要我去了，别管怎么着，都能发个东西出来”。我们把这叫作打造“链条式新闻”，把一则新闻打造成“链条”来发。

首先，当接到新闻线索时，记者去现场干的第一件事就是马上做现场直播，提高报道的速度和效率。比如，南方报业集团强力打造的“南方 +”新闻客户端，既具有一定影响力，人们使用起来也非常方便。我们现在基本上到新闻现场后就马上开始直播，同时会在现场录视频、拍照，传到后

方剪辑制作短视频和海报。

其次，在进行了现场直播，发布了短视频、海报后，我们会再以文字形式发新闻稿件。对于突发新闻，我们一般遵循“先端后报”的操作模式，首先在“南方＋”客户端发布，晚上如果有时间，我们会再在报纸上刊发，报社在制度上也鼓励大家多发网络端。

完成了上述动作后，我们会搜集该新闻事件的相关舆情和反馈，制作舆情专报和舆情快报，上报给有关部门。接下来，调查报道、深度报道上场，往往已经是第二天的事了。如果调查报道、深度报道发不了，我们就会制作调查报告和内参，作为内部材料上报有关部门。

现在，基本上稍大规模的新闻，我们都是以这样一种“链条式”的操作方式去报道的。

所以，在融媒体时代，新闻操作往往是多种新闻形式并存的、融合的。在这种操作模式下，我们有可能一天内把事情全部干完，也有可能需要几天才能干完，毕竟深入调查需要花功夫。

这种情况下，新闻可以说一直在路上。南方日报社机动记者部共 20 多个人，有一半的人是天天在出差，像汶川地震、海地地震、东京大地震、玉树地震期间，我们都去了现场。2021 年河南水灾严重，2020 年鄱阳湖水灾也非常严重，还有淮河水灾以及广东省内的各种水灾，我们也都去了现场。“黑格比”“凡亚比”等台风来临时，我们都要去“追台风”。还有各种规模性的突发事件和群体性事件，我们有不少记者都去了现场。有些不适合公开刊发的题材，我们可以通过“曲线”的形式完成调查采访，可以发舆情、报内参，所以我们依然在现场。

关于突发事件的报道，我挑选了几张图片，通过这些图片和大家分享一下我做突发新闻报道的经历。

图 9－2 这张照片是 2010 年我们去采访玉树地震期间拍摄的，已有些历史了。之所以选这张照片，是因为我们采访时是真的写了遗书的。因为玉树海拔比较高，记者去的时候又很仓促，我们当时去了三个人，摄影师第二天就出现了严重的高原反应，紧急从玉树撤回广州，那次采访存在一定的危险性。

图9－2　《南方日报》，摄于2010年6月1日

图9－3的拍摄背景是2008年“凡亚比”台风在粤西登陆时，给茂名带来了狂风暴雨，导致了紫金矿难的发生，整个尾矿库的大坝被大水冲垮，污水顺势冲下来，下面正好是钱排镇，当时整个镇都被大水冲了。由于水量很大，大水冲下来时，大家根本来不及逃离。我们的记者在第一时间赶到了山顶，当时真是不容易，记者最后爬到山顶的时候连鞋都扔了，光着脚上的山。当时这张照片能刊发在《南方日报》的头版，也是实属不易。后来我们写了相关内参报送广东省委领导班子，省委拨了很多资金用于救灾，去给农民盖房子；再后来临近春节，我们了解到有很多房子还没建好，因此我们又写了内参，省委又紧急拨了5 000万元去增加救灾力量，争取让所有的灾民在春节前都住进新房。当时我们开玩笑说，这篇内参值5 000万元。

图 9－3　《南方日报》，李细华摄于 2013 年 9 月 22 日

图 9－4 是与不法商家在液化气里掺加二甲醚的事件有关。二甲醚有腐蚀性，但价格便宜，所以很多不法加气站会在液化气里添加这种物质，最多可以添到液化气的 50%，商贩通过添加二甲醚可以多赚很多钱，以至于有的国企加气站都在添加，我们当时就此做过暗访。

图 9－4　《南方日报》，简仁山摄于 2010 年 8 月 26 日

图9－5是关于狂犬病的。大家可能并不了解狂犬病，因为在我们身边几乎见不到病例，但实际上在前些年，广东省每年因狂犬病致死的人数是超过艾滋病的。以2008年为例，广东省当年因狂犬病致死的有319例，那一年因艾滋病致死的人数都没那么多。尤其在粤西地区，因为当地人特别喜欢吃狗肉，吃狗就要养狗，结果他们养的狗有很多携带狂犬病病毒，很多人就是因为被这样的狗咬了，最终感染了狂犬病毒。有人说，被狗咬了打狂犬疫苗不就行了吗？其实在很多农村，狂犬疫苗本身是不要钱的，但打疫苗时需要交10元钱注射费，很多农民就不愿意花这10元钱，因为这10元钱不能报销，农民要自己掏，很多人就不愿掏这个钱。但人们一旦得了狂犬病，致死率几乎达到100%。

这几年通过不断地跑突发新闻，我也总结出了一些突发事件的报道经验：

一是“融媒体时代：‘快’响应、‘动’发稿”。无论是突发新闻、爆料新闻还是深度报道，其实都是可以“融”到一起的。在这个融媒体时代，快速响应成为当下媒体激烈竞争中的基本功。往往在重大突发公共事件发生后，媒体记者第一时间响应，进行采访核实，快速刊发报道成为当下媒体竞争格局中的主赛道。

图9－5 《南方日报》，汤凯峰摄于2009年8月25日

正如我在前面提到的，记者到了现场不管别的，先做直播，媒体之间的竞争比的就是谁发得快，哪怕就只有一句话的新闻增量，只要能抢先，就有最高的流量，抢发的速度是按秒计算的。

需要注意的是，当前公共事件的舆论发展常常是“一波三折”的，比如2021年的河南水灾。因此，不同于过去纸媒“一稿定乾坤”的格局，当下的日常新闻采访，各媒体机构一般都会通过建立专题报道的形式，要求各路线记者合作发力，实现“滚动”发稿，只要有新的内容，就可以多发一篇稿件。

我给大家分享一个较新的案例。2021年4月，《南方日报》报道了广东海域撞船事故，事故发生当晚，记者连夜赶到了现场。因为渔船沉到水里以后就看不到了，必须核实清楚。通过现场海事部门、爆料人、渔船监控系统等多个渠道进行核实后，记者最终独家确定了沉船的消息，核实完毕后第一时间发布了独家报道。由于打捞救援工作是24小时不间断进行的，我们的记者一直在现场，随着救援工作不断推进，进行滚动报道，坚持“先端后报、滚动发展”的原则，第一时间给读者带来最新信息，客户端既有文字、视频也有直播，这则报道的流量很大。图9－6是第二天早上的救援现场，我们的记者可以说是彻夜追踪。

图9－6　“南方＋”客户端，张梓望、全镝摄于2021年4月1日

二是“直播时代：一线消息、现场直击”。突发事件，如山洪、车祸、火灾、凶杀等，由于受众对意外事件缺乏心理准备，其新闻价值往往突出地表现为新鲜性、显著性与对受众的震动力、吸引力。互联网时代，我们更加强调“在场”。一句话：“现场，现场，还是现场!”记者想要拿到一手信息，就必须在现场。

网络时代人人都是信息的“二传手”，看似一片繁荣，实则“一片杂草”，各种虚假信息非常多。到现场、去一线，是新闻记者最大的生命力所在。带给读者和用户社会重大公共事件中最新、最真实的消息，正是记者的安身立命之本。以融媒体传播方式进行直播、短视频、图文等现场资讯传递，是突发采访最主要的方式。否则，人人都有麦克风了，还要记者干吗?

比如2021年发生的河南水灾，图9-7是水灾的现场。我们最早得知水灾的消息后，马上就决定派记者前往现场，但此时派记者出去已经很困难了。很快，郑州的飞机就停了，高铁也停了，汽车也开不进去，这些都是突发事件的常见情况。我们立马安排了几路记者，分别从不同的方向进发，谁能进得去谁就冲进去。比如我们最后一路记者就是从广州飞到洛阳，再从洛阳往郑州方向赶。无论怎么赶都很困难，记者有时候要坐拖拉机，有时候要坐船，正如图中大家看到的那样。

最终我们一共有4名记者进入了郑州，他们克服了各种困难，拍了很多照片和视频。读图和看视频时代，影像表达已成为突发公共报道的利器。此类以影像为主的报道，是当下媒体在灾难性报道中所采取的一种主流方式之一。2021年河南水灾期间，《南方日报》记者在前线刊发了此类融媒体报道十余篇，这些报道皆通过前后方联动的形式，以最快速度刊发。

我觉得既然已经抵达现场，那么记者就应该成为用户和群众的眼睛，尽一切可能把最新的实况消息传递给受众；在第一现场，尽量以第一落点选取报道角度。

图9-7 “南方+”客户端，吴明、董天健摄于2021年7月27日

三是“后疫情时代：人人连麦，南方连线”。后疫情时代，一方面由于疫情，连线采访替代了面访，成为一种常态化的操作；另一方面因为连线采访更简单快捷，容易操作，也让受众有了更接近热点新闻事件当事人以及专家学者的机会。所以在突发事件发生以后，记者第一时间联动全国的“拍客”形成连线采访，已成为当下一种主流的采访方式。

这种方式以当地人或相关部门直接发声的形式，能最直接地反映现场。有些事件发生以后，你无论如何都无法第一时间赶到现场，那就第一时间通过连线采访的方式进行相关报道。我们培养了很多“拍客”，就像过去的爆料新闻一样，记者们来自五湖四海，每个人都有自己的朋友圈，通过各种方式去找接近新闻现场的人，总是能找到的。图9-8是“南方+”客户端专门设置的“南方拍客”频道，上面发布的视频都是和拍客合作发出的，流量还不错，同时因为有奖励，拍客们的积极性也挺高。

图9-8　“南方+”客户端，“南方拍客”频道界面

四是“快新闻时代：高度决定影响力、深度造就传播力”。在这个大家都追求“快”的信息爆炸时代，慢新闻成为稀缺品。前几年有个提法叫“我们新闻工作者要打捞沉默的声音”。“沉默的声音”一般都不是突发事件、热点新闻，都是长期存在却少有人关注的东西。适合去做深度挖掘的慢新闻其实就是在事实之上选取角度进行分析和解读，通过深入挖掘、思考，对事件背后的成因进行挖掘分析形成的更有深度的内容。

所以，当前的新闻工作者除了需要具备打闪电战的素质，同样也需要面对同题激烈的竞争，能够出产深度报道的实力。一个事件、一场灾难，包括那些沉默的声音，需要我们去找有哪些能够真正反思和反复讨论的角度，这已经成为一个媒体真正软实力的体现，也是各媒体传播力和影响力的核心来源。

三、深度报道的操作思路及选题方向

那么，我们该怎么采写、制作深度报道呢？接下来我分享一下做深度报道的操作思路。

大家先来看一个视频截图，图9－9是我们就河南水灾写的深度报道《抗洪十日，豫你同行》中的一个视频画面。在河南采访前线，记者兵分多路，目的就是获得一线消息，现场记者能够迅速刊发，同时，我们也专门派出了记者进行深度挖掘，寻找深度选题，以不同的角度完成整组抗洪报道。总之，多种新闻类型是可以一起操作的，不同新闻类型各自发挥的作用不一样，一个记者既要能写突发新闻，也要能写深度报道，只有把新闻线索当成“链条式新闻”来做，才能凸显记者更大的价值，也能让记者们有一定的积极性。

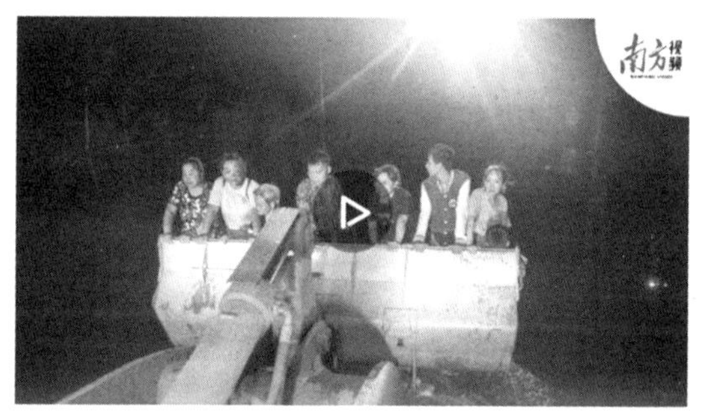

图9－9　“南方＋”客户端，2021年8月2日

接下来我结合具体案例给大家分享我们是如何操作深度报道的：

图 9－10 背后讲述的是烈士家属寻亲的故事。一位烈士在牺牲了 59 年后，他的家人终于有机会去为他祭扫，故事很伤感，当年 23 岁的年轻烈士埋骨他乡，是家人永远的痛，漫长岁月里去一趟遥远的康西瓦烈士陵园，成了家人一直未了的心愿。我们可以想象出他家里有多不容易，从湖南到乌鲁木齐有 3 500 多公里，从乌鲁木齐到喀什叶城县又有 1 500 公里，从叶城县到康西瓦还有 430 公里，而且这不仅仅是多少公里的问题，还有海拔的问题。我们的记者获得这个线索后，就和烈士家人一起去了现场，留下了这样的照片，写下了文章。

图 9－10　“南方＋”客户端，吴明、罗斌豪摄于 2021 年 4 月 4 日

图 9－11 也是涉及部队的。习近平总书记专门表扬了在中印边界戍边的一个模范营，他们日常工作的地方海拔平均 4 800 多米，最高海拔是 6 000 多米，现在公众对此问题的关注度也很高。我们的记者第一时间赶到这个地方，体会到了这个英雄模范营的不易，最后《南方日报》刊发了一篇《戍边，在平均海拔 4 800 多米处》，我觉得这篇文章也写得比较感人。图 9－12 是我们的两位记者同事，因为海拔实在太高了，记者基本上是躺着上去的，必须不停吸氧。

图 9－11　“南方＋”客户端，董天健摄于 2021 年 9 月 21 日

图 9－12　“南方＋”客户端，曹艾艾摄于 2021 年 9 月 21 日

图 9－13 中这篇深度报道也是针对热点事件的，事件发生在广东江门。当时江门鹤山市要建一个核材料加工基地，老百姓担心核材料有污染、有辐射，所以十分反对，大家就开始上街，提出“反核”“不要把江门变成肛门”等抗议，最后导致时任鹤山市委书记被免职。我们当时写了《江门“核争议”的台前幕后》，从科学的角度、从抗议为什么会发生的角度来写这篇文章。我们了解到这个核材料加工基地是比较安全的，实际上并不会造成太多污染。

深读 INSIDE 南方调查 A12

江门“核争议”的台前幕后

2013年10月广东省高等教育自学考试即将报名

图 9－13　《南方日报》，2013 年 7 月 12 日

接下来要说的这个报道属于调查报道，是东莞黄江长期存在走私汽车的问题。当时广东二手车行业内流传一句名言，“如果你买不到足够便宜的豪华车，那是因为你没到黄江!”为了做这个报道，我们的记者假扮成买车的顾客进行了大量的暗访，深入卖车现场，掌握了很多线索，刊发了《黄江走私车猖獗依旧，产业链触角伸向全国》的深度报道。报道刊发以后，广东省加强了对黄江走私车的监管。这一类报道在很长时间里都是我们的核心业务，我们做这类报道的目的就是推动事件解决，舒缓民怨，同时也为党委、政府减压。

我还想分享一个有关走私柴油的调查报道，广东走私柴油最严重的地方在陆丰，当地有一个荒郊废弃油厂大肆制售问题柴油。为了调查清楚这些走私柴油被卖到哪里、最后的消费市场在哪里，我们的记者化装成一个电力工人，连续几个晚上带着蚊香在废弃的工棚跟踪问题柴油的销售链，最终调查出问题柴油的下游链，进行了持续跟踪采访，获得了很高的公众关注度。

通过上述和大家分享的这些深度报道案例，我想给大家进一步分析一下当前党媒深度报道选题的方向：

首先就是要学会换位思考，想党委、政府之所想。前面我讲了，国内所有媒体都是党媒，所以我们要想党委、政府之所想。

讲到“想党委、政府之所想”，有一个最近发生的例子，是有关“校讯通”App的。孩子在广东上学的家长一般都要使用“校讯通”这个App，主要用于家长和老师之间的联系，现在通信设施这么多，沟通渠道这么发达，我们为什么还要每个月花10块钱购买校讯通的服务呢？我们了解到，移动公司每年通过校讯通可以在广东市场赚40亿元。我们写了一份内参将这一情况报告上去，广东省委主要领导第一时间批示，因为这正是他们想推动解决的问题。

图9－14中的这组深度报道也体现了“想领导之所想”。广东省为了推动乡村振兴工作，开展了“助镇、扶镇、帮镇”的活动，我们就此策划了“镇里来了工作队”的系列报道。这组报道得到了省委领导多次批示表扬，并下发给各地学习。这组报道很符合《南方日报》的特色，各地、各单位都很欢迎《南方日报》前去采访。

图 9－14　《南方日报》，2021 年 8 月 27 日

第二就是视野开阔，“要想党委、政府之未想”，它们没有想到的我们要替他们想到。

其实我们发现的问题有些并不是党委、政府完全没看到的，比如我们写过一篇关于广东“问题村”的调查，东莞当地党委、政府早就看到了其中的问题，只是省委、省政府还没看到，而《南方日报》作为省委、省政府主管的报纸，要努力让省委、省政府看到。具体来说，当时的现象是东莞的村级账目出现了巨额欠债，主要情况是村干部为了顺利连任，想方设法多给村民好处，每年年底分红的时候就努力多分，村民的分红每年水涨船高。没钱又要发钱，那就只能借钱，所以长此以往这些东莞村庄积累了巨额的债务，当时债务的总体规模达到了千亿元，可以说是“欠债分红”。我们这组报道推出后，时任省委书记拿着报纸开会，推动东莞当地抓紧解决问题，现在东莞的村级债务问题基本上解决了。

第三就是我们要走群众路线，想群众之所想、急群众所急，做群众关注的深度报道。

我们做过一篇调查报道《等待救治的精神病人和精神病院》，目的是解决精神病人看病难的问题，关键在于精神病院等治疗体系的建设，但我们在调查中却发现，一方面是大量的精神病人需要治疗，另一方面，承担治病救人神圣使命的精神病院，因为缺钱也在等待着“救治”。当时的广东居然有七个地方没有地市级精神病院，甚至出现了个别“有个听诊器和血压计就算不错”的县级精神病院。这组报道刊发后，直接推动了精神病治疗被纳入新农合报销范围，推动了《中华人民共和国精神卫生法》的出台。

A06 深度

立法尴尬与卫生欠账

等待救治的精神病人和精神病院

南方调查

被异化的“疯人院”

图 9 - 15　《南方日报》，2009 年 6 月 16 日

四、突发新闻与深度报道对记者的要求

讲完突发新闻与深度报道的操作后，我想和大家交流一下如何成为一名合格的突发与深度新闻记者，我认为应该从这几个方面提升自身业务水平：第一，有较宽的知识面和较丰富的社会阅历；第二，做好随时能出发的行动准备；第三，在事件现场有冷静处事与当机立断的能力；第四，做采访、写作的快手；第五，有较强的活动能力，好记者一般是“社会活动家”。

最后，给想做记者的同学们提几点建议：第一是要接受中国特色思想；第二是要接受一直在路上行动；第三是要接受不太规律的生活；第四是要接受不太自由的财富；最后，还要接受经常“异地”的感情。

我们部门有位记者，去年被派去香港采访，当时他刚刚结婚一周，因为防疫措施限制半年都没法回内地，他妻子对此意见很大。作为记者，会经常遇到这种状况。生活上，大家说记者的时间很自由，我们不用打卡上班，但一旦有事，我们可能 24 小时都在干活。

最后，我觉得当记者也好，或者做任何工作也好，有一点特别重要，就是我们要学会用历史的大尺度来读懂中国。大家可以想一想，100 年前的中国是什么样子的？2021 年是辛亥革命 110 周年，110 年前的孙中山先生一直在苦苦求索国家的未来，当时的中国人会如何看待国家的未来呢？那现在我们还抱怨什么呢？

我简单总结、梳理了 1916 年中国的大事件（如图 9－16），那一年中国发生了这么多大事，有一件是好事吗？可能只有《新青年》的出版算是一件好事吧。110 年后的今天，我们的国家又是什么样子？我们已经实现了全面小康，要向共同富裕迈进，这在当年是无法想象的。所以大家不要失望，也不要抱怨。大家可以更乐观一点。当记者还是有很多优点的，比如时间自由、见多识广等。我觉得只要敢于想象，做记者就有无限的可能。今天也是是记者节，祝大家记者节快乐！以上就是我的分享，谢谢大家！

[1月1日]—袁世凯复辟帝制
[1月15日]—饥民大闹上海
[1月16日]—蔡锷率护国军讨伐袁世凯
[1月19日]—袁英暗杀袁世凯未遂
[1月22日]—《民国日报》创刊
[2月21日]—凡尔登战役开始。这是第一次世界大战中破坏性最大的一次战役，也是第一次世界大战的转折点
[5月27日]—日本暗杀张作霖未果
[6月7日]—黎元洪继任大总统
[6月29日]—段祺瑞被迫恢复旧约法
[7月6日]—军阀割据的时代开始
[8月1日]—黎元洪就任“中华民国”大总统
[8月2日]—邵飘萍创办新闻编译社
[9月1日]—《新青年》出版
[10月31日]—近代资产阶级民主革命家黄兴逝世（生于1874年）
[11月8日]—蔡锷病逝于日本

图9-16　1916年中国大事件

第十讲　主题报道：中国梦主题宣传的报道策划与传播策略[①]

张晋升[②]

大家好！很高兴能和同学们一起交流中国梦主题宣传的问题，我今天分享的是2014年中宣部新闻局和教育部高教司共同组织编写的教材《实践中的马克思主义新闻观——新闻报道经典案例评析》中的部分内容，我参与了第二章的撰写，原文的题目是“讲好故事　事半功倍——中国梦报道评析”，主要是对党的十八大以后中央媒体对中国梦主题宣传经验的梳理和总结。

我今天讲四个方面的内容，第一个方面是中国梦主题宣传的现实背景。主题宣传是我们党新闻宣传工作的一个传统项目，也是优势项目，包括我们2019年新中国成立70周年的主题宣传，2021年建党百年的主题宣传以及明年即将开始的迎接党的二十大召开的主题宣传，都是针对重大时间节

---

① 授课时间：2021年11月22日。课堂实录整理：王健，暨南大学新闻与传播学院2021级博士研究生；张以禾，暨南大学新闻与传播学院2021级硕士研究生。

② 张晋升：暨南大学出版社社长、传播与国家治理研究院副院长，教授，博士生导师，南方报业传媒集团国家级校外实践基地负责人。主要研究领域为新闻传播业务、传媒经营管理、舆论学、政治传播；国家哲学社科基金重大项目“提升中国政治话语体系的国际影响力研究”子课题负责人，主持多项省级社科及教改项目；近20年来坚持跟踪研究媒体新闻实务和经营管理的创新经验，发表相关研究论文60多篇，入选国家新闻出版广电总局“2016年度全国新闻出版行业领军人才”，获广东省“南粤优秀教师”称号和广东新闻“金钟奖”。

点所做的新闻宣传的安排。尽管中国梦主题宣传是党的十八大以后提出的，但是它的一些理念、一些方法、一些操作模式，对我们做好党的二十大的宣传同样有用、有效，所以我们要先了解一下它的现实背景。

第二个方面就是怎么做好中国梦主题宣传的新闻策划。我们经常讲，作为记者，我们最重要的不是怎么写，关键是写什么。这就要求我们提前做好策划，思考写什么才能更好地体现这种主题宣传的要求，具体来说就是写什么人、写什么事、写什么节点、写什么问题，这是很重要的，记者只有将这些内容综合在一起，才能形成一个系统清晰的报道思路。

第三个方面就是做好中国梦主题宣传的报道技巧，主要包括我们采访和写作过程中需要注意的一些问题，今天我也会结合一些例子，给大家具体阐释。

第四个方面就是中国梦主题宣传的传播策略。在传播决定生产的时代，好的作品做好宣传很重要。我们也可以这么认为，没有传播力的新闻很难实现其新闻价值，或者说它的新闻价值会大打折扣。

一、中国梦主题宣传的现实背景

中国梦主题宣传是在什么情况下提出的？是在党的十八大闭幕之后的一个特殊场景下提出的。2012 年 11 月 29 日上午，中国共产党第十八次全国代表大会闭幕，新的中央领导集体参加完记者见面会，随后来到国家博物馆参观《复兴之路》展览，习近平总书记发表重要讲话，他说：“每个人都有理想和追求，都有自己的梦想。现在，大家都在讨论中国梦，我以为，实现中华民族伟大复兴，就是中华民族近代以来最伟大的梦想。”值得一提的是中央电视台将这三分钟的讲话以全程同期声向全球直播，这也体现出我们新一届的中央领导人的自信和担当。在这段讲话中习近平总书记首次提出了“中国梦”的概念，并在 2013 年 3 月 7 日的十二届全国人大一次会议闭幕式上对中国梦的现实内涵进行了系统诠释。“实现中国梦必须走中国道路，这就是中国特色社会主义道路；实现中国梦必须弘扬中国精神，这就是以爱国主义为核心的民族精神，以改革创新为核心的时代精神；实现中国梦必须凝聚中国力量，这就是中国人民大团结的力量。”习近平总书记通过“中国道路、中国精神、中国力量”这三个关键词，把中国梦的内涵讲得很清楚。

图 10－1　大型音乐舞蹈史诗《复兴之路》

在十二届全国人大一次会议闭幕式的讲话中，习近平总书记强调“中国梦是民族的梦，也是每个中国人的梦，只要我们紧密团结，万众一心，为实现共同的梦想而奋斗，实现梦想的力量就会无比强大”。他说：“生活在我们伟大祖国和伟大时代，中国人共同享有人生出彩的机会，共同享有梦想成真的机会，共同享有同祖国和时代一起成长与进步的机会。”这些话让我们觉得特别贴心、特别动心，每个人都可以实现自己的梦想，都可以让自己的人生硕果累累，都可以在时代进步的大潮中与时代同行。

为了落实好、传播好习近平总书记提出的新的“政治话语”和执政理念，中宣部在全国的新闻系统开展了一个中国梦主题宣传活动。新华社、中央电视台、《经济日报》、《光明日报》、《中国日报》、中央广播电视点台等主流媒体都参与其中，可以说是八仙过海，各显神通，通过集合自身媒体的优势资源，对“中国梦”这一重大主题进行全方位的宣传报道。引导人民群众充分认识中国梦的时代内涵和现实意义成为时代赋予主流媒体的重要使命，这就是中国梦主题宣传的大背景。

二、中国梦主题宣传的新闻策划

怎么策划好中国梦主题宣传？就是说得到了这个任务，确立了这么一个方向后，我们怎么把它落实到我们的新闻报道当中呢？

按照一般的操作方法来说，主题宣传的新闻策划包括三个方面：

第一是自上而下。自上而下就是要有宏观的视角，要站在高处思考，要站在全面、正确地解读中国梦的现实内涵这样一个高度把它说明白讲清楚；要讲清楚中国道路的内涵是什么，中国力量的内涵是什么，中国精神的内涵是什么；把它的重要性、必要性讲清楚。

第二是自下而上。就是要在群众关注的热点问题、焦点问题、难点问题中找到和中国梦主题宣传的结合点。因为习近平总书记讲的中国梦是国家的梦，是民族的梦，更是每个人心中的梦，那实现中国梦最终要落实到每一个人身上，也就是大家心里怎么想的，大家关注什么东西，在实现梦想的路上碰到什么问题，这也是我们中国梦报道一个很重要的地方。

第三是由点到面。从个别事件中找出共性，找到能够引发共鸣的话题，形成良好的社会扩散效应。

接下来我结合具体的案例简要讲一讲。

首先如何自上而下做好新闻策划？宣传党的方针政策、对当下的政治话语进行解读，是主流媒体，特别是中央媒体要承担的重要职责。在中国梦主题宣传中，新华社推出了 4 篇系列特稿。第一篇是《追梦，沿着中国特色社会主义道路奋进——中国梦与中国道路》，也就是说，这是一个树立梦想、树立目标的过程，因为每个人的奋斗都要有目标，都有一个最终的梦想。包括在座的很多香港学生的梦想都是当警察、公务员等，因为这类职业收入很高；还有同学说我将来要当教授，这也是一种梦想。第二篇是《逐梦，构筑强大的精神支撑——中国梦与中国精神》，有了目标就要有行动。逐梦的过程也可以说是行动的过程，比如说你要当教授，你肯定要考研、读博或者出国深造，这个行动的过程就是逐梦。第三篇是《筑梦，凝聚 13 亿人的磅礴力量——中国梦与中国力量》，只有个人的梦想汇入国家的梦想、民族的梦想，个人的梦想才能实现当初的预期。当然筑梦的过程也可以是一个量变的过程，筑得越高越好。这三篇文章从“追梦”“逐梦”“筑梦”三个方面讲清了坚持中国道路、弘扬中国精神、凝聚中国力量的现实内涵，让每个中国人都感受到，道路就在我们脚下，精神就在我们心中，力量就在我们身上。第四篇文章《中国梦的历史方位》，以开阔的视野，纵观古今，放眼世界，胸怀国家，立足个人，立体地体现出中国梦的历史方位。

其次我们来看看如何自下而上做好新闻策划，自下而上就是要注重把握实践要求，从人民群众的实践活动中提炼出有价值的主题，集聚团结向上的正能量。比如《光明日报》在中国梦主题宣传专栏“追梦人足迹”刊发了这么一篇稿件——《听油菜花开的声音——农民沈昌健全家研究超级杂交油菜的故事》，写的就是一个平凡的家庭两代人追梦的故事。大家都知道袁隆平院士是研究杂交水稻的科学家，他是有科研机构、有社会地位的人。沈昌健和他的父亲沈克泉是很纯粹的农民，没有科研课题，也没有科研经费，而是一家人节衣缩食研究杂交油菜，30 年坚持干一件事本身就很不容易。从沈昌健父子的身上，我们看到了这种梦想成真的可能性，这类故事不仅拉近了和群众的距离，也会感动很多坚持追求梦想的人，让他们有动力继续坚持下去。

图 10－2　沈克泉（中）、何秀英（左）、沈昌健合影。《光明日报》，2013 年 6 月 17 日，唐湘岳、周彩丽摄

图片是沈昌建一家人，他们这身穿着打扮的确是恍如隔世。他们身上穿的这种中山装，是二十世纪七八十年代的款式。我以前也穿过，在七十年代末，我还在读高中的时候能穿这么一件衣服，就感觉特别有范儿。现在在绝大部分人家里都找不到中山装了，但他们还有。

新华社还有一篇人物报道《多啦有梦——穿过梦想彩虹三重门》，这篇报道的开篇写得非常巧妙。韩寒写过一本书叫《三重门》，这篇报道借用了这个书名，很巧妙地运用到一个藏族小伙子冲破原有的生活空间，走上自己的追梦之路的故事中。多啦年轻的时候就怀揣着走出西藏的梦想，尝试去更远的地方。他小时候就只是出去串门，长大了以后就变成开车出去做生意，然后发现外面的世界更大、机会更多，在外面闯荡的他，有了第一次吃螃蟹的经历、第一次做生意的紧张、第一次创办农机公司的喜悦。外面的世界不仅让他赚了钱，让他把生意做到了全国 13 个省市，还让他拥有了西藏最大的农机配件中心。生意做大的多啦不满足于自己发家致富，他觉得大家好才是真的好，于是就想着让自己的同胞告别延续千年的劳作方式，创造更多的就业机会，以梦想改变雪域高原。

由点到面就是通过个别的事件或个别的人物故事，讲出大家都能接受的道理，建立一个大家都能够接受的共识。比如中央人民广播电台做了这么一个系列，叫《爸爸妈妈在远方》。这个节目的缘起是记者在 5 年前就采访过的广西田东县的留守儿童家庭，那个时候这些孩子还在念初一，5 年以后记者想对这些孩子做一个回访，看他们当初的梦想有没有实现，或者有没有接近当初的梦想。

5 年前，记者在村里碰到一个在河边洗衣服的 15 岁孩子，他说从 7 岁就开始帮家里干活、洗衣服，可能他在洗衣服的时候就想着：我将来要考大学，我要走出去，不要当留守在村里的孩子。5 年过去了，他的小伙伴们有的考上了大学，有的准备参军，有的已经代表广西参加了全国的比赛。可以说，他们都在人生的道路上找到了自己的位置，接近或实现了自己的梦想。这篇报道的好处就在于，它对留守儿童的报道没有先入为主地站在悲情立场上，也没有呈现出对所谓弱势群体的廉价同情，而是通过人物生活场景的真实还原和思想动态的客观呈现，体现出每个人的心中都有追逐梦想、实现梦想的大主题。所以我们在做新闻策划的时候就经常讲，相较于怎么做采写，选择什么样的切入点更重要。

那么以点带面，要抓什么点？首先是时间的节点，比如，2019 年的“五四运动”百年，2021 年的建党百年，包括 2021 年的辛亥革命 110 周年，这些都是时间节点。除了特殊的时间节点，还有特殊的地点，也就是说这个报道的空间比较特殊，记者通过空间的变化来折射时代变化的影响。其次就是生活的痛点，选题要触及痛点。比如对于大三、大四的学生来说，面临就业的时候，就业就是他们的痛点。对于农民群体而言，增收肯定是其痛点。有些农民尽管粮食增产了、水果丰收了，但价格上不去，所以增收反而成为农民的痛点。还有就是人物命运的拐点，如果一个人命运的发展前后没变化，就会影响叙事的冲突感。某种程度上来讲，没有变化肯定就没有故事，没有人性的弱也未必能提炼出精神的亮点。

三、中国梦主题宣传的报道技巧

如何做好中国梦主题宣传的报道技巧？怎么采访、怎么写，这些问题大同小异。在这里我要强调一点，深度报道的采访态度很重要。它不是走马观花、浮光掠影的采访，也不是见好就收的采访。深度报道的采访，是要把事件的真相揭示出来，把内在的人性揭示出来，要不厌其烦地去挖掘，事无巨细地去搜罗，这就是一种工作态度。

有了好的工作态度之后，做好主题宣传的第一个技巧就是要脚踏实地发现感人故事。首先就是静下心来观察，发掘最鲜活的报道素材。深度报道观察的目的是发现问题，而不是简单地还原场景。我们经常讲，新闻报道无非就是还原事件的场景，重组事件的结构。但从主题宣传和深化报道的角度来讲，新闻报道并不是简单的重组，而是要找出问题，如果没有问题，简单的还原、重组意义不是很大。

其次就是要放下身段体验、感受采访对象真实的生活状态和工作境遇。没有体验则很难有共情，很难设身处地地站在采访对象的角度来考虑问题，也很难有感同身受的生活体验。所以新华社记者在采写《中国梦的历史方位》的过程中有这样的感触：任何精妙的构思、精良的策划，都比不过深入一线的采访。记者在采访北京当保安的外来务工人员朱良玉时，没有想到这位全国人大代表、全国“五一劳动奖章”获得者，一家人仍挤在30平方米的地下室，而最让朱良玉揪心的是儿子因为没有北京户口，不能在北京参加中考和高考。但即便面临着生活中的困难，他还是无怨无悔地做好保安工作，坚信梦想一定会实现。

最后就是要带着情感采访，记者首先要感动自己，才能让作品产生感动读者的力量。记者采访一定要带着对现实的关注、对人性的关怀、对情感的关爱，要沉下心与采访对象进行交流和对话，这样才能够获取反映采访对象真情实感的信息。我以前和《南方周末》的记者陈海聊天，有一次他去采访煤矿工人，煤矿工人们一开始不讲话，人家觉得你这个白面书生跟我聊什么生活、聊什么未来，沟通都很费劲。后来他跟煤矿工人一起下井一起工作，亲身体验他们的工作环境，了解他们的心理，很快和工人打成一片，从一定意义上说只有建立了信任感的沟通才是有效的沟通。所以对记者的采访来说，“脚步有多实，感情才有多深”是值得铭记的一点。

第二个技巧就是报道形态的呈现，记者要懂得巧妙搭配创新报道形态。刚才我们主要谈的是采访，怎么拿到我们所需要的一些素材。接下来就是怎么搞好我们的文本呈现形态，一个作品之所以能够引起大家的兴趣，让大家读得进去，还是有一些基本的要素。我认为好的文本呈现形态主要有四个方面：

第一就是寻找新鲜的事件由头，也就是说这个故事是否有趣，是否跟读者的生活经验有关联。比如，中央电视台在中国梦的案例当中推选了这样一个案例叫“鲍鲸鲸：失恋 33 天开启收获之门”。为什么推这个报道呢？其实这个报道的由头就是记者受一部备受观众追捧的电影《失恋 33 天》的启发，想采访剧本的创作者鲍鲸鲸。《失恋 33 天》这部电影的主人公原型就是鲍鲸鲸，她的梦想就是出版自己的作品集，然而她的作品从高中到大学一直被退稿，总是达不到出版的要求。后来鲍鲸鲸与男朋友分手了，心灰意冷的鲍鲸鲸从失恋的第一天开始在博客上写日志，写她对这个男孩子的思念之情。后来写到第 33 天的时候，她的男朋友回来了，两个人重归于好。后来导演滕华涛找到鲍鲸鲸，问她能不能把她的这个故事编成剧本，于是有了《失恋 33 天》的电影。这部电影后来在台湾电影金马奖评选中获得了最佳改编剧本奖，鲍鲸鲸的梦想也算是实现了，之后陆续有好多人找她来写剧本或者改编剧本，她的事业最终获得成功。这样的故事，大家会觉得挺有意思的，鲍鲸鲸的成功看似偶然，但实际上也是非常不容易的，她的成功与她多年的坚持和努力是分不开的。

第二是文章的结构问题，要选择与报道内容相适应的文章结构。深度报道的结构“大体则有，定体则无”，《南方周末》也好，《南方都市报》也好，每篇报道的结构都不尽相同。因为人物的故事不一样，内容不一样，所以结构往往也因叙事内容和方式而发生改变。比如说新华社推出的“筑梦中国·特稿”系列报道，分别围绕中国道路、中国精神、中国力量三个主题词进行阐述，以中国梦的历史方位收尾点题，形成了层层递进的传播效果。《经济日报》“中国梦·我的梦”专栏，根据采访对象的情况，采取“人物通讯＋被访者心得＋采访感言”的结构方式，全方位、多角度地记录下这些普通人的“追梦”路。从文章的具体叙事结构来看，多样化的内容要素、多层次的环境、多变性的人物经历是构成好看的故事和吸引读者的看点。所以正如《多啦有梦——穿过梦想彩虹三重门》这篇报道，就是根据主人公多啦不断尝试走出西藏、去成都的经历写作的，人物成长的空间在变、心态在变、目标在变，在每次的变化中他的经历、感受和收获都不一样。所以人物多变性的经历对于记者讲好人物的故事很重要。

第三是细节问题，记者要善于提炼生动鲜活的细节。很多报道我们不一定记得它的具体内容，但是肯定记得一些动人、醒目的细节。比如，20世纪60年代新华社采写的《县委书记的好榜样：焦裕禄》这篇报道中，说到身患肝病还坚持工作的焦裕禄，他无论开会、作报告，都经常右脚踩着椅子用右膝顶住肝部。为了缓解肝痛，他经常用一根硬东西顶在右边的靠椅上。日子久了，他办公室的藤椅上，右边被顶出了个大窟窿，我们对这些细节的记忆非常深刻。再比如，《听油菜花开的声音——农民沈昌健全家研究超级杂交油菜的故事》的报道中也写了两个细节。一个是沈昌健的父亲沈克泉多年来留着长长的胡须，后来记者在采访的过程中了解到，老人家留胡子是在蓄须明志——研究杂交油菜不成功就不剃胡子。还有一个细节就是他们一家人平常生活特别节俭，沈昌健爱人的一条毛巾用了5年，他的女儿沈玲在大学里一天只有8块钱的生活费，这些细节让我们能够真切感受到他们为事业付出的艰辛。所以说，细节对于新闻叙事具有放大、深化和激活的作用，能够使故事产生更强的感染力。

第四是语言的问题，记者要充分体现个性化的人物语言。做深度报道，记者采访写作时最好用人物的原话，不要断章取义，随意发挥。因为不同的人有不同的说话习惯、不同的表达分寸、讲话的重点、语感。深度报道里面这种原汁原味的语言是最有感染力的，因为它有个性，可以让不同的群体、不同的人物之间形成鲜明的区分。军人说的是军人的话，科学家说的是科学家的话，农民说的是农民的话，记者记录的人物语言一定要跟其人物身份相匹配，这样的报道内容才能更真实、更接地气。

比如《经济日报》《欢迎！这里是“梦想实验室”》一文中，记者问：“可以介绍一下你这个创客实验室吗？为什么会有这么多海归的年轻人来这个梦想实验室进行创业？”资深创客王盛林是这样介绍的，“在一个充满创新气氛的空间里，通过提供一些渠道和方式，降低人们实现自己想法的成本，让大家在快乐中实现各自的梦想。”当年轻人被“独立的思考、分享的理念、合作的意识”这样一种创新、包容的氛围吸引时，当创新成为一种习惯时，好的创新便会慢慢出现。你看，他是不是跟一般人说话不太一样？

当然，农民也有农民的语言，一生矢志钻研杂交油菜的农民沈克泉说：“搞科研就要吃得苦、耐得烦。”言语简单，厚重朴实，他说出的不仅是一种人生态度，更体现出一种为事业甘于奉献的精神境界。

四、中国梦主题宣传的传播策略

中国梦主题宣传需要有好的传播策略，好的内容一定要有好的传播和平台，媒体正处在一个“移动优先”的新媒体时代。移动优先实际上就是传播优先，因为移动端有更广泛的用户。中央广播电视总台近年提出了“先网后台、台网并重、移动优先”的战略，背后体现的就是传播优先的概念，也就是说传播的价值比新闻的价值更值得优先考虑。

那么怎么做好传播？

第一，要有适合传播的内容，就是说，内容要适合传播、适合推广，报道出来的东西要具有普遍的意义，具有推广、扩散的价值，让别人可学、可鉴，否则只会成为具有个别意义的个案。这就要求记者在选题策划和内容生产中有全局性的观念，在这个地方可以适用，在别的地方同样也可以适用。比如说《经济日报》的这篇《临江小池“大城梦”》的报道，小池指的是黄梅县小池镇，它也希望在中国的城镇化过程当中成长为一个大城，成为现在的九江（小池隔壁就是九江，而九江过去其实就是一个码头，也是一个中等城市）。所以记者报道小城的变化着眼点应该是全国许许多多的小城镇，通过聚焦小池镇来探索中国城镇化的大布局。

第二，要回到基层，回应群众关注的那些热点、焦点和难点问题，把新闻做大、做深、做活，不断提升中国梦报道的新闻价值。我们经常讲做大，做大实际上就是“小题大做”。尽管报道的题材是民生新闻，但是它体现的是习近平总书记“以人民为中心”的执政理念；做深就是说要善于链接、善于挖掘、善于深化，把别人没做透的东西做出来，达到别人在深度上难以超越的境界；做活就是赋予人物以鲜活的细节和个性化的特征，这是把新闻做活很重要的两个要素。

第三，要善于整合新闻资源，做好主题宣传效果的延伸。报道推出以后，记者不能匆匆偃旗息鼓，还要善于打组合拳，力争社会效果的最大化。我记得《南方日报》曾经写过一篇《山乡好人廖乐年》。廖乐年是马来西亚第三代客属华人，退休后回到家乡梅州大埔长教村义教义助10年。他以祖祠为基地，开办英语班，把国外的教学模式引入大山，10年来他教过的学生超过5 000人。这篇报道出来以后反响非常好，不仅上了《新闻联播》，还被中央各大媒体争相报道，20多家华文媒体和国内外网站先后转载了有关报道。为进一步提升廖乐年这一典型人物的精神价值，南方日报社邀请相关领域的专家共同探讨“广东好人”特质，为方便阅读，我把原文转引如下。

读者激辩“广东好人”特质：廖乐年的伟大源自平凡的坚守①

林琳：前广东省侨办副主任

张晋升：暨南大学出版社社长，传播与国家治理研究院副院长

王颂汤：广东公益恤孤助学促进会副会长、秘书长

连日来，《南方日报》重磅报道《山乡好人廖乐年》持续发酵，引发连锁反应。

一天前，八大央媒循着廖乐年的足迹，寻访到大埔长教村翠轩公祠；12日，梅州发动全市向廖乐年学习，他被授予“梅州好人”荣誉称号；18日，广东省文明办通报今年第一季度“广东好人”评选情况，廖乐年赫然在列；

---

① 林旭娜．读者激辩“广东好人”特质：廖乐年的伟大源自平凡的坚守［N］．南方日报，2012-04-24.

22日，广东省侨办将“广东好人　粤侨楷模”的锦旗送到这位“广东好人”手上；本月里，全球五大洲、30多个国家和地区的26家华文媒体和国内外网站先后转载了有关报道……

“连续追读《南方日报》对廖老师的报道后，我和太太决定，到他身边当志愿者。”半个月来，像湖南益阳人王先生这样主动上门，申请加入志愿者行列的人还有许多。

“廖老师独创的英文教学法很适合中国人，他让我重燃学习的激情。”来自广州的工程师张先生尽管已经人到中年，但为了拜师学艺，这段时间多次联系廖乐年。

了解到廖乐年在义教过程中遇到教学设备不足等困难，当地教育局马上拨了5万元经费。

人们为什么在廖乐年现象中持续向善？作为“广东好人”的代表，廖乐年浓缩了哪些特质？昨日，几位特殊的读者接受记者采访，进行了精彩的思想碰撞。广东公益恤孤助学促进会副会长、秘书长王颂汤表示，如果廖乐年有需要，该会将大力资助。

廖乐年哪里最动人？

“他的丰富性、持续性、平民性让慈善离人们很近。”

《南方日报》：一经报道，廖乐年山村义教十年的故事立刻在人群中口口相传，大家对他不但敬佩，并且都觉得和他在一起很快乐。为什么？

林琳：我认识廖老师很久了，他与传统的好人既有共同点，又有很多不同之处，最大的不同是他始终坚持以人为本，做事情着眼于人的观念转变，为了人的长远发展，而不是解一时一事之困，所以他特别讲究方法和智慧。

他的内心具有丰富性、持续性、传承性、平民性，离我们每个人都很近。这次我带队和八大央媒造访廖老师，这些采写过众多“好人好事”的资深记者都从不同的角度和我分享了看法，对廖老师表示了充分欣赏。

张晋升：《南方日报》系列报道连日来引发线上线下热议，从传播学的角度看，有几个主要原因：其一在于人物故事典型，极具传播性。一位素昧平生的外籍人士，一位与家乡多年未亲近的海外游子，凭着母亲经常念叨但不明其意的一句客家话，远涉重洋归故里，义教义助报桑梓，其心其志令人感佩。

其二，报道主题呼应了读者的心理期望。从文化习惯和中国人的心理需要来说，这位“广东好人”之所以打动了所有人的心，根源在它把握了当下中国人精神深处的脉搏。

其三，广泛而互动的传播手段。新媒体时代典型报道的最大特点是读者参与度高，《南方日报》的报道结合了报网互动、官微、视频等多种手段。

《南方日报》：廖乐年最感动您的是什么？

林琳：他给乡村带来的不仅仅是知识，更重要的是用自己的行动，逐渐改变了村民的观念，改变了乡村的面貌；通过言传身教，向学生和村民传播了感恩、互助的思想。

张晋升：乐真向善，有智慧。读廖乐年的故事，我们感受到的是他十年如一日从事义教的真心、真情和真爱，唯有真心才有决心，唯有真情才能无私，唯有真爱才会付出。从廖乐年的所作所为中，我们还能看到他的善谋、善意、善举，不仅泽被乡里，也感染更多的人投入到这项平凡而伟大的事业中，用行动实践了“我帮你，你帮我，世界更美好”的愿景。

“广东好人”特质是啥？

“别给好人下定义，我帮你，你帮我，你快乐，我快乐。”

《南方日报》：现在，作为“广东好人”中知名度最高的明星之一的廖乐年身上体现了“广东好人”怎样的特质？

张晋升：“广东好人”廖乐年真实、务实，是一个平凡的人，他的内心深处始终存有一颗善良的心。他坚信“你快乐，所以我快乐”的生命信条，在给别人带来快乐的同时享受快乐。

“广东好人”是能给别人带来方便的人。他们坚信“能不在大，做事就成；力不在小，尽力即行”，廖乐年把个人的一技之长充分体现在社会所需要的点点滴滴的事业中。

林琳：廖老师是马来西亚第三代客家华人，是海外 3 000 万粤籍华侨华人一分子，他身上还体现了粤侨的传统和特质。

特质之一是念祖爱乡，无论他们走多远、走到哪里，总会惦念祖（籍）国和家乡，尽己之力回报家乡。这也是华人移民与其他移民明显不同之处。

特质之二是崇文重教。过去出国的华侨深受无文化之苦，因此他们非常重视教育，由此形成了华侨崇文重教的优良传统。广东接受侨捐超 470 亿元，超过一半用于教育。

王颂汤：不用给好人下定义，因为心中有爱，自会如泉水流淌。开放社会让我们有了更好的信息交流平台，能以更有效、更高效的方式互助，廖乐年的尝试更为我们提供了最好的范例。

做一个好人难吗？

“提倡慈善平民化、日常化，人人都可成好人。”

《南方日报》：有人说，做英雄太累，那就像廖乐年一样做一个有爱心、有行动、有坚守的平凡好人吧。这种平凡的伟大，对我们有何启发？

王颂汤：帮助别人、服务社会，没有想象中那么伟大和困难。哪怕举手之劳的小事，比如在公交车上让座，那一刻你就是好人，多做几件这样的小事，就能成为大好人。现代慈善提倡平民化、日常化、持久化。

张晋升：廖乐年每天做的事，看似平凡，实则不易。他的想法很单纯，他的信念很执着。廖乐年的善举给了我们这样的启示，做一个好人并不难，难的是坚守、坚持和坚韧。

《南方日报》：这些年来，廖乐年在条件简陋的山村孕育了一大批英语种子，社会能否孕育出一大批他这样的好人？

张晋升：廖乐年的故事很平凡，但他平凡的言行正影响和感染着越来越多的人，我们期盼越来越多这样的好人涌现。但“好人”不是塑造出来的，是个人选择和社会需求相统一的成长过程。树立标杆固然重要，但更重要的是营造好的社会氛围。因为好人并非一出现就得到重视和支持的，像廖乐年就以一种被质疑的方式开始义教。

林琳：我很赞同。廖乐年慈善做得好，除了廖老师所做的是村民、村里需要的之外，也离不开外部环境，如村主任、村民和当地的积极支持、配合。想要有更多的廖乐年出现，必须要有好的慈善环境，包括完善法制，保障其公开、诚信等。

王颂汤：对好人好事，政府、社会组织和公众一要推崇，二要支持，如广东公益恤孤助学促进会作为纯民间慈善团体，自成立以来，得到公众的大力支持，迄今已资助广东农村 11 552 名孤贫学生每人 3 000 元。最近，我们资助了 2012 年度感动中国十大人物、西康福利院的胡忠和谢晓君老师，如果廖乐年老师需要，我们也会大力资助。

所以包括像我们前面提到的《听油菜花开的声音——农民沈昌健全家研究超级杂交油菜的故事》这个报道见报以后，《光明日报》驻湖南的记者站也在光明网推出了《回报不图金钱》《油菜花的女儿》《及时雨》《冬日的阳光》等20余篇后期报道。后来中央电视台及时跟进，全国网站、微博、微信大量转发，形成声势浩大的正能量。

第四，要加强媒体和社会的互动，加强与新闻主管部门以及读者之间的上下互动。从主题宣传来讲，我前面讲选题策划时提到两个维度，一个是自上而下从宏观视角把中央的声音、中央的执政理念及路线方针政策贯彻落实到基层和群众当中去。我们经常讲的治国理政就是要做到这一步，中央的一项非常好的决策要把它落实下去，而在落实过程中我们需要通过解释让大家理解清楚，不能只谈一个抽象的概念。比如我们谈中国梦，就要把中国道路、中国力量、中国精神讲清楚，这样我们才能更清晰、更深刻地理解中国梦是什么。还有一个维度就是自下而上，中国梦事关每个人的利益，每个人在实现梦想的过程中会碰到一些什么问题、困惑。我们的报道就是要让老百姓想得明白、说得清楚，这样才能提高人民群众的参与度和获得感。这样的上下互动有利于党和政府的执政理念和国家的发展愿景更好地为人民群众理解和认同，成为实现中国梦的强大推动力，并最终给大家一个这样的启示——只要有梦想、有追求、有付出，有一种不服输的精神，每个人都能成为命运的主人，让梦想不再遥远。

第五，要充分利用媒体融合的传播手段，丰富传播形态，提高报道的覆盖面和传播力。不知道大家有没有关注到，近几年中国新闻奖“融合新闻奖”的获奖团队清一色是年轻人，包括《人民日报》、新华社、人民网、新华网，还有我们本土的《南方日报》基本都是清一色的年轻人。人民网上次拿了一个奖，后来我和他们座谈的时候，发现他们记者的平均年龄只有26岁。在建军70周年之际，他们就想着做一个关于“晒”军装照的新媒体产品策划，于是他们就做出了“晒”自己红军、八路军、解放军的军装照的活动，用户可以在移动端把自己的照片上传上去，“晒”出自己穿军装照的样子。最终这款“军装照”H5作品在中国新闻奖首次设立的媒体融合奖项中荣获中国新闻奖一等奖。

所以我觉得大家在学习写好报道的同时，也要掌握一些短视频、移动直播、新媒体创意互动和融合创新等新的传播手段，目前中国新闻奖设有一个专门针对媒体融合的奖项，包括50个奖项。值得一提的是2021年暨南大学新闻与传播学院作为中国新闻奖直报单位，推荐的三件作品获得了两个一等奖。其中一个就是《南方都市报》推荐的“最美逆行者”的融合创新作品，实现了《南方都市报》中国新闻奖一等奖历史性的突破。

暨南大学新闻与传播学院从2014年入选首批中国新闻奖直报单位以来，推荐了好多优秀的作品，其中有几个作品的创作者是我们的校友。他们获奖以后跟我说，很感谢学院的平台，让他们实现了拿大奖的梦想！平台固然重要，但自己的坚持、努力和付出更重要！所以也希望我们这一届的同学，要胸怀梦想，付诸行动，在奋斗的过程中实现你们心中的人生梦想！

今天我们就先讲到这里，谢谢大家！

第十一讲　环境报道：生态建设的背景与逻辑

张子俊[①]

我是《南方日报》经济新闻部记者张子俊，2018 年毕业于暨南大学新闻与传播学院，广播电视学硕士研究生毕业。入职南方日报社后一直在跑生态环境线。能以这种方式回到母校，尤其作为一个讲课者，我感觉非常荣幸，也特别怀念学校生活，谢谢曹教授的邀请。今天，我将结合自己三年来的报道经历，以及这些年对生态环境相关政策、相关实践的理解和思考，来谈一谈生态环境报道的背景和逻辑问题。

最开始我接到这个题目的时候，我在想要不要讲生态环境报道的写法之类的内容，但我想到后面，觉得这是非常主观的东西。

因为我们所处的时代、所处的立场，决定了环境报道的内容和导向。也就是说，写什么、怎么写这些“术”的问题，最终还是由“道”决定的，这个“道”就是我今天要说的“背景”和逻辑。

我认为，更应该让大家了解一些共性的东西，比如生态环境在我国发生了什么改变？未来可能会怎么继续发展？又出现了哪些新的相关话题、

---

① 授课时间：2021 年 11 月 29 日。课堂实录整理：余安迪，暨南大学新闻与传播学院 2021 级硕士研究生。张子俊：硕士毕业于暨南大学新闻与传播学院，现为《南方日报》经济新闻部记者，2018 年毕业入职后开始跑生态环境线；曾获广东新闻奖二等奖，获评为广东省 2021 年度“最美生态文明传播者”。

问题？在这个基本的认知下，不同立场可以选择从不同角度、题材报道，这些都无可厚非。

因此，我今天要讲的就是我站在目前时代环境和媒体立场上所做的环境报道。

一、环保领域的重大制度：从中央环保督察引入

我首先从中央环保督察讲起。2021 年广东生态环境领域有一件大事，就是中央第四批生态环境保护督察工作开展，督察的动员会规格非常高，广东省主要领导，几乎各个与环境相关的厅局单位全部参加。之后，从 2021 年 8 月 27 日到 9 月 27 日，中央第四生态环境保护督察组在广东期间每天都接到各类有关环境问题的举报，同时到各个地市暗访调查。

什么是中央环境保护督察？2016 年，我国开始实施中央环境保护督察制度。环境保护督察是党中央、国务院关于推进生态文明建设和环境保护工作的一项重大制度安排，党中央、国务院通过督察，重点了解省级党委和政府贯彻落实国家环境保护决策部署、解决突出环境问题、落实环境保护主体责任情况，推动被督察地区生态文明建设和环境保护，促进绿色发展。督察组在具体督察中，坚持问题导向，重点盯住中央高度关注、群众反映强烈、社会影响恶劣的突出环境问题及其处理情况；重点检查环境质量呈现恶化趋势的区域流域及整治情况；重点督察地方党委和政府及其有关部门环保不作为、乱作为的情况；重点了解地方落实环境保护党政同责和一岗双责、严格责任追究等情况。

为什么要督察？与其说是暗访，我自己认为这更是在传递一个信号：各省的环保工作不能放松。在生态环保领域，中央环保督察是我国迄今为止规格最高、规模最大、范围最广的一项专项工作。

二、练江治理前后过程

那中央环保督察和广东有什么关系呢？关系非常大，甚至可以说这是影响广东生态环境保护进程的一个重要因素。其中一个典型事例就是练江治理。

（一）练江治理缘起

2016 年 11 月 28 日，中央第四批生态环境保护督察组进驻广东省开始督察，督察工作持续到 12 月 28 日。而督察组下沉到汕头后，练江污染严重问题浮出水面，督察组也给当地布置了治理任务。

第一轮中央环保督察将练江流域污染问题作为督察重点，督察反馈指出：汕头、揭阳两市长期以来存在“等、靠、要”思想，练江治理计划年年落空，本应于 2015 年底建成的 5 座污水处理厂及配套管网、3 个污泥处置中心、3 座垃圾焚烧发电厂、2 座垃圾填埋场无害化改造工程等无一建成，每天约 62 万吨生活污水直接排入练江。练江污染整治也被纳入广东省中央环保督察 11 个重点整改任务之一。

而国家会持续跟踪治理任务落实情况。紧接着，为进一步传导压力，压实责任，解决问题，国家对第一轮中央环境保护督察整改情况开展“回头看”，也就是督察各地部署推动中央环境保护督察整改的情况，主要内容包括：重点盯住督察整改不力，甚至“表面整改”“假装整改”“敷衍整改”等生态环保领域形式主义、官僚主义问题；重点检查列入督察整改方案的重大生态环境问题及其查处、整治情况；重点督办人民群众身边生态环境问题立行立改情况；重点督察地方落实生态环境保护党政同责、一岗双责、严肃责任追究情况。

2018 年 6 月 5 日，中央第五环境保护督察组对广东省开展“回头看”。督察组来到汕头市潮阳区“回头看”练江流域整治情况，结果“看一个，一个黑臭”，并且整改方案中要求汕头市整改的 13 个项目没有一个按要求、按时序完成建设，练江水质仍呈下降趋势。

大家可以注意一下图 11 - 1 这个标题，当时，生态环境部直接用“治污光说不练，问题依然如故 汕头市对督察整改的漠视程度令人震惊”这样的标题发文斥责汕头，称当地整改工作流于形式，污染问题依旧非常严重。用语明显带有非常强烈的感情色彩，所以说问题特别严重。督察组在现场甚至建议汕头市领导带头住在练江边，“和沿河老百姓住在一起，直到水不黑不臭”。

中华人民共和国生态环境部
Ministry of Ecology and Environment of the People's Republic of China

邮箱　繁　EN

请输入您要搜索的内容　搜索

热门搜索：环境影响评价　空气质量

政府信息公开

当前位置：首页 > 政府信息公开

治污光说不练，问题依然如故 汕头市对督察整改的漠视程度令人震惊

2018-06-21　来源：生态环境部　字号：[大] [中] [小]　[打印]

中央第五环保督察组于2018年6月5日进驻广东省，对第一轮环保督察整改情况开展“回头看”。6月15日，督察组副组长、生态环境部副部长翟青带队赴汕头、揭阳两市就练江流域污染整治情况开展下沉督察。督察组现场检查各种点位16个，走访问询30余人，并听取了汕头、揭阳两市党政领导关于练江流域污染整治情况的汇报。督察发现，纳入督察整改方案的练江污染整治重点项目进度严重滞后，练江及其支流水质污染依然严重。

图 11－1　中华人民共和国生态环境部网站，2018 年 6 月 21 日

因此广东开始有了更强的动力和契机重视生态环境保护，也是从那个时候起，广东开始转变治理思路，开始了系统治理。由此，我们部门策划了“练江驻河深调研”，这也是我入职第一年就遇到的重大环境问题，我也深度参与其中。

（二）采访经历：百日练江驻河深调研

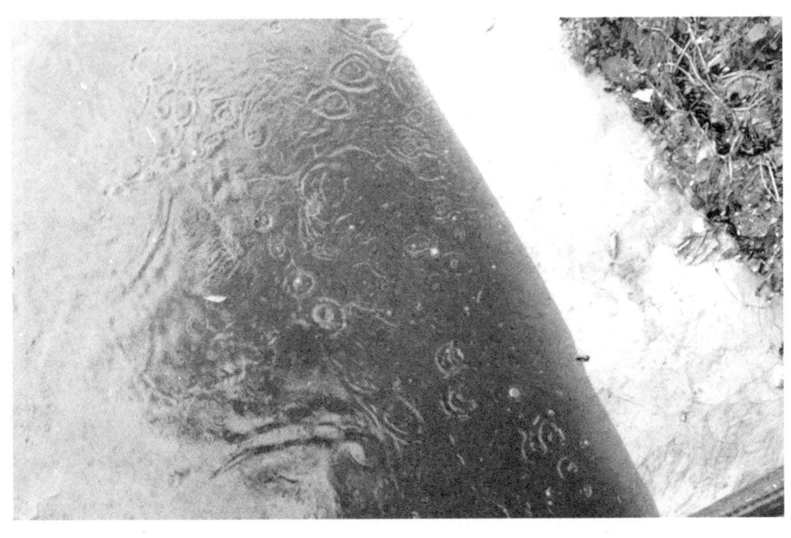

图 11－2　被污染的中港河，张子俊供图

1. 练江基本情况

练江是粤东地区第三大河流，也是汕头、揭阳两市的母亲河，发源于揭阳普宁市白坑湖水库，流经揭阳的普宁市，以及汕头的潮南和潮阳两区，在潮阳区海门湾入海，干流全长71.1千米，流域面积1 353平方千米。

但是改革开放以来，特别是近二十年来，练江流域纺织、印染、电子拆解等行业迅猛发展，加之配套环保基础设施建设滞后，练江流域污染问题不断加剧。

练江有十多条支流，我们每位记者负责其中一条，一周轮换一次。当时我们看到水体又黑又臭，还飘着油花和垃圾。而且水浮莲随处可见，当地人都说，有些河段水浮莲多到像草原。

2. 调研、采访、回访的过程

2018年入职《南方日报》后，带我的老师就是跑生态环境线，于是我马上就参与了练江驻河的报道工作。我们的调研时间从2018年6月21日到12月18日，共180天。

这也是我第一次出差采访。我讲一件印象很深刻的事：当时我是带着很兴奋的心情去的，但有个领导和我说，潮汕地区民风彪悍，不要一个人去村里转，切记抱紧记者站同事的大腿。一听到这个我就开始脑补记者暗访被打之类的画面，还盘算万一去看河被跟踪了，要怎么报警。

图11-3　贵屿镇水浮莲污染，张子俊供图

我们去到村里的第一件事就是看河流，找治理中存在的问题。因为大家都知道练江污染的问题，我们驻河采访的目的，是开车走完了每一条支流，记录下练江各个支流治理后的变化。我去驻河的第一个镇是贵屿镇，这个镇之前是非常有名的洋垃圾拆解镇，污染问题一度非常严重。

在看河时，我第一次看到如此大规模的水浮莲。那是一条三叉河道，其中一条支流用栅栏把河道拦起来，我第一眼看去根本发现不了这是一条河道，水面完全被水浮莲覆盖了。最开始我们也没法判断，这究竟是水浮莲还是一片草丛。刚好旁边有个祠堂，我们绕到河边，找到一根木棍，一个同事拉着另一个同事把木棍插下去，结果感觉比较松软，一下就插下去了，后来我们发现木棍下端都湿了，这样才确定了答案。然后我们也联系了当地村委会的负责人，把这个情况告知他们，说不能治标不治本，最后当地对这一大片水浮莲进行了治理。

除了看河，我们还要看治理，看污水处理厂、管网施工、雨污分流管。练江污染的一个关键问题就是基础设施极度不足，包括污水厂、配套污水管网，要在 3 年内补齐短板，必须要用超常规措施。练江治理的一个战法是“大兵团”作战，多个国企参与治理，在整个练江流域根据规划的工程，多线开工，这在很多国家是不可能实现的。我们在巡河的过程中，随处可以看到挖机、钩机在作业，包括铺设污水管网、休整河道、河道清淤等。我们现场采访项目经理、施工人员，他们那段时间节假日基本不休息，很多人过年也没回家，都在干活。这些治理场景都很让人动容。

图 11－4　巡河过程中随处可见挖机、钩机作业，张子俊供图

上下游、左右岸协调。练江的很多支流是跨镇、跨村的。污染由谁负主体责任来治理，这是个现实问题。比如我们采访就遇到这种情况，有的镇说自己镇治理得很好，但是上游的镇治理得不好，污染是上游漂下来的。在这个问题上，当地就探索出协调机制，以及部分的补偿机制。

在采访过程中我们还发现，基层承担的工作压力特别大。令我印象非常深的是我去海门镇的时候，虽说要尽力客观报道，但这时也会产生一些共情。基层河长，这也是中国基层的现状，各类事项都汇聚在基层，而基层人才是相对稀少的。

做搬迁企业的安置工作也不容易，我们一般说“污染在水里，根子在岸上”，练江的污染源之一是印染企业。潮阳、潮南区的印染纺织行业发达，也导致大量污水被排入河中。练江流域综合整治后，开始加快纺织印染园建设，同时强烈要求当地企业在 2019 年 1 月 1 日全部关停，搬迁入园后重新开业。在这段空档期，企业必定受到冲击。如何安置、协调这些企业，也是基层治理中的难题。

在这个过程中基层干部还得做好群众工作。环境治理与群众生活息息相关，“邻避效应”也在这里出现。比如潮南、潮阳的村子里，房屋间距很小，需要做雨污分流工程。而施工往往会影响出行，还要到每家每户施工，居民对此有很多意见。基层干部只能一家一户去走访做工作，还要带他们去看成效，这些都是治理难题。

我们每天看到的、采访到

河长住到练江边，这一年他们做了什么

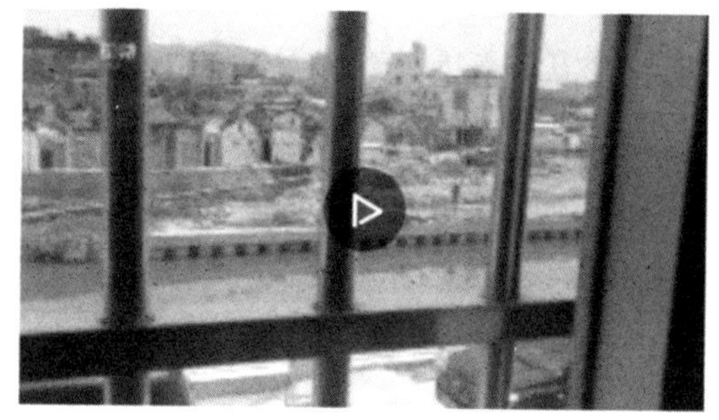

炎炎夏日，练江二级支流谷饶溪两岸，钩机吊臂起伏。曾经林立于两岸的违章建筑清拆一空。

“以前夏天不敢走在河边，臭气熏天。现在水不臭了，视野也开阔了。”村民朱先生感叹。

去年6月，中央环保督察组进驻广东“回头看”，在练江流域发现较多问题。位于汕头市潮阳区谷饶镇的谷饶溪，正是督察组当时重点检查的地方。

图 11－5　“南方＋”客户端，2019 年 8 月 19 日

的这些东西，其实都是一个个环境报道的具体选题。180 天的驻河结束后，我们将日记形式的记录整理成册。

在一个地方待久了肯定会产生一定的感情，2019 年 6 月，我们对练江流域进行回访，时隔一年再度回到练江，再去走走曾经走过的河流，会发现练江水质已经发生了很大的改变。河面已经基本不脏，漂浮物少了很多。

结合我们之前 180 多天驻河看到的、思考的这些问题，我们总结提炼了练江治理的经验，完成了“回头看”的环境报道。

直到 2020 年 6 月，我们要做一个小康的主题报道，我第三次回访练江，感受到了很大的变化。这时候，河面已经较为干净，没有异味。从水质检测数据看，练江水质也确实得到了很大的改善，消除了劣Ⅴ类，于是我们写了《水环境治理带动练江边乡村旧貌换新颜》这篇报道。

（三）尾声：为什么说练江治理在广东生态环境治理中非常重要？

练江的综合整治是窥视中央环保督察制度的一个绝佳样本——它并不是一个简单的关于流域治理的问题，而是一个关于良性的生态环境治理体系构建的问题。

在广东的治水工作中，省主要领导挂点治理茅洲河、练江。练江超常规、大规模的治理力度和决心非常罕见，也自上而下传导着生态环境治理的压力，基层的意识在逐步改变，也使得广东开启了在各个领域前所未有的大力度的环境治理。

练江治理也是看到很多基层共性的好样本，包括我们一直强调的基层治理机制。因为你会发现，练江治理遇到的问题在很多河流治理上都会遇到，而其中探索出的经验也有很多可供借鉴的。我认为从这个角度看，参与其中的记者就是时代的记录者，最基层的地方也是所有采访的素材来源。

（四）关于 2021 年的中央环保督察

但环境问题还有很多，长期积累的环境问题不可能一蹴而就地解决。

2021 年，中央环保督察组依旧公布了 4 个污染典型案例，分别是茂名污水处理厂建设、清远生活垃圾处理、云浮发展高能耗、中山黑臭水体。

三、大时代背景下的小切口报道

典型案例丨广东省中山市治水工作部署推进不力 内河涌污染问题突出

生态环境部 2021-10-26 07:51

2021年9月，中央第四生态环境保护督察组督察广东发现，中山市对水污染治理工作重视不够，推进缓慢，污水收集管网缺口较大，大量污水未收集处理直排入河，内河涌污染严重。

图 11－6　生态环境部微信公众号，2021 年 10 月 26 日

在这三年多的时间里，新冠肺炎疫情是所有媒体都绕不开的突发话题。

我在这里跟大家讲讲疫情直播。2020 年 2 月 7 日，当时疫情刚暴发，情况很严重，很多东西也都未知。那个时候，大家的注意力都在前方医院，但当时它们背后有个非常重要的问题，就是医疗废物能否全部安全处置。

那时候我去了东莞的一个隔离医院——黄江医院。我要亲自去看看医疗废物从头至尾是如何收运、处理的。

当时我是非常紧张的，因为疫情形势还非常严峻，而且网上流传的各种视频在人们心中留下了很负面的印象。我确实害怕自己会被感染，但我是记者，工作就是要去到一线，所以当时就只能是做到最好的防护措施。当时我们也是第一次穿医用隔离服，但事后想想，也不是特别规范，不过现场专家说了没问题。

我们去了医院的医疗废物储存点，就看到专门的医疗废物运输车已经在一桶一桶地收集医疗废物，这些医疗废物就是隔离病房病人产生的废弃物，都是全程密闭保存的。因为我们没有全密闭的防护服，就站在一旁，进行远距离拍摄，我采访了医院的负责人，他给大家介绍了一些医疗废物贮存的知识，比如医疗废物在暂存间放置不得超过 24 小时等。

图 11－7 东莞黄江医院医疗废物处置过程采访现场，张子俊供图

随后，我们就开车跟着运输车，去了东莞医疗废物处置中心。一路上，我就和处理中心的人交谈，采访了包括疫情发生后的处理压力、人员配备等情况。

到达医疗废物处置中心后，我最大的感受就是空气中都弥漫着浓浓的消毒水味道。医疗废物进去的时候先要过磅秤，进场的时候称一次，出医院的时候称一次，检查运输途中是否出现泄露等情况。到了处理场地后，一开车厢门，工作人员就消毒，收集桶搬下车之后，又对空车厢消毒，全程都有消毒，然后再由机械开桶将医疗废物导入焚烧炉里处理。

最后我们采访得到的信息是，东莞这个医疗废物处置中心能够满足日处理需求，而广东省的运行负荷，在 2020 年 2 月 5 日是 60.4%。从 1 月 20 日到 2 月 5 日，全省的医疗废物全部得到安全处置。

总而言之，记者遇到突发事件后，和自己的报道领域结合，去到第一现场，拿到一手信息，再通过最快、最简便的方式传递出去，这是新媒体时代下的生态环境报道。

但其实去过各种各样的现场后，我的一个真实感受是：一切要以身体健康为重。我希望大家如果以后从事相关的工作，在可能有危险的场合一定要慎重，我不鼓励大家盲目、拼命往前冲。

四、三年污染防治攻坚战

不论是中央环保督察引出的练江治理，还是疫情医疗废物相关报道，都是在一个更大的事件背景下发生的，就是2018年至2020年的污染防治攻坚战。

（一）什么是污染防治攻坚战？

2018年，我国提出坚决打赢蓝天保卫战，着力打好碧水保卫战，扎实推进净土保卫战，并确定了到2020年三大保卫战具体指标。

蓝天保卫战是指以京津冀及周边、长三角、汾渭平原等重点区域为主战场，调整优化产业结构、能源结构、运输结构、用地结构，强化区域联防联控和重污染天气应对，进一步明显降低PM2.5浓度，明显减少重污染天数的保卫战。

碧水保卫战是指扎实推进河长制湖长制，坚持污染减排和生态扩容两手发力，加快工业、农业、生活污染源和水生态系统整治，保障饮用水安全，消除城市黑臭水体，减少污染严重水体和不达标水体的保卫战。

净土保卫战是指全面实施土壤污染防治行动计划，突出重点区域、行业和污染物，有效管控农用地和城市建设用地土壤环境风险保卫战。

三大保卫战是各省的硬任务，因此以广东为例，2018年至2020年生态环境保护就主要围绕这三方面展开。

（二）广东的污染防治攻坚战——以治水为例

2018年，广东面临9个劣Ⅴ类国考断面，练江的海门桥闸断面也是其中之一，广东的目标是到2020年9个劣Ⅴ类国考断面全部消除。

生态环境部于2016年3月16日公布了《“十三五”国家地表水环境质量监测网设置方案》，该方案共设置国控断面（点位）2 767个，其中趋势科研断面共717个不进行考核，其余2 050个断面为国家地表水考核断面（简称“国考断面”）。

简单来说，就是国家会在每条河流设置一个监测点位，一般是在河流下游干流的入海口。因为污染都是各条支流汇聚到下游干流，那么理论上说，只要干流入海口这个点位的水质（我国的水质分类为：Ⅰ、Ⅱ、Ⅲ、Ⅳ、Ⅴ和劣Ⅴ类）达标了，那么上游的问题就不会太大。所以在河流干流要检测的就是氨氮、COD、磷等。

（三）劣Ⅴ类国考断面调研

案例1：《深调研｜污水处理厂“喝不饱”，揭阳榕江北河何日濯清?》

广东的9个劣Ⅴ类国考断面怎么治理？围绕这个话题，2019年我们策划了一组报道。第一组报道就是去揭阳的榕江北河，因为在污染防治攻坚战打响的第一年，揭阳的治水进度还是非常慢，我们希望通过调查报道找到问题究竟出在哪里。

榕江北河龙石断面呈劣Ⅴ类的主要影响因子是氨氮值，而氨氮超标最大的“贡献”来自生活污水。榕江北河在揭阳市境内流经产业园、揭东、榕城、空港4县（区）21个乡镇，有常住人口约148.6万人，而且绝大部分生活污水未经处理就直接排入榕江北河。

图11－8　榕江北河，张子俊供图

当地明明知道最大的问题是污水收集，为什么不建污水厂和污水管呢？问题有很多，其中一个是资金问题。所以在后续2年的治水中，各地都在想办法解决这些难题。

比如玉城河是榕江北河34条污染严重的河涌之一，我在玉城河玉城村段看到的场景是河道刚清完淤，黑色淤泥裸露，河水呈现灰褐色。

当时榕城区东阳街道负责人说："解决污染问题关键要铺设'雨污分流'管道，但现在主要的困难是资金不足。"采访现场，这位负责人算了一笔账："根据核算，雨污分流设施平均到每个人需1 200元。市、区里补助600元，剩下600元自筹。以玉城村为例，村里约2 000人，缺口就达120万元，而村里和街道都没有财政资金，所以项目迟迟没有得到推进。"除了玉城村，玉城河流域还有多个类似的村庄，加起来有上万人。

污水处理厂和配套管网在建设施工、管理上也存在问题。污水处理系统是在选址建成污水厂后，一根根配套管网，接到生活区，把污水收集起来，最终进入污水厂的。

但揭东区锡场镇位于玉城河上游，这里的河道更是铺满黑色淤泥。而河边的污水处理厂锡西厂区，号称全国先进的无人值守污水处理厂，2018年6月就建设完成，却迟迟无法正式投入使用，其中的原因是仍有2千米的配套污水管网一直没有完全建成。

施工方北控水务项目负责人介绍，这两千米管网多要经过村、镇建筑较为集中的地方，道路狭小，大型机械无法进入，只能人工开挖。而且由于经过的地方多为旧城，地下管线如自来水管等管线较复杂，施工方缺少这些管线的详细规划图纸，"经常边挖边改方向，一旦挖出问题，如挖断某根线，必须处理完才能继续挖，增加了施工难度。现在政府一边协调周边群众，我们一边施工，进度稍微慢一些，但预计2021年6月底可以建成接通。"

从深圳发源的观澜河自南向北入东莞后，形成石马河，石马河再穿过东莞最后汇入东江，哺育着沿河7个镇的150多万人口。

在20世纪60年代，石马河还是供水走廊，东江水通过石马河稳定供应香港。但到2003年，随着东莞经济腾飞、人口激增，污水处理设施不足，水质受到破坏，沿河建起封闭管道疏水，石马河失去供水功能。

此后，石马河日益成为污水河，水质恶化，多条支流黑臭。2012 年 11 月，省人大作出加强石马河流域污染整治的决议，直到 2016 年东莞全面打响水污染治理攻坚战。

图 11－9　张于俊供图

但此时，摆在人们面前的是一条已被污染数十年的污水河，千头万绪，治水该从何做起？也就是通过建立制度流域共治机制解决“九龙治水”，进行雨污分流。

2020 年 4 月底，我们第一次走访石马河时了解到，由于管网缺口较大，石马河水质好差反复。而今补齐的管网正让源头治污成为可能。

污水处理厂大致的运作原理要求进场的污水达到一定浓度，不然影响效率。所以地方必须做好污水收集，并且污水管里不能掺杂干净的水，而对于家庭生活污水来说，最大的干净水来源就是雨水。

我国以前由于在城市基础设施建设方面比较落后，没有根据水的来源对排水管道进行分设，采用的是雨水和污水合用一条排水管道的形式，即合流制的排水系统。

但随着经济的发展和人们环境意识的增强，再加上水资源越来越珍贵，为了能够更好地利用各种水资源，我国开始实施雨水和污水各用一条排水管道的排水方式，叫作雨污分流。

所以要治水，在居民聚集区就要做这样的雨污分流，说白了，就是要再建一根管道。

“这是污水管，这是雨水管，将雨水、污水严格分开处理。”当时，在清溪水污染治理现场指挥部办公室负责人的指引下，我们在现场看到前方有一片居民楼，每栋外墙都有两根管子，其中一根显得较新，撬开污水井盖，里面流动着生活污水。

现场负责人介绍，此前只有一根下水管，雨水、污水混合排入市政管道。现在原本的管保留，只排楼顶雨水，同时新建一根管专排生活污水，再与新建的污水处理系统对接，最后进入污水处理厂，“实行雨污分流后，有效防止污水直排入河，同时提升进入污水厂的污水浓度。”

案例2：《撬井盖、爬河堤、放飞机，记者亲历疫情下的广东治污主战场》

经过2018、2019年的治理，到2020年，广东之前的9个劣Ⅴ类国考断面还剩下5个，其中茅洲河东莞段、石马河、东莞运河还未消除，因此东莞治水压力尤其大，2020年也成了广东省的治理重点。

大家都知道，东莞是制造业大市，大大小小的企业非常多，此前工业污染很严重。因此在东莞的治理中，工业污染的治理尤其关键。但是恰逢新冠肺炎疫情期间，东莞又要复工复产，各方面压力很大，所以我们就去了东莞，跟随当地的环保部门去做治理，进行采访。

我们先采访了污水厂，进场污水是很重要的一个指标，因为如果污水管里污水的总磷、氨氮、COD等指标忽然升高的话，那就肯定有偷排现象，就要去溯源，找偷排企业。所以方法就是直接用撬棍把井盖撬开，用吊桶打水上来，用试剂检测。所以在那个时候，如果你看到经常有人撬井盖，注意他们并不是在偷井盖，而是在突击检查企业，看看企业有没有专门的污水、废气处理设施，排放数据能不能及时上传到生态环境部门。

（四）后续进展

后续，我们围绕茅洲河、深圳河、广佛跨界河、东莞石马河、惠州沙河等河流进行了采访，形成了一系列报道。

因为是刚开始治理，我们主要是找问题，到后面我们会发现各地水质真的出现了很大的改善，很多劣Ⅴ类成功消劣，于是我们开始报道治理过程和成效。

在采访中我们发现了各种治理方法，针对城市的、农村的、工厂的，还有生态修复之类，这些都是生态环境治理的实践。

我有一点感触很深的是，生态环境理念在传递，这件事情真的被重视起来了。比如在惠州沙河采访时，华南环境科学研究所水环境中心主任曾凡棠就说，2018 年治水开始以来，当地的领导越来越重视治水，甚至后来经常主动找他聊相关问题，各个场合都会提到相关问题。这说明人们在思想上发生了一些变化。

五、科普类的相关报道

讲到生态环境报道，除了刚才说的这些一线调研、采访，还有就是科普类报道。因为生态环境是个相对专业的领域，有很多专业的内容，记者就要用相对软性的方式，让普通人也能理解。

广州入秋后，蓝天白云的晴朗天气几乎天天都有，大家也会有感觉，广东各地的空气在逐步改善，雾蒙蒙天气出现的频率在降低。但其实在这个时候，依然存在空气污染。这里要说的就是臭氧。

其实提到关于空气的生态环境，大家都有记忆、有印象的应该就是关于北方灰霾、PM2.5 的报道，因为那是肉眼可见的。而广东由于所处地理位置有优势，因此治理开始较早，其 PM2.5 问题得到了非常大的改善。

表 11－1　大气监测数值表（2010—2020 年）

	二氧化硫（SO_2）微克/立方米	二氧化氮（NO_2）微克/立方米	可吸入颗粒物（PM10）微克/立方米	细颗粒物（PM2.5）微克/立方米	臭氧（O_3）微克/立方米	一氧化碳（CO）毫克/立方米
2010 年	22	27	54	—	—	—
2011 年	20	27	54	—	—	—
2012 年	17	27	50	—	—	—

（续上表）

	二氧化硫（SO_2）微克/立方米	二氧化氮（NO_2）微克/立方米	可吸入颗粒物（PM10）微克/立方米	细颗粒物（PM2.5）微克/立方米	臭氧（O_3）微克/立方米	一氧化碳（CO）毫克/立方米
2013 年	19	30	60	—	—	—
2014 年	18	30	60	41	148	1.7
2015 年	13	27	51	34	138	1.4
2016 年	12	27	48	32	138	1.3
2017 年	11	29	51	33	153	1.2
2018 年	10	28	49	31	154	1.1
2019 年	9	26	46	27	158	1.2
2020 年	8	21	38	22	138	1

以上是我整理的一组数据（见表 11－1），在这里我给大家讲讲我国大气监测的历史。

我国的环境空气质量监测始于 20 世纪 70 年代，当时监测设备由城市自行配备，主要采用手工采样实验室分析方法。80 年代中后期我国以城市监测站为主进行了大规模基础建设，监测项目主要是 SO_2（二氧化硫）、NOX（氮氧化物）和 TSP（总悬浮颗粒物）。2000 年起，监测项目逐步由 SO_2、NOX 和 TSP 改为 SO_2、NO_2（二氧化氮）和 PM10（可吸入颗粒物）。

2012 年 2 月，国家发布新的空气质量标准，监测项目增加为 SO_2、NO_2、PM10、PM2.5（细颗粒物）、O_3（臭氧）和 CO（一氧化碳）六项。

广东完整的大气监测数据是从 2014 年开始的。在国家发布新的空气质量标准后，当年，广东正式开始监测 SO_2、NO_2、PM10、PM2.5、O_3、NO。

2020 年，广东空气质量创最好水平，6 项检测指标全部达到 10 年最好水平。其中，PM2.5 更是从 2015 年的 41 微克/立方米下降到 2020 年的 22 微克/立方米，达到世界卫生组织二阶段标准（25 微克/立方米）。

大家可以从数据上发现，臭氧的指标一直较高，而且 2020 年臭氧占广东省污染物的比例已经超过了 60%。所以，什么是臭氧？为什么臭氧这么难治理？针对这些话题，我们做了相关报道。

× 谈天说气|你知道吗？臭氧才是广东最... ···

谈天说气|你知道吗？臭氧才是广东最无形致命的"空气杀手"

记者 李赫 张子俊　2021-02-05 07:00

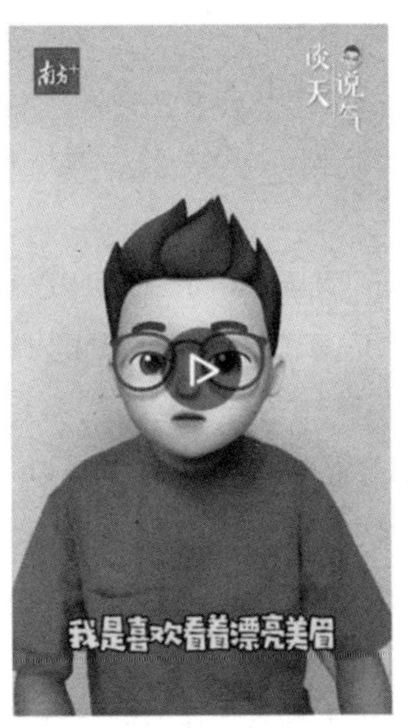

Hello，大家好，我是喜欢看着漂亮美眉深呼吸的天气君。

图 11－10　"南方＋"客户端，2021 年 2 月 5 日

大气治理需要从源头入手，也就是找到臭氧形成的原因。但因为 VOCs（挥发性有机物）具有无组织排放性，各种人类活动都可能形成排放，因此治理起来特别难。目前，广东也探索出一些治理方法，比如在佛山设置了家具的统一喷涂车间，以前是每个家具厂都各自进行喷涂，通过这种统一管理的方式，规范喷涂，减少 VOCs 排放。在具体的实践中，还有很多方法减少 VOCs 排放量。因为臭氧问题是接下来空气治理的主要问题，我们也会继续进行更多题材的报道。

六、为什么要做这一系列的事？

到这里，我大致把广东省从2018年至今生态环境领域比较重要的事件梳理了一遍。我下面想讲讲发生上述这些事情的原因。

1. 大背景：生态文明建设是一次有规划的自上而下的行动

党的十八大以来，党中央高度重视生态文明建设和生态环境保护工作，将生态文明建设作为统筹推进“五位一体”总体布局和协调推进“四个全面”战略布局的重要内容。

习近平总书记无论是外出调研，还是参加中共中央政治局的集体学习，都反复强调生态文明建设的重要性，并回答了为什么建设生态文明、建设什么样的生态文明、怎样建设生态文明等重大理论和实践问题。

这些话大家听着可能会觉得比较枯燥，人可以不从政，但不能不懂政治。因为政策层面、政治层面的东西，一定是会在国家层面自上而下对社会产生深刻影响的。所以，我认为这是一个非常强的政治信号：生态文明被提升到了前所未有的高度。

这一点我在采访的过程中有非常强烈的感触。有一次我到地方要采访，当地人说以前地方招商根本不会带环保局的人，现在招商项目必须首先通过环保部门的评估，看它触不触及生态红线，会不会破坏环境。

而且很关键的一点是，我在基层和很多村支书、村民聊了之后发现，大部分人都知道要重视环保，人们的观念相比之前有了明显变化。这是最难得的，因为思想认识的改变才是最根本的改变。

在这一背景下，生态文明建设和生态环境保护从实践到认识发生了历史性、转折性、全局性变化。

这种思想认识的改变也带来了自上而下行动的改变。

首先，人与自然和谐共生理念成为国家发展的重要指引，国家相继出台实施了大气、水、土壤“三个十条”和《生态文明体制改革总体方案》等，建立了中央环保督察等一系列重大制度，对生态环境保护一系列法律进行了重大修改，基本形成了较为完整的生态环境保护法律体系。上述所有生态环境事件其实都是在这一理念下实践中的内容。

其次，落实执行，生态文明思想在产生实际作用。以广东的污染防治攻坚战为例，广东省主要领导担任省污染防治攻坚战第一总指挥，挂点督战污染最重的两条河——茅洲河、练江，连续三年召开高规格治污攻坚推进会，然后从省到地市区、村镇每一级的主要领导全都直接负责统筹当地的生态环境治理。

大家想想，经过多年快速的经济发展和城镇化，各地都积累了很多环境问题，可以说面临一摊子非常难解决的事，如果没有这种自上而下的重视和压力传导，这些环境问题根本没人有动力去解决，记者写再多的监督报道也只是“打水漂”。

因此，从“十三五”开始，特别是2018年开始，广东省的生态环境开始进行实质性的大规模、大范围有效治理。

2. 我国生态环境治理的逻辑

讲到这里，我们再深入探讨一个问题：我国为什么要在这个时期将生态环境提升到这样的高度？在我看来，至少有三方面原因。

第一，是在目前的发展阶段，人们对良好生态环境开始有了切实的需求。我认为，生态环境意识与经济发展水平是相关的，仓廪实而知荣辱，这句话用在生态环境意识上也合适，当你饿着肚子的时候，谈环保就是白谈。当大家已经解决了基本的物质需求，并且有富余的时候，一定会关注自己的居住环境。就拿这次中央环保督察为例，督察组每天都会统计举报案件数量，广州等珠三角发达地市是最多的。

说得官方一点，就是党的十九大报告明确指出：中国特色社会主义进入新时代，我国社会主要矛盾已经转化为人民日益增长的美好生活需要和不平衡不充分的发展之间的矛盾。良好的生态环境是最普惠的民生福祉，这就决定了生态环境一定是美好生活需要的重要组成部分，因此生态环境会被提升到这样的高度。

第二，生态环境治理，是经济发展到现阶段进行转型升级的合法性和动力。刚才我们说到的水污染、大气污染，还有没有细说的土壤污染等，有一个很大的源头是工业排放，因此调整产业结构是治理环境的根本手段之一。

就以东莞、佛山等珠三角制造业大市为例，在21世纪初，依靠大量的工厂、代工等低端产业，珠三角实现了经济发展和城市化，但也造成了大量污染，并且长期粗放式的发展也让经济发展到达了一个瓶颈，需要突破。如果关停这些工厂，地方肯定不愿意，这是它们的经济基础、发展的根源。

此时，生态环境治理就为调整和突破提供了合法性。因为这些工厂大部分不合规、污染大，因此地方以治理为契机，一方面可以让一些龙头企业更规范，另一方面关停很多“散乱污”企业，环境治理后腾出的土地空间可以吸引更多高新技术企业，由此实现产业的“腾笼换鸟”。

这样的发展案例，我在采访中看到了很多。比如东莞的华阳湖麻涌镇过去以农业生产为主，香蕉、甘蔗和水稻等作物的品质远近闻名。20 世纪 90 年代，伴随“三来一补”企业的出现发展，麻涌也迅速走向工业化，但因产业无序发展，逐渐成为化工、造纸、电镀、漂染等传统工业遍布的污染重灾区，导致镇内河涌淤塞、发臭发黑。

图 11 - 11　**治理前的东莞华阳湖，张子俊供图**

图 11－12　治理前的东莞华阳湖周边，张子俊供图

东莞市及麻涌镇政府坚持以“治污促转型”的工作思路，以生态环境“再造”推动产业结构绿色升级，陆续关停了 150 多家企业，累计清拆畜牧养殖场、窝棚和违法搭建物 220 多个。同时，2016 年底第一轮中央环保督察后，麻涌镇进一步加快生活污水管网建设步伐。2013 年至 2019 年，华阳湖水质从劣Ⅴ类恢复到Ⅲ类，空气优良率从 52.3% 提升至 85.3%，在此基础上改造出华阳湖湿地公园。在环境治理的基础上，麻涌镇全面铺开华阳湖周边5 000多亩的“三旧”改造，引进京东、阿里巴巴、云南城投、珠三角汽车博览中心等 20 多个总投资 543 亿元的重大项目，打造全国电商专业镇、广东旅游特色小镇、珠三角汽车之都。

这样以环境治理促经济高质量发展的案例，我在采访中见过很多。经过多年治理，广东全省的一、二、三产业结构比重已经由 2015 年的 4.6∶44.6∶50.8 优化调整为 2020 年的 4.4∶39.1∶56.5。

第三，是取得国际话语权、对外宣传中国形象的需求。环境问题从来都不是单纯的问题，它具有很强的政治属性和意识形态属性。

我记得之前有个热搜，就是普京评论瑞典的环保女孩，他说：“没有人向她解释，现代世界是复杂且不同的，生活在非洲和很多亚洲国家的民众想要生活在与瑞典同等财富水平之中，那应该怎么做呢?”“去向发展中国家解释一下，他们为什么应该继续生活在贫困中，而无法像瑞典一样。”

因此，我们再把格局打开一点，国家大范围进行生态环境治理，也是要塑造国际形象，并在生态环境治理等方面的国家交流、合作中取得话语权。

西方国家一直很重视环境问题，而且在国家间的谈判中，环境问题往往很容易成为一种筹码。因此，在我国经济发展已经取得一定成就的基础上，做好生态环境保护，就是在提升软实力。站在同一个起跑线上，才能有话语权，做好生态环境保护，我认为也是能让国与国平等对话的一种方式。

七、谈谈生态环境报道的逻辑

因此，结合上面对目前生态环境的背景的一些分析，我再做个总结，也可以说是在总结生态环境报道的逻辑。

首先，生态环境的改善是一个过程。当时在学校里，我印象很深的环境报道、研究，都是诸如21世纪初的广州番禺“邻避运动”、尘肺病报道、雾霾报道等，那个时代的环境背景和舆论氛围产生了特定环境报道。但当我毕业工作后，却发现一切又非常不一样了。我在学校学到的、看到的是一个时代的东西，当工作后真正接触社会，会发现现在已经是另一个时代，我觉得这是一种变化。

改革开放至今，中国高速发展了几十年，早期国家亟须实现城镇化、发展经济，由此积累了大量与民生挂钩的环境问题，也是在那个时代，产生了大量环境调查性报道。但刚才说了，从党的十八大开始，生态环境保护、生态文明建设已经被提升到前所未有的高度，系统性的、极端性的环境问题在近几年被集中治理，这个背景的改变也会让环境报道变得相对“温和”。

再以污染防治攻坚战为例，2021年11月7日，国家印发《中共中央国务院关于深入打好污染防治攻坚战的意见》。从“十三五”坚决打好污染防治攻坚战，到“十四五”深入打好污染防治攻坚战，从“坚决”到“深入”，体现的就是发展。“十三五”时期，要解决一大批严重影响群众生活、极端性的环境污染问题，而到“十四五”时期，要求更加精细化的治理。对于污水处理问题，“十三五”时期是要建设大量污水处理厂，覆盖生活区，完整收集污水，而在“十四五”时期，就要考虑污水厂提质增效，改善工艺，让污水收集更完善。

所以我的报道逻辑，更多的是记录这个改善的过程。其间一定会出现很多问题，系统性的问题我们要报道，但更多的是以正面的方式报道。

其次，我们要将视野放得更广，现在不仅是环境治理，更多的是生态系统完善。我今天讲的主要是环境治理的内容，但在生态完善、海洋治理等方面，生态文明还有很多内容。

最后，被放置在社会治理中的生态环境报道，可以成为一个观察研究的样本。在基层我们会看到很有意思的东西，他们要做太多事情，以往我们会习惯性地将政府和群众放在强弱双方的对立面，其实我们对此要多一些理解和共情。

八、一个新的变革时代已经来临

相信大家自2021年以来都频繁听到“碳达峰”“碳中和”（简称“双碳”），这个就是我要说的新的变革时代。

碳达峰，是指人类活动导致的二氧化碳排放量达到历史最高值，然后经历平台期进入持续下降的过程，是二氧化碳排放量由增转降的历史拐点，标志着碳排放与经济发展实现脱钩。

碳中和，则指人为活动直接和间接排放的二氧化碳，与陆地和海洋生态系统吸收的二氧化碳相互抵消，实现大气中二氧化碳“净零增长”。

2020年9月22日，在第75届联合国大会一般性辩论上，我国作出承诺，中国的二氧化碳排放力争于2030年前达到峰值，努力争取2060年前实现碳中和。

大家都知道，各行各业、个人都会产生二氧化碳，由此“双碳”的影响面非常广，并且现在“双碳”目标也已经被提升到前所未有的高度，国家也提出“减污降碳协同增效”的治理思路。

就拿最重要的能源来说，化石能源燃烧，除排放污染物之外，也是二氧化碳等温室气体的最大排放源。因此，我国必须对能源结构进行调整，增加光伏、风电、氢能等清洁能源的使用，而在现代社会，能源又与产业息息相关，能源结构的调整必定要带动产业转型，包括新能源车、新型电网等；同时也有很多前沿的减碳技术、机制，比如碳市场、碳捕集 CCUS、储能、高校机房等，生态环境报道出现了一系列新的问题和选题。

目前，我们策划了“绿动广东”系列报道，这是一个长期的报道过程。当下，各类相关“双碳”政策正在出台，各行各业如何减碳增效也在探索，因此有着广泛的报道空间。

下编　专业转换与体裁开拓

…… ……

第十二讲　内外有别：行业报道的专业转换①

曹　轲②

行业新闻是专业新闻的一种。也可以说，专业新闻就是对相关行业的专业性报道。

一篇报道怎样才算优秀的行业新闻、行业报道？一是要专业，不讲外行话，不要让报道变成行业内人眼中的笑话；二是要讲新闻规律，全篇都是专业术语的是行业论文不是新闻报道，普通人根本看不懂。

“专业性”对报道者本人来说有三重含义，一是理解行业，二是消化术语，三是搞清现状。在这三点基础上，用普通人能够理解的话，用符合新闻规律的方式写出来的报道，才是合格的行业报道。

理解行业是背景，消化术语是前提。我这节课主要讲第三点，搞清现状。所谓现状，是指行业内部的话术，是企业内部宣传与特定时期社会公序良俗之间的关系。当企业的内宣变成外宣的时候，需要“转化”。这个转化包括两个层面：一是充分考虑报道内容放到大的社会环境中会不会违和，会不会引发舆情；二是用新闻的规律来写普通人看得懂、乐意看的报道。

一、行业报道基于新闻规律

“专业性”不代表要把事情往复杂了说。《人民日报》2021 年就在文章中表扬过科普型网红，认为这些博士、学者能够把复杂的理论和知识用“人话”讲得使普通人都能理解是非常可贵的。

---

① 授课时间：2021 年 10 月 25 日。课堂实录整理：张以禾，余安迪，暨南大学新闻与传播学院 2021 级硕士研究生。

② 曹轲：新闻学博士、高级记者，全国先进工作者、政府特殊津贴专家、全国新闻出版行业领军人才；曾任南方报业传媒集团新闻研究所所长、《南方都市报》总编辑、南方网总编辑、集团副总编辑，现为暨南大学新闻与传播学院教授、博士生导师、文本实验室主任。

举个例子，电力行业就是专业性较强的行业。南方电网是个庞大的系统，有负责修建电网的部门，有运行和维护的部门，有直接给我们供电的电力局。在庞大的电网中，有火力发电、有水力发电。2021 年八九月开始，很多媒体一直在报道广州甚至全国的停电、限电措施。之前我们经常讲“节约用电”“安全用电”“计划用电”，大家对此多少都有点概念和印象。现在我们慢慢也知道要“有序用电”“科学用电”，其实就是缺电、限电。这就是理解行业。

作为一名记者，在这个特殊时期，看到电力系统或者从相关部门获得的报告上写着“有序用电”，这时候要知道，这可能不是“节约用电”的意思，而是有计划地“限电”的另外一种说法。

再比如，珠三角地区一些工厂最艰难的时候，工厂会实行“开三停四”甚至“开一停六”，也就是一周开工时间只有三天甚至一天。因为我们的政策是要保民生，很多公共服务设施是不能停电的，所以非民生保障类企业就会首当其冲。

佛山有的企业是做玻璃制品的，锅炉、车床、车间是不能停电的，一旦停电，整条产线就都停工了，但他们最难的时候就是“开一停六”，那种情况下甚至是晚上 11 点才正式供电。所以很多珠三角地区的企业又把十几年前备用的柴油发电机组搬了出来，保证生产用电。实际上学校、机关政府、报社电视台甚至互联网企业都会备一套发电机，万一电力系统故障或者临时停电了，可以应急发电，保存重要数据和资料。我们现在面临的情况是缺电，有些媒体报道缺电是因为受天气影响，水力发电不足，但这时候你要明白，真实原因是全球能源紧缺，我们也缺煤，因此火力发电也不足。媒体报道可能只告诉了你一部分事实，但不是全部的事实。你只有弄清行业的全貌，才叫搞清了现状。

以上这些内容，是专业性报道的背景和前提，是需要记者在写报道之前就理解和掌握的，而不需要记者把电力公司或者相关部门提供的报告原封不动地往新闻报道中搬用。

消化术语是记者的专业能力。以电力为例，南方电网这两年最大的成就是建成了有十九项世界第一的“昆柳龙直流工程”，这是一条特高压线路，是柔性直流输电工程，上述这些术语分别是什么意思？如果同学们去做这方面的报道，对这些术语是需要提前了解和消化的。再比方说，电网的运维部门是指运行和维护人员组成的部门，所以“运”和“维”并不是不能被拆分的，它们分别代表不同的工种和不同的团队。报道中，究竟是“运”或“维”还是“运维”，应该明确，不能含混过关。

有些时候记者将这些大众不熟悉的术语照搬似乎也没有问题。但是另一些时候就没有这样幸运了。而这正是这堂课我要讲述的重点：企业的内部宣传、内部报告、行业内部的说法有可能并不符合新闻规律，照搬不仅“不专业”，还会给企业和报道本身制造舆情。

仍然以电网为例，在关键岗位的关键时期，他们执行 7×24 小时的工作制，一年超过 300 天在岗。很多一线工人的工作强度超过了互联网行业的“996”。这在电网内部可能是艰苦又光荣的事，但是如果记者挑选这样的细节作为正面报道的事例，读者第一感觉可能是：这不符合劳动法吧？对于这些行业内部、企业内部的情况，大众并不十分了解，容易以偏概全，就有可能从正面褒扬变成了“高级黑”，这就是我说的专业性中的第三点，记者要搞清楚现状，消化专业事实，再根据新闻规律进行报道。

图 12－1　《南方都市报》客户端，2021 年 9 月 27 日

行业的话题，怎么变成新闻里面的专业报道？这些专业术语怎么翻译、转换，成为我们听得懂且愿意听的话语？这需要新闻专业的人来把握，而不是说记者有电力专业知识和经验，就能写好电力行业的新闻报道。如果懂某一个行业，就能写好这个行业的新闻，我们就不需要高校里的新闻专业了，直接从每个不同学院、不同专业找人来写新闻稿、办媒体就好了。但这是不可行的，行内的人可能更懂这个行业，知道专业的术语和知识，但是不一定能写好专业新闻报道。

就像很多人会在朋友圈分享吃喝玩乐的内容，但写像美食评论家闫涛那样专业的美食报道是很难的。像美食、音乐、绘画这类报道，里面讲吃饭、喝茶、品酒、艺术品欣赏方面的内容，都是无法直接描述的，只能用比喻来描写和传达。比如说一首歌很好听，我们描述它时只能用一些比喻跟转换的办法。回到南方电网对外宣传的话题，记者其实也碰到了同样的问题：怎么把这些专业术语、行话，用听得懂的语言、用新闻的规律写出来。

二、行业视角的三类舆情

企业或行业的专业术语和专业内容转换不当，容易造成一些社会舆情，概括起来有三种情况，我称之为三类“对不起”。

第一类是“对不起社会”。

2020 年京东金融的一则广告把京东推上舆论的风口浪尖。它的内容大致是这样：一名男子和母亲乘坐飞机。母亲身体不适想呕吐。男子向空乘求助，希望能开窗或者换座位。空乘说，那你升舱吧，费用 1 290 元。男子打开自己的微信零钱，里面只有 53. 12 元，他正准备打消此念头时，一个西装革履的男子接话说，“升，升舱的钱我来出。”这人拿过男子的手机，在京东金条的备用金上借了 15 万元，最后还强调这利息还没有一瓶水贵。随着事件的不断发酵，京东金融发布了致歉信，承认短视频存在严重的价值观问题，接受批评，承担责任，诚挚道歉。

再举个例子，元气森林是近两年上升势头很快的一款碳酸饮料，它号称自己 0 糖，后来被人们发现它是含糖的，于是企业辩解说，0 糖是“0 蔗糖”的意思。但商家还是召回相关饮料，并给一定期限内通过相关渠道购买该产品的客户拟定了相应赔偿方案。

产品不过关，企业文化有瑕疵，广告有不尽不实的成分、有不良诱导的成分，都会伤害社会部分群体的感情。这都不是企业做这些事的初衷，但是因为诉求转换不当，或者转换中的表述不当，就导致了问题出现。

第二种是“对不起群众”。

《人民日报》舆情数据中心针对2020年舆情的分析指出，有一些词汇，即使没有看到全部的标题，仅从单一词汇第一视觉效果，就会让人产生不好的联想，比如：网红、外卖人员、打工人、躺平……

根据上述舆情报告，人们看到这些关键字的时候，容易“不由自主地”产生负面联想。比方说，网红、外卖人员、打工人覆盖的人群非常广泛，当这一部分群体看到这些关键词的时候，会下意识代入自己的经历，产生不好的联想，进而对相关企业产生了更高的责任要求；一旦看到与自己利益不符的其他企业或企业员工行为，甚至会“借题发挥”，成为比当事人更激进的反对者。

比如新闻报道说，有人在网红直播间买到了名不副实的商品。跟平台了解一下情况我们就会发现，在网上留言谴责咒骂相关企业、商品和主播的人数，可能是真正购买了商品的人数的几十倍乃至上百倍。

再举个正面报道的例子。很多企业在表扬女性员工的时候喜欢在内宣或者公关稿上写“巾帼英雄”，在内容中会强调这名员工克服了多少作为女性、作为母亲才有的困难而取得成功，甚至会详尽地写出她作为女性的不容易。这方面要学习《人民日报》，2021年7月前后的建党百年人物报道中有相当一部分女性的代表，乡村教师张桂梅、守护敦煌的樊锦诗、非典白衣战士叶欣，《人民日报》报道的标题和宣传内容都不会刻意突出英雄人物的女性身份，而是更多地去强调当事人的党性、敬业精神和职业成就，不会让人觉得因为她是一位女性才被报道。这就是说，在面对一些特殊群体、特殊用词的时候，媒体报道要谨慎，否则就容易出现舆情事故。

对不起群众，还有一层意思是指企业的行为违反了社会长期或特定时期的公序良俗，比如每年九月十八日是国耻日，这一天会举办全国性的哀悼纪念活动，如果一家企业在这时候宣传新品，广告还搞得非常喜庆，则势必会受到人们的指责，甚至可能会抵制相关产品导致引发争议。对新闻行业报道者来说，如果他们只是单纯报道了这件新品，这个活动，没有考虑特殊的时间节点和社会环境，没有注意措辞和表述，可能就会引发舆情。

第三种是“对不起员工”。

有一个互联网企业的例子，多益网创始人徐波，因为经济效益不好，说他的员工自愿申请每月降薪10%，事实上，这是他的个人意愿。老板想通过这样的方式裁员减薪，发动大家一起自愿申请降薪。结果不仅自己的员工不买账，这话被放到互联网上后引发了更多异议。大家觉得这老板太苛刻了。又比方说，互联网经典的“996”工作制，社会上大多数人可能比企业员工反应更加激动。

如果企业和记者选择角度和表述不当，一味宣传在岗时间长，可能会被解读成压榨员工剩余价值；宣传内部学习考核，可能会被解读成“PUA”员工；宣传同舟共济的薪酬方案，可能会被解读成违反劳动法。

企业的产品质量、广告内容，到企业员工的行为、企业对待员工的行为，在社交平台上都有可能被放大成为舆情。

但是我们换一个角度想，除了产品质量、企业失德等硬伤之外，所谓的“对不起”是要打引号的，它指的是看到消息的人因为种种原因，产生了不好的想法，进而觉得企业做得不好。这是一种相对的感受，而不是一种绝对的标准。

所以不管是关乎国计民生的大企业、大行业，还是小众、小范围的企业、行业，行业报道始终存在内外有别的地方，存在记者报道和读者阅读间的理解差距，我相信大家对此都有感觉，所以我把行业报道的手法概括成一个常用词——“转换”。

三、行业舆情发生后的应急机制

企业碰到这种自己造成的问题或者舆情事件的时候，怎么处理和修复跟大众的关系，怎么通过大众媒体恢复正常的公共形象，同样算行业新闻，或者说是行业新闻的一体两面。

《人民日报》的舆情数据中心收集了一批2020年发生的企业危机事件。

下面这张表（如表12－1）分“时”“效”“度”三个维度衡量了修复机制中的关键因子。

表12－1　2020企业危机事件回应

事件	时	效	度	总分
京东金融就争议短视频致歉	4	5	5	4.7
海底捞就涨价致歉：菜品价恢复到停业前标准	5	5	3	4.4
万豪旗下五星酒店用浴巾擦马桶	4	4	4	4
允许员工自愿降低待遇引争议	4	4	3	3.7
春秋航空回应抑郁症患者被拒登机	5	2	4	3.5
全棉时代广告翻车	4	2	4	3.2
特斯拉拒绝向拼多多团购车主交付 Model 3	1	5	3	3.2
腾讯与老干妈合同纠纷案	3	2	3	2.6

“时”这个维度主要考察舆情回应时间和响应次数，一定程度上体现了涉事主体舆情应对的及时性和重视程度，是否形成阶段持续性动态回应，得分越高表明回应时间间隔越短；“效”这个维度是评估涉事主体近24小时内在网络舆论中的情感倾向，得分越高表明回应效果越好；“度”这个维度主要通过“响应层级”和“处置力度”来考察，得分越高表明回应力度与事件匹配度越高。

2020年的时候，腾讯闹了个很大的笑话，跟老干妈签了1 000多万元的广告赞助，最后却没收到款，就去起诉对方，结果老干妈说不是自己的员工签的合同，是一个团伙伪造公司印章，假冒老干妈进行的一起诈骗。贵州警方很强势，直接就把伪造公章的犯罪团伙抓了起来。于是腾讯变得非常被动，他们找了自己旗下公司签约的艺人连夜拍了个视频，自嘲是吃老干妈辣椒酱吃到掉毛的企鹅。但是腾讯的合作企业主已经看到了前者公司内部管理体系存在的巨大漏洞，内部部门之间的衔接也可能存在问题。这些影响业务的关键因素，并不会因为一个搞笑卖惨的视频就得到“修复”。

传统思维认为，积极迅速的回应容易获得舆论场的认可，但研究发现这种认知在多数案例中并不成立。这可能意味着，随着互联网时代的深入，网民对于企业回应的要求也在逐步提高，不少网民已经意识到迅速发布回应表明立场是公关策略，因而并不会简单“买账”。并且企业迅速回应的文本有时可能内容欠妥，反而容易助长舆论场的不满情绪。因此，企业需要注意回应速度和层级与舆情事件的适配性。例如，舆情事件中的“不作为”“慢作为”和事情曝光后的“迅速回应”反差容易引发网民情绪反弹；而企业响应层级虽然在大多数时候可以体现出企业对有关事件的重视程度和处置决心，但对于部分事件，企业“打工人”“店小二”等的回应却容易拉近距离，收获好感。

但随着网民素质的整体提高和对公关文案了解程度的提升，“套路”回应效果是逐渐下降的，企业真诚承认问题可能效果更佳。所以，企业、行业报道出现争议以后究竟该怎么办？总结一下，有五种惯用的方法：否认转移、回避责任、辩解、纠正行为、责任分离。这是参考了美国威廉·班尼特（William Benoit）修复政府和组织在危机中受损的公众形象的五种方法。

第一，否认转移。“否认”分成两种否认，一种是简单否认，也就是不承认事实；另一种是转移责任，就是发生危机之后把责任推给别人，但这样也不好，会给别人造成问题，对方会反击。比如我们以前碰到过的某知名品牌手机电池爆炸的问题，事情发生后，该品牌商家说这是电池生产商的问题，电池生产商会说“我也生产了苹果、华为的电池，都没问题，所以是他们的手机有问题”。所以这种简单的推卸责任有风险，因为这些企业之间还有产业链的合作关系。我们经常看到的一些新闻爆料背后，其实是一些企业之间的合作生产出现了矛盾。我们不要只看到这些爆料企业展现出来的公益心、责任心，很多其实还是跟他们之间的利益有关。

第二，回避责任，就是对没办法否认的事实采取回避责任的方式。大家承认事实，但不承担责任，通过回避责任来维护利益。在无法控制风险、无法回避事实的情况下，责任相关方就会选择逃避责任。

还有一种办法是辩解，将危机事件或者组织的不当行为都归于意外事故。比方说，现在大家在网上看到汽车爆炸、当街砍人的事件，下面的留言中就有带嘲讽意味的“这肯定又是精神不正常者所为”。事实上，无论是抑郁症还是其他精神疾病，都是有严格、专业的医学评判标准的疾病。所以反向思考，当一件“意外”发生的时候，涉事主体可能会做不当的辩解或归因，但是媒体应该思考如何追溯原因，找出问题的根源，而不是简单地把一切“意外”归于“意外”。

第三，减少敌意。危机发生后，企业会来找媒体和公关帮助行动，减少公众的敌意。减少敌意的方式有以下几种，一是“强化支持”，加强公众对组织的积极看法或者展现组织解决问题的决心，增强公众的正面信心；二是“最小化危机”，尽量减少社会损失，消除负面影响，特别是对危机事件中直接当事人的影响；三是“区别化”，将危机与损失重大的事件或者伤害更重的事件并列，加以区别，缓解公众情绪；四是“超脱”，不能改变事实，但是可以改变对事件的看法和视角，从而改变态度；最后一点是“补偿”，对危机受害者进行必要和及时的物质补偿。

尽管“减少敌意”这一点常常是企业的首选策略，但有时会适得其反。部分企业通过陈述组织贡献以加强舆论好感度的策略，在一些场景下反而带给观者“自我吹捧”的感觉，产生相反效果。比如如果已经发生了事故，企业就不要过度强调产品质量达到了什么标准，过往曾经出过多少成绩，目前还有很多商品没有出现问题，因为这样有回避重点的嫌疑。

第四，纠正行为。企业应采取适当措施，适时纠正不当行为，并尽快致歉，以期获得公众的谅解。大连日本风情街位于大连市金石滩国家旅游度假区，2021 年 8 月 21 日宣布开业。10 天后，它因为受到诸多网友质疑而宣布停业。大连在历史上曾被日本占领，日军曾在此犯下滔天罪行，这是一块有着历史伤痛的土地。网友质疑：大连日本风情街，到底是包容，还是遗忘了历史？该项目在舆论漩涡中挣扎了 10 天后，被全面关停了。

第五，责任分离，将组织自身与组织中涉及危机责任的个体区分开来，并指出个别成员与组织的价值观以及相应的行为规范是不相符合的，或是未经组织同意擅自采取的行动。这是我们最熟悉的一种情景：每次事情发生的时候，被开除的都是“临时工”。

四、企业和媒体都要避免“极化”现象

企业的宣传和出事后的“辩解”，不仅要符合自身的文化，更要符合公众的期待。比方说，很多欧美品牌选模特都会选有色人种，选脸上长着雀斑的、五官很有特色的人。因为西方的审美认为自信才是最美的。很多西

方人的生活照片并不修图。但是时下的中国，我们中相当多的人还是更喜欢那些五官精致、面相匀称、没有明显瑕疵的脸，这从最近一些平台和企业做的数字虚拟偶像特征就能看出。

所以当这些所谓的国际品牌进入中国时，无论其本身的内部文化是什么样的，选择广告模特的时候，都应该考虑其当下所处的环境。

另外，对同一件事，政府、企业和公众三者可能会看到不同的角度。有些角度之间可能是相互对立的。比方说，前面提到的“有序用电”，从全社会的角度来看并没有任何问题。但是对于某一栋楼的居民来说，今天被停电检修了，停了电梯停了水，可能就会变成一个社会新闻的片段。当这些角度对立的时候，记者要做好报道，是要尊重新闻的规律性的。

企业把内部宣传变为外部报道的时候，必须要注意相应的舆情管理。舆情管理这个词来自管理学，里边还有一个舆情管理模型的概念。这个模型的内涵翻译成新闻的语言就是：有些新闻、有些事件传播很快，传播范围很广，远远超出了自己的控制范围，但这不一定是好事情，这是每个企业都控制不了的。

现在很多企业、机构、平台都有自己的头条号、企鹅号。企业也有自媒体，其内部也有庞大的宣传体系，但在做内部宣传和做外部宣传的时候就完全不同，稍不注意就容易变成事故。

企业在内部传播的时候，可以讲监督岗位、倡导敬业；但是对外宣传的时候，有两个细节需要特别注意：一个是先进人物宣传，不要把那个人写得像神一样，要把那个人写成有血有肉的人，或者写得几乎不近人情，像机器人一样；另一个是所谓的“零事故”宣传问题，因为企业很难保证它生产的所有产品都是100%没问题的，“零事故”可以作为内部的管理目标，比如说我们每个同学的论文都是“优”，这个可以作为我们的目标，但实际上不允许这样对外宣传，事实上也不可能做到。

对很多企业来说，它们好不容易有个事件变成大众媒体愿意报道的东西，有可能会用力过猛。而当舆情发生、发酵的时候，产生的负面漩涡常常会脱离企业的掌控。

比如，阿里员工醉酒事件，警察调查结果显然说明事件是更复杂的，但是群众对涉事企业的要求一点也没有降下来。除了因为阿里是大企业，本身就身处互联网行业中心之外，它还涉及了两个问题：女性和酒桌文化。如上所述，两个容易出现负面联想的词叠加，出现了 1 + 1 > 2 的负面评论。另外，在事件漩涡中，原本的细节逐渐被忽略，网民意见会出现趋同现象。这在社会心理学上叫“群体极化”（Group Polarization）。简单来说就是讨论通常可以强化群体成员的平均倾向。互联网社交平台就是这样一种机制：使目的相同的人集结起来，位于中间部分的人迅速减少，向着“赞同”或“敌意”的两端迅速分化，形成强对立，有时甚至能动员起对企业来说“致命”的力量。比如，2021 年 1 月，美国华尔街拔了一次网线，原因是一群散户游戏宅男通过社交平台串联集结，攻击了华尔街金融系统。

一次又一次地重温事实，不同参与者用自己的话表达了无数趋同的观点后（包括留言或者跟身边的人讲述一遍发生的事），语言会使得受众更加认同这一观点。而随着参与者不断复述这些观点，群体态度最终会形成“极化”。社会心理学家做过很多试验，比如他们让一群大学生集体讨论了一宗大型交通事故案例之后，参与讨论的人对“有罪”有了更明确的裁定和判断。

极化现象一旦出现，人们常常会产生“一致同意错觉”，在事件发生之前，都曾有反对者提出过十分关键的意见，但是有很强倾向性的群体思维把这些重要的意见都“压制”和“排除”了。

比如说水门事件，科学的研究结果和已经发生的重大事实告诉我们，我们不能认为大型企业有精英顾问、有专业代表，就可以扭转已经形成的趋势。当群体极化现象出现后，“自证清白”的文本越复杂，细节越多、越客观，反而越难被接受。分散的事实论据力量不足，很容易就会被“压制”和“排除”。

而参与报道的媒体也要非常注意，在一遍又一遍追溯事实、跟踪报道的过程中，不要让自己的情绪走到了某个极端。比方说，媒体一开始代表某个涉事的人或企业发声，但是随着事情的进展，记者本人越来越觉得对方企业面目可憎，所做的事情都是错的，所有的行为都是阴谋，应该立刻受到最严厉的制裁，而己方涉事人在记者笔下也越来越“完美地”可怜，这就渐渐偏离了客观事实。

五、专业报道的内外转换

很多企业是傲慢的，特别是一些大型企业、商业平台，可能不太在乎老百姓或者消费者的利益，所以面对一些问题，他们的回答虽然看似很严谨、很低调、很克制，但人们往往还是能感觉到这种看似低调背后的不屑。而这在互联网时代常常会造成舆情和反弹。

但是也有做得很好的榜样。比方说，北京朝阳警方的发布就很有水平，每次发布通告都没有多余的话，只讲基本事实，然后也不和网友们论战。这有一个前提，就是其发布的事实经得起推敲，机构公信力能支撑发布的事实被大多数人相信，从另一个角度讲，也是因为公检法系统的基本事实本身没有太多需要翻译和转换的东西。

但在另一些行业和领域就不同了，比如说我们现在是记者，采访某位教授、医生、运动员的时候，我们怎么把他或她说的内容传达得既专业又适合新闻本身的独特语言，达到好的传播效果？我认为这个是新闻行业之外的人没有具备的能力。比方说，房地产企业、汽车企业的公关稿写自家产品时，都会加上“耀世登场”一类的溢美之词。但这不是新闻的语言，所以如果直接把公关稿复制过来，换一个标题，大家仍然能一眼就看出这不是记者采访和撰写的结果，而是企业的自说自话。

我们也可以来看看一些行业报道的正面案例。航天系统有过一个有趣尝试——玉兔家族的微博。

大家知道，“玉兔号”是中国首辆月球车，2013 年和着陆器共同组成嫦娥三号探测器被送入太空。最早的“月球车玉兔”微博并非嫦娥三号任务授权的官方微博，其实际所有人宗唯伊是一位出生于 1989 年的女性，毕业于中国科技大学，她的本职工作跟探月工程并没有关系。但她是怎么一本正经地把高科技说得生动、有趣，吸引很多人主动关注太空领域的探索的呢？宗唯伊把自己代入这只“兔子”，用 374 条微博作了最好的诠释。

“月球车玉兔”微博账号自称男孩子，射手座，叫长征三号“大叔”，叫嫦娥三号“三姐”，称研发人员为“师父”……“月球车玉兔”的每一条微博都是以一只小兔子的口吻发出。包括何炅等在内的跨界大V都转发过“月球车玉兔”的微博。其经典名言“你已经是看过最多星星的一只兔子”还在5年之后被腾讯热门网剧《你是我的荣耀》引用。2019年“玉兔二号”发射成功后，国家航天局探月与航天工程中心“亲自下场”指导运营了“月球车玉兔二号”的微博，这就是一个很成功的行业报道转换的案例。

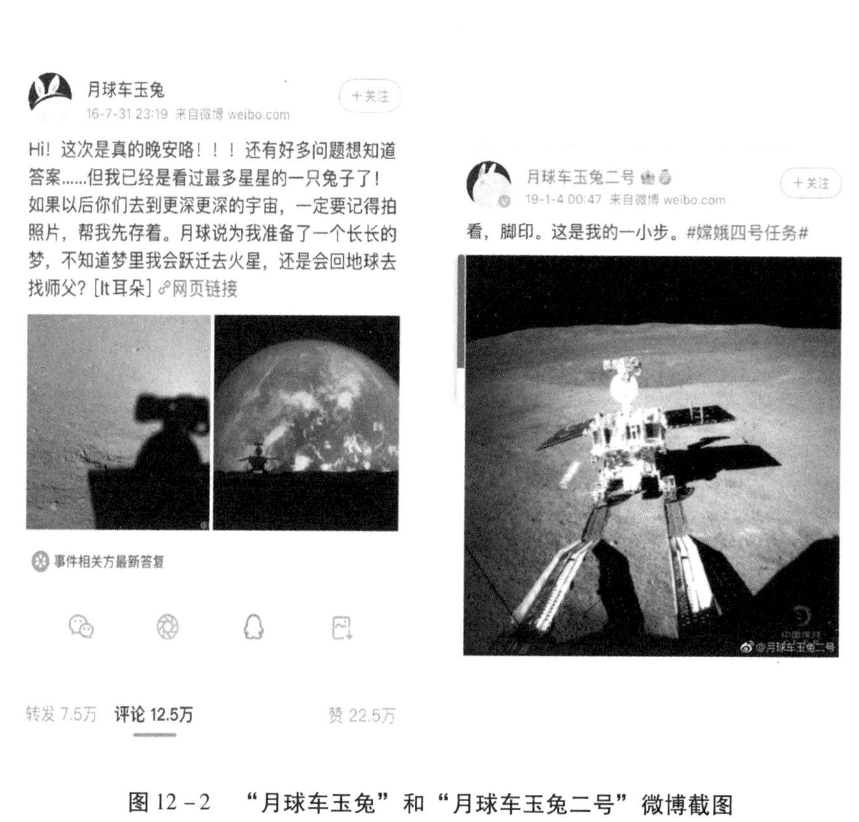

图12－2 “月球车玉兔”和“月球车玉兔二号”微博截图

互联网带来了很多碎片化的内容，但我们还是要了解深度报道，知道报道技巧，假如看到一些零碎的事件，通过我们的专业知识去把它补充完整，去完整地展现独特的理解，这也是展示新闻专业学生能力的地方。同时我们也要思考，怎样才能把真新闻写得“真”？

《南方日报》记者现在发在报纸版面的稿件，跟发在“南方+”客户端、南方网的稿件，哪怕是同一个内容也会做一些表述上的转换，甚至是内容侧重点上的切换。目前国内的行业话语转换还是更偏向于手段和形态使用。

“新闻无学”不是真的。新闻学是有自己的学问的。这个学问就是能够把不同行业的语言都转换成新闻报道——专业的新闻报道、专业的行业报道。这不仅是专业能力，也是专业学问。这方面，其实很多行业的人是做不到的，政府有时也做不到。我们经常把政府报告“翻译成新闻”、老百姓看得懂的报道，这本身就是一件很专业的事情。

以深度带专业，以专业求深度。这是我对专业报道与深度报道的理解和尝试。希望以后我们可以一起继续研究这个话题，实践这类报道。

第十三讲　舆情报告：解读真实诉求 优化社会治理[①]

戴学东[②]

在阐述舆情报告相关内容主题前，我们不妨先讨论一下舆情的相关概念。

什么是舆情？较为学术的观点认为，舆情是围绕社会事件的发生、发展和变化，作为舆论主体的民众对其产生和持有的社会态度。也有人说，舆情是较多群众关于社会中各种现象、问题表达的信念、态度、意见和情绪等表现的总和。还有观点认为，舆情是以事件为核心，是人民群众对于具体事件的情感、态度、意见、观点的表达以及后续影响力的集合。

我们来看一个案例。马云原来是一名教师，后来大家都知道，他创办的阿里巴巴成了大企业。有一次马云参加一个电视台举办的活动，竟称："我从 1999 年阿里巴巴创业到现在为止，没有一个月拿过工

---

① 授课时间：2021 年 12 月 13 日。课堂实录整理：李晓艺，暨南大学新闻与传播学院 2021 级硕士研究生。余锦家，南方舆情数据事业部舆情分析师。

② 戴学东：高级记者，1992 年毕业于中山大学中文系，同年进入南方报业传媒集团开始记者生涯，2008 年任《南方日报》历史上首批首席记者，2012 年任集团公共事务部主任，2013 年 7 月任南方传媒学院执行副院长，2017 年 6 月起任南方报业传媒集团新媒体公司总经理、南方舆情数据研究院院长；近年专注于新闻发言人、舆情应对大数据领域的研究，打通学界与业界的融合，目前是暨南大学新闻与传播学院、中山大学传播与设计学院、广东财经大学人文学院、广州体育学院传媒学院客座教授、硕士生导师。

资，工资单都发到我们家老婆账号上去，从来没问过钱。我对钱没有兴趣，因为我最快乐的时候是我当老师、一个月拿 91 块钱的时候。”如此话语一经报道，便引发了各种各样的舆情，不少好事者甚至在各种各样的渠道留言对马云这番言论进行讽刺。由此及彼，为了帮助读者了解和认识舆情，笔者认为，舆情的概念可以作此通俗表述——在“人人都有麦克风的时代”这一时代背景下，某些人或单位、机构等不小心说错了话或做错了事，然后被网络平台放大、传播，或被舆论误读，或被好事者造谣、歪曲，事情往不可控制的方向发展，并引发了一系列的问题或后果。

一、舆情报告因何而来?

2021 年 11 月 6 日晚，江西南昌交警在直播查酒驾时，一位驾驶玛莎拉蒂的女司机多次喊出“叫‘yu wei’过来”，还多次试图拨打电话，其后还假装“吹气”（测试酒精含量）数十次，企图拖延时间。现场交警义正词严警告女司机：“现在是在直播，你说出任何人的名字，都是在害他!”这个事情随后在互联网上持续发酵，当大晚上很多网友就在评论这个“yu wei”是谁，他有什么背景?后面南昌市公安局发布了情况通报称：“对本系统所有姓名谐音为‘yu wei’的民警进行了调查核实，他们均与孙某不认识，且无任何关联”，但大多网民并不相信此通报所言。网民为什么不相信通报的说法?或者说网民对事件有什么看法和观点?事件还可能怎样发展变化?涉事单位应该如何妥善应对处置这一舆情?所谓“当局者迷，旁观者清”，这些问题就需要有专门的机构、专业的人员对舆情事件和舆情态势进行系统的梳理分析，制作舆情报告，并以妥善回应舆情、应对处置舆情为目的提供相应的建议。

互联网的迅猛发展使得“人人都有麦克风”和“信息爆炸”，各种信息特别是负面信息极易被歪曲、放大并迅速传播，同时，这也导致舆论的非理性甚至伪民意现象的出现。2021 年 7 月，清华大学向新生寄送录取通知书的同时，向新生赠送了《老人与海》这本书，勉励新生“塑造坚韧精神”。大家都知道，《老人与海》是美国作家写的，很多网友对此大加批判，认为作为我国最知名高校之一的清华大学不应向新生赠送美国书籍。清华大学赠送名著勉励学生竟引发舆情，如此情况让人哭笑不得，但同时也说明了当前互联网舆论环境的复杂化、情绪化、极端化。

《人民日报》曾发布评论文章《网络舆情并不完全等同现实民意》①，提出“网络舆情与现实民意之间有着巨大的差异”的观点。那么如何挖掘舆情之中的“现实民意”？各级党政机关、政府部门等迫切需要对舆情信息、舆情数据、舆情态势进行梳理、解读，探寻其中的真实诉求，并以此优化社会治理工作。而专业的舆情研究和服务机构也在通过提供舆情监测、舆情报告等形式，为相关单位提供决策参考的同时，推动社会治理工作的开展和创新。

二、舆情报告由谁编写制作？

2013 年 11 月，党的十八届三中全会首次提出“推进国家治理体系和治理能力现代化”这一重大命题，并把“完善和发展中国特色社会主义制度，推进国家治理体系和治理能力现代化”确定为全面深化改革的总目标。

助力国家治理体系和治理能力现代化建设，服务和赋能社会治理工作创新，是传统媒体履行政治责任和社会责任的体现。2014 年南方报业传媒集团聚合政经资源、独家信源、精英团队、境内外全网搜索技术及全媒体传播媒介实力，打造并成立南方舆情数据研究院（简称“南方舆情”）。时任南方报业传媒集团党委书记、管委会主任莫高义在 2013 年 12 月南方舆情全体动员大会上深刻指出：“打造南方舆情是南方报业传媒集团转型战略的重要组成，是南方报业传媒集团提升服务能力的重要路径，是南方报业传媒集团创新工作机制的重要探索。”

传统媒体在内容生产、传播平台以及舆论引导等方面的综合资源优势，经系统整合后能够为党政机关把握社情民意和舆情态势提供协助，赋能和推动社会治理工作发展和创新。据悉，早在 2008 年，人民网便已组建了人民网舆情监测室。2017 年，人民网舆情监测室被更名为“人民网舆情数据中心”，并形成了一套较完整的舆情研究理论体系、工作方法、作业流程和

① 陈述．网络舆情并不完全等同现实民意［N］．人民日报，2013－04－30.

应用技术。

舆情分析和研判的系列流程，如舆情报告的编写制作等，能够充分发挥传统媒体的内容生产能力和智库研究资源等综合资源优势，于是也被不少传统媒体视为转型和融合发展的路径之一。以南方舆情为例，它同样承担着推动南方报业传媒集团新闻采编流程再造、赋能媒体融合和创新发展的职责使命。以往，记者、编辑等传统媒体从业人员通过调查、采访等流程开展新闻报道工作，发挥媒体舆论监督的职能，赋能和推动社会治理工作。如今，媒体从业人员通过参与舆情报告的编写制作，开展舆情事件的分析和研究，通过研究分析社情舆情反哺新闻传播工作，提升新闻采编和传播能力。媒体人员多一些舆情分析、事件研判意识，只会提升、强化媒体报道质量，而不是有反作用。一份基于公共利益的舆情报告，只要立场鲜明、数据扎实、尊重民声、汇集民情、提炼民智、贴近民心，同样可以发挥媒体舆论监督的职能，推动社会治理现代化。如南方舆情与《南方日报》合作制作“舆情版”，与南方杂志社《政工参考》合作舆情观察栏目等举措，均是以热点舆情事件或话题入手，并通过舆情数据梳理分析和研究，落脚于社会问题的解决，或对现有政策的解读，收获了良好的传播效果。此外，南方舆情多年来持续参与的“企业公益力传播指数”“房地产发展指数”等新闻产品，也为《南方日报》的行业新闻采编提供了扎实的数据支撑。

至此，我们可以总结南方舆情的定位：国内首家从专业媒体角度专注“治理现代化”研究领域的复合型智库。它通过发挥舆情研判、大数据研究、决策参谋以及媒体智力资源等优势，协助广东各级党政机关把握社情民意，推动广东省治理体系和治理能力现代化。

目前南方舆情的用户单位以党政机关为主，以大中型企业为辅，服务用户超过 170 个，为广东省推进政府治理体系和治理能力现代化建设提供助力。南方舆情对外可以提供舆情研判分析、风险评估、数据新闻、舆情会商、舆情应对处置培训等服务。以赋能和推动社会治理工作为核心，南方舆情近年来在打通官民沟通渠道、促进社会公平正义、赋能粤港澳大湾区高质量发展等方面取得了一定成效，每年完成各类舆情报告、研究报告 3 000多份，获得中央及省市领导批示 50 余次，为广东省各级党政机关提供了重要的智力支撑。此外，2020 年初以来，南方舆情持续为广东省各地疫情防控等相关工作提供相应的分析和研判报告，对疫情防控态势、舆论焦点等进行分析和研判。南方舆情的舆情报告不仅为用户单位提供舆情智库支持，在事关民生、稳定、改革、发展的重要领域，南方舆情也从不缺席，通过运用大数据研究资源和智库运营优势，促进科学决策，如以数据为基础，以调查为主线，对广东舆情展开有点有面的梳理、入木三分的分析，提炼形成《广东数据治理蓝皮书》等大量著作成果，积极为推进广东治理体系与治理能力现代化出谋划策。

三、制作舆情报告的基础要素

让我们回到主题上：如何写好一份舆情报告？我认为，首先必须做好舆情数据的采集和梳理分析。目前，南方舆情制作舆情报告的大致工作路径为：通过对互联网的舆情数据采集和监测，结合数据清洗、语义分析等技术，南方舆情联动南方报业资深采编人员、舆情分析师、高校专家学者等多方智库资源，对舆情的传播数据、路径和影响进行系统的梳理分析，并以舆情的数据分析为基础，提出相应的应对处置建议，促进党政机关、政府部门或企事业单位的科学决策。

近年来，互联网、大数据等技术持续发展，日益融入经济社会发展各领域全过程。党的十八大以来，党中央高度重视发展数字经济，将其上升为国家战略；党的十八届五中全会提出，实施网络强国战略和国家大数据战略，拓展网络经济空间，促进互联网和经济社会融合发展，支持基于互联网的各类创新；党的十九大提出，推动互联网、大数据、人工智能和实体经济深度融合，建设数字中国、智慧社会。

2017 年 12 月 8 日，习近平总书记在中共中央政治局就实施国家大数据战略进行第二次集体学习时发表重要讲话，更深刻指出：“善于获取数据、分析数据、运用数据，是领导干部做好工作的基本功。”习近平总书记的这一论述为南方舆情的工作开展指明了方向，提供了遵循。

中国工程院院士、阿里巴巴技术委员会主席王坚提出：“数据的意义并不在于‘有多大’，真正有意思的是数据变得在线了。”人人都可以便捷地获得数据，但数据摆在那里，不是每个人都能将其利用起来。怎么让这些数据变得有价值？大数据就像矿山，可以产生巨大的价值，我们该把它从“地底下”挖出来！南方舆情通过自研的智能监测系统和工作平台，对舆情信息、新闻信息等数据进行采集和归类梳理。同时，搜集、发现舆情信息和数据的渠道、工具也并不局限于智能监测系统，微博、微信、新闻客户端等常规的平台或渠道也是舆情分析师进行数据采集和分析的重要窗口。

大家可能都听说过，“朝阳群众”非常厉害，揭露了很多大案、要案，譬如很多明星的吸毒、嫖娼等事件。“朝阳群众”难道真的人人都有火眼金睛？实际上，很多情况下，还是大数据在发挥作用。据悉，2017 年 2 月初，北京市公安局上线了“朝阳群众 HD”App，群众可以通过该应用反馈可疑情况。据称，App 上线首年便收到举报线索多达 8 300 余条，根据这些线索，警方共破获案件 370 余起，拘留 250 余人，消除各类安全隐患 390 余起。此外，政府、警方挖掘、统计和分析所掌握的相关数据资源后，也可以推导出一些“蛛丝马迹”或可疑情况。有网友对李云迪嫖娼事件作如此“数理分析”：如果一名年龄在 20 岁到 35 岁之间的女性，没有固定工作，但每天微信有规律性地收款，经常在各种酒店逗留，那么这名女性便可能作为可疑人员而被警方关注。该网友进一步分析道：在李云迪嫖娼事件中，警方发现一名有上述情况的女性有李云迪相关的微信转账交易记录，于是顺藤摸瓜……当然，故事的真实性无从考究，但数据分析的重要性可见一斑。

单一的数字可能没有意义，但大量的数字、数据积累后，人们经过一定的挖掘和分析，总可以发现一些规律或信息。大数据是矿山甚至是油田，需要经过挖掘才可产生实用价值。以舆情报告为例，我们进行数据分析必须围绕传播范围、发展进程以及影响程度和风险程度等进行梳理研究，其是否会威胁到群众的切身利益？信息的爆点是什么？舆情发生的背景、发展的区域是什么？譬如我们现在进行大数据的梳理分析时，都能看到数据的波峰波谷：在哪一天、哪个时间节点数据量最大，被网民讨论得最多？哪些网民在这个节点讨论得最多？网民关注哪些要点要素？网民的感情是愤怒还是悲伤？我们根据这些数据进行梳理分析以后，便可提取其中的要点进行研判并提供对应的处置建议，形成一个舆情分析报告，给相关单位提供决策参考，同时也为舆情事件的妥善解决贡献智慧。

四、舆情报告的要点：“咋回事？严重吗？怎么办？”

舆情报告有哪些组成部分？我们知道，写一篇新闻报道，需要“5 个 W”：时间（when）、地点（where）、人物（who）、事件（what）、原因（why）等要素。舆情报告的编写制作也有类似的几个组成部分：①发生了什么事？（事件概况）；②传开了吗？（传播数据分析）；③大家都在关注什么？（焦点是什么）；④这件事有什么影响？（研判）；⑤能做什么？应该怎样做？（决策建议）。概况而言是9个字——“咋回事？严重吗？怎么办？”

1. 舆情报告的客观分析部分

“咋回事？严重吗？”对应的是事件概况、传播数据分析和焦点信息提取，同时这一部分也是舆情报告的基础部分和客观分析部分，是以说明“发生了什么事情”为制作目的的。

其中事件概况部分应呈现发生了什么事，梳理时间、地点、人物，起因、经过、结果等，并且应尽量避免复述众所周知的事实，浓缩信息点；传播数据分析部分应罗列或梳理舆情事件的传播情况、传播数据等内容，专注舆情事件的实际热度，避免单纯罗列数据；提取关键信息的部分应全面梳理舆论关注的焦点有哪些，注意区分表面的内在，尝试分析可能诱发舆情进一步发展的因素。

如2021 年的东京奥运会中国代表团名单正式公布后，有媒体报道：全红婵是中国代表团年龄最小的运动员。获知这一信息后，我随即提醒广东省内相关地市、单位，尤其是湛江的相关单位、部门做好应急预案或相应的准备。一名称职的舆情分析师必须对潜在的舆情风险点有职业敏感性，果不其然，大家应该也知道了，2021 年 8 月 5 日，14 岁湛江小将全红婵以三跳满分，总分 466. 20 分夺得金牌，成为继劳丽诗、何冲之后，跳水之乡湛江走出的第三位奥运冠军。赛后，记者采访她问及家人的情况，她回复称：“我妈妈生病了，可是我不知道那个字怎么读，不知道她得的什么病，然后就很想赚钱，回去给她治病，赚很多钱，治好她……”这一心酸话语虽是“童言无忌”，但也引发了系列舆情态势。为此，南方舆情迅速响应相关用户单位的需求，制作相应的舆情报告，其中是这样阐释相关事件的：

发生什么事？	全红婵相关舆情报告的表述
需要呈现的内容：梳理时间、地点、人物、事件的起因、经过、结果等 **注意点：** 【不复述众所周知的事实，浓缩信息点】 【呈现关键信息点】	8月5日，14岁全红婵以总分466.20分赢得东京奥运会女子10米跳台桂冠，创造历史最高分。夺冠后，与14岁“全红婵”有关的人事迎来了巨大的流量，特别是围绕全红婵的家庭背景、捐赠等内容引发舆论的强烈关注及讨论

传开了吗？	全红婵相关舆情报告的表述
需要呈现的内容：舆情事件的传播情况、传播数据 **注意点：** 【不罗列过多数据，而是专注舆情事件的实际热度】 **什么是“实际热度”？** 如： • 央媒报道、省级媒体报道 • 登上微博热搜 • 看看你的朋友圈，是不是很多人在转	8月5日0时至8月11日16时，涉全红婵夺冠相关一事，全网（含微博、微信）约有268万条相关信息。舆论最高峰出现在8月9日，与“全红婵家成网红打卡地”“全红婵父亲接受采访称：没有接受企业捐赠的房和钱”“初代跳水皇后高敏：冷静看待全红婵的成功”等相关信息被各平台转载有关，其中多个涉及全红婵的话题登上了微博热搜

大家都在关注什么？	全红婵相关舆情报告的表述
需要呈现的内容：当前舆情事件舆论关注的焦点有哪些。 **注意点：** 深入分析，舆论关注的话题，哪些是表面哪些是内在，真正可能诱发舆情进一步发展的焦点是什么。	舆论场多集中在：开小卖部的愿望、喜欢吃五毛的辣条、想赚钱为母亲治病、家庭条件不好、没有去过游乐园、家庭兄妹5人等综合采访内容。其中，为全红婵捐赠商铺、房产、几十万现金等话题登上微博热搜。此外，**对全红婵家庭帮扶的话题，受到了大量网民的关注，其中因涉及扶贫等内容，容易出现对国家扶贫工作的相关讨论，出现讨论焦点转移等“舆情搭车”的情况**

图 13－1　南方舆情截图

我们再来看东莞“围村收费”的案例。近年来，东莞汽车上牌量屡创新高，原先在公共场所普遍存在的停车难问题逐渐蔓延至村级（社区）。面对停车供需不平衡的情况，东莞各镇各村想起了办法，有些村子、社区等认认真真想着解决问题，通过“围村收费”以市场机制、价格杠杆缓解停车压力。但无可避免地，个别村子则把“围村收费”当成创收之路，因此这些情况在东莞引发了相关舆情态势，网民在多个互联网平台以及社交媒体发文控诉“围村收费”问题。关于东莞“围村收费”舆情，当地相关部门已经知道发生了什么事，也大致了解到舆情的蔓延态势，于是南方舆情把重点放在了网民关注的焦点上。南方舆情通过数据梳理分析，发现市民群众对“收费标准是否合理合规”“只收费不管理”“收费实行本地人与外地人区别对待”等话题有强烈的关注。

	东莞围村收费相关舆情报告的表述	注意点
发生什么事？	连日来，东莞“围村收费”成为舆论热点话题	不复述众所周知的事实，相关单位已经明确知道相关舆情，故此开门见山
传开了吗？	有群众在人民网留言板、东莞阳光网问政平台以及社交媒体投诉，以及向媒体报料投诉，舆情持续发酵。涉及镇街包括黄江、寮步、大朗、高埗、长安、塘厦、大岭山、石碣、清溪等	专注舆情事件的实际热度（传播平台、牵涉的镇街）
大家都在关注什么？	市民群众对于“收费标准是否合理合规、只收费不管理、收费实行本地人与外地人区别对待”等话题表达了强烈的关注	提炼舆情焦点

图 13－2　南方舆情截图

在上述“围村收费”的舆情报告中，南方舆情是这样阐述数据的：“2021 年 4 月 1 日— 6 月 16 日，全网涉东莞围村收费的舆情信息共 160 条，其中微信 55 条、论坛（主要为东莞阳光问政平台及人民网—地方领导留言板等网络问政平台）53 条，舆情高峰出现在 5 月 25 日，与‘东莞围村收费受阻引热议，大朗镇开始退款’相关信息有关。”这样一段描述是“从数据分析趋势”的。

舆情报告的制作，常规路径是“从数据分析趋势”，即根据当前的舆情传播数据，分析舆情的传播情况和舆论关注的焦点，但有时候也可以采取“从趋势梳理数据”的方式进行梳理分析——根据一系列舆情变化趋势，结合舆情传播和讨论的数据，分析舆情变化路径和趋势。“从数据分析趋势”多见于分析单一舆情事件的变化趋势，“从趋势梳理数据”多用于分析系列的或多个有关联性的舆情事件。

以南方舆情制作的《关于恒大集团债务危机的舆情报告》为例：2021年以来，恒大集团因一系列的舆情态势（负债高达1.97万亿、恒大财务暴雷、恒大“PPT造车”等）而引发系列的舆情态势。南方舆情应广州、深圳等地用户的相关工作要求，编写制作了《关于恒大集团债务危机的舆情报告》，为相关单位、部门提供处置应对建议和决策参考。恒大集团出现的是一系列的舆情，因此，南方舆情在制作舆情报告的时候，以传播热度波峰为关键节点梳理了恒大系列舆情的变化趋势，整合不同时间节点的传播情况和舆论关注焦点：

<table>
<tr><th></th><th>恒大集团债务危机的舆情报告的表述</th><th>注意点</th></tr>
<tr><td>发生什么事?</td><td>近期，恒大集团被曝深陷债务危机，商票违约传闻不断，市场信心接连受挫，自今年6月以来，出现了一系列的负面舆情，包括：债务风险、售卖资产、评级下调、多方逼债、人事变动、政府约谈、项目暴雷等</td><td>不复述众所周知的事实</td></tr>
<tr><td>传开了吗?</td><td>2021年6月1日至8月31日之间，全网涉恒大集团的相关舆情信息约259 604篇次。舆情传播热度在7月19日、7月22日、8月11日、8月17日、8月20日均出现了高峰</td><td rowspan="2">根据实际工作需要，传播情况和舆论关注的焦点两部分也可整合呈现</td></tr>
<tr><td>大家都在关注什么?</td><td>分别与“广发银行申请冻结恒大1.32亿元资产”“恒大计划出售汽车、物业部分资产”“许家印卸任恒大地产董事长”“央行、银保监会约谈恒大”等事件广泛传播有关</td></tr>
</table>

图13－3　南方舆情截图

又如，2016年11月珠海市国有资产监督管理委员会发布通知称“免去董明珠同志珠海格力集团有限公司董事长、董事、法定代表人职务”（董明珠仍继续担任格力集团子公司格力电器的董事长兼总裁），这一情况引发舆论热议。其后，相关单位回应舆情称：这属于正常的人事调整，不会影响到格力电器的经营。有网民猜测，董明珠的职务调整与国企改革的相关规定有关。南方舆情根据珠海相关用户单位的要求，编写制作相应的舆情报告。在这一报告中，南方舆情跳出“从数据分析趋势”的工作定式，以各个阶段的舆情变化趋势，整合分析各个趋势的传播数据变化，从舆情发展的“隐”“显”“实”“燃”四个阶段，结合各阶段的舆情数据，对相关舆情事件的发展态势进行深度的分析，如表 13－1：

表 13－1　南方舆情统计资料

时间	阶段	新闻走势	舆情变化趋势
11 月 11 日	舆情“隐”阶段	珠海国资委宣布免去董明珠同志珠海格力集团有限公司董事长、董事、法定代表人职务（仍继续担任格力集团子公司格力电器的董事长兼总裁）	民众普遍未了解实际原因
11 月 16 日	舆情“显”阶段	董明珠参与《我是创始人》节目，哽咽创业艰难，几乎没有人雪中送炭	出现“国企体制逼哭女强人董明珠”的相关舆情
11 月 17 日	舆情“实”阶段	格力电器宣布终止收购珠海银隆（珠海本地电动车产业企业），董明珠造车梦被指终结	国资系统妨碍格力集团多元发展相关话题受到热议
11 月 24 日	舆情“燃”阶段	董明珠宣布给格力电器所有员工每人每月涨薪 1 000 元	该举动被解读为是对珠海国资委的抗争之举，董明珠竟成“英雄”
到了“燃”的阶段，董明珠已完成“拉拢人心”的一系列动作。因此在遇到类似舆情的时候，必须在“隐”“显”“实”几个阶段，珠海有关方面就应更多地向公众说明和强调格力的国有属性，明确相关人事安排是按照国家政策、规定而进行的正常人事变动			

舆情事件“咋回事？严重吗？”这问题看似简单，但其中也有技巧所在。舆情分析师是“从数据分析趋势”还是“从趋势梳理数据”？没有绝对的标准，关键是“对舆情发展趋势进行准确和客观的研判”，即实事求是，去伪存真：既不夸大其词，也不畏手畏脚，这是舆情报告的基础部分和客

观部分的重要评价标准，同时也是为“怎么办”这一部分做好充分的准备。

2. 舆情报告的研判和建议部分

前面几个部分，分析和说明了“咋回事？严重吗？”，接下来便是“怎么办？”，即这件事有什么影响（风险研判）？能做什么？应该怎样做（决策建议）？

（1）舆情报告面向的对象。

在提出处置应对建议之前，我们必须明确两个问题：舆情报告给谁看？报道的意图是什么？这两个问题实际上关乎用户体验。明确了这两点，舆情分析师才可能对“有什么影响”和“应该怎样做”这部分进行贴切的分析和说明。

回看全红婵的案例，全红婵是湛江人，因此湛江当地相关单位部门对她很关注。同时她是一名运动员，因此广东省体育局当然也会关注她。再者，她老家位于湛江某农村，因此广东省农业农村厅、广东省乡村振兴局也很关注她的相关舆情。然而不同的单位、机构关心的角度当然不同，一份舆情报告显然不能“一招鲜吃遍天下”，报告被呈送给不同部门（行政部门、宣传部门）、不同工作人员（主要负责人、具体工作的执行人员）时，分析和建议的侧重点也应不同。

所以对同一件事情，舆情报告客观分析梳理的内容可以是一样的，但风险研判和建议的部分则应该根据不同的用户单位而有所调整。南方舆情提醒当地政府和有关部门在慰问全红婵时把握分寸、谨言慎行，避免用力过度，引发舆论问题。对体育系统，南方舆情在风险研判部分提到有网友反映湛江运动员训练生活条件等相关情况，于是舆情报告中我们便建议当地体育部门注意改善提升运动员的训练环境和生活条件等。

除了需要明确报告的对象，我们还应明确舆情报告的意图是什么。比如有些用户单位仅仅只是希望知道发生了什么事情，但有些用户单位却迫切希望得到第三方的建议。这些需求，我们都必须在制作舆情报告之前明确，不然就很容易劳而无功，或延误了舆情应对处置的最佳时机。

（2）如何在舆情报告中提出建议。

舆情报告的本质是参谋，因此提出的建议必须要有实际的参考价值。如何做到这点？南方舆情认为应该尽可能做到三点：

一是可操作性，要避免提出理论化、机械化建议，也不要模棱两可、含糊不清，注意舆情报告提出的建议必须言之有物，能够产生一定的工作效果。

2019 年 9 月 20 日晚汕头交警查酒驾期间，一摩托车驾驶员和乘客未按照规范佩戴头盔，在经过检查站的时候竟加速冲卡，现场的辅警随即把共享单车扔到马路上试图强行阻拦，结果致使摩托车侧翻。该事件引发全网热议，称交警粗暴执法，罔顾人命。估计大家都知道，针对此事的舆情报告应该建议涉事方尽快公开事故的详情，但是具体应该怎样操作？南方舆情编写制作《汕头辅警推共享单车阻止摩托车逃逸事件舆情专报》，报告对舆情的传播和蔓延情况进行了详尽的数据分析，提出了“快报事实，慎报原因，持续通报”等可操作性较强的建议。

舆情报告的本质是参谋，是决策参考，是智力服务，因此我们制作舆情报告时也可不限于负面舆情。对用户单位的一些日常工作或活动举办、项目成效、调研课题等开展研究分析并提供建议，也属于舆情报告的范畴。这也是前面提到的需要明确报告的意图——是对舆情事件做分析建议还是对日常工作进行优化？如滴滴出行曾在 2018 年 11 月委托南方舆情对“滴滴专车是否应该保留瓶装水”的话题制作舆情报告。曾有新闻报道滴滴专车赠送瓶装水带来的负面影响：一些乘客坐滴滴专车时喝了赠送的瓶装水，但下车后也没有带走瓶子，随意扔在车上，滴滴司机还要停车去处理垃圾；有些乘客对某些瓶装水的品牌并不认可，甚至会投诉说滴滴用廉价瓶装水忽悠乘客。赠送瓶装水本是提升乘客体验的好事，竟也引起了一些负面舆论，那么瓶装水赠送服务该保留还是取消？为此，滴滴的相关部门就委托南方舆情就这个话题撰写舆情报告。虽然这没有引发舆情事件，但需要分析相关的舆情观点和数据，把舆论的倾向性梳理出来并提出对应的建议。这里再次强调舆情报告中建议部分的“可操作性”：如果上述瓶装水事件的舆情报告写“取消有取消的好处，保留有保留的好处”，便相当于把用户的困惑又踢回给他们，报告的参考价值自然无法体现。

二是“不求全”。“纸上谈兵”提建议和“亲上战场”执行，实际上是两个维度，“一针见血”解决问题的建议并不是人人都能提出的，因此大家可尝试对舆论关注的关键焦点提出建议，或就某一个关键的问题提出建议。

2018 年 7 月 21 日晚，微信平台流传的《疫苗之王》一文因为详细报道了吉林长春长生生物科技有限公司问题疫苗情况而在互联网“刷屏”，舆论一片哗然。南方舆情在为广东省相关单位、部门制作的舆情报告中，尽可能避免大而全，而是从东莞市疾控中心的相关新闻点切入来进行分析和建议："根据东莞市疾控中心消息，东莞各医疗单位已停止使用问题疫苗并就地封存。预计东莞这一决定将会受到省内公众，尤其是需要疫苗接种者的关注，并进一步加深外界对长春长生公司之前生产的狂犬疫苗安全性的怀疑。因此，建议省药监局联合相关部门尽早商议如何处置省内长春长生生产的冻干人用狂犬病疫苗，以免引发公众恐慌。"

三是有针对性，要针对舆情发生的地区特征或事件特征提建议，言之有物，避免"空中楼阁"。

针对性也就是要高度贴近用户单位的需要提建议，相比公关公司和技术导向的舆情公司，南方舆情的舆情报告会更接地气，也更有针对性。这是因为南方舆情充分调动了专业媒体平台的采编资源优势，设计了"专职舆情分析师+协同分析师"的工作机制，其中协同分析师是南方报业集团各媒体的各行业跟线记者、南方报业各地分社的记者，他们与专职舆情分析师一同合作制作舆情报告。行业记者、各地分社的记者因为与用户单位关系密切或对相关行业有深刻了解，能提出更有针对性的处置应对建议。以暨南大学为例，暨南大学也是南方舆情的用户单位之一，如暨南大学苏炳添发生了什么相关舆情事件，南方舆情的专职分析师将启动对相关舆情数据的监测、梳理分析和研判以制作舆情报告，与此同时，《南方日报》跟进教育行业、体育行业的记者也会参与到舆情报告的制作之中，通过多方协同工作而制作的舆情报告便会更有针对性或更接地气，其他公关公司和技术导向的舆情公司不可能具备这样的操作条件。

又如2015年，惠州一著名批发城发生严重火灾，南方舆情的协同分析师——《南方日报》驻惠州的记者，到达事故现场，全程参与事件的发展进程，从媒体角度、传播角度的视点，现场协助相关部门开展事故的应对处置。2020年，南方舆情受东莞相关用户单位委托编写制作《东莞市"最多跑一次"改革调查报告》。这份报告由《南方日报》驻东莞的记者参与制作，其在报告中指出："在东莞市网上办事大厅建成前，大部分市直部门已建成使用自有的业务审批系统，使用东莞市网上办事大厅进行业务审批的部门较少，能够全流程网上办结事项不多"——这一情况来自当地记者长年累月在东莞当地的观察和积累，如果只有南方舆情的专职分析师，难免“闭门造车”，即便专职分析师去到东莞也不一定能迅速了解到其中的“门道”，只有对当地政务发展以及相关情况最为了解的记者，才能写出如此深入的调查情况，这便是南方舆情协同生产机制的优势。

“专职＋协同”的工作机制不仅为用户提供了最具针对性的建议，同时也推动着南方报业的转型和融合发展：一是以舆情服务的方式带动集团采编、经营等工作创新，培养对传统媒体采编团队向新媒体人才转型至关重要的用户思维；二是新闻记者担任或兼任舆情分析师，必然会涉及一些概念探讨、理论创新、思路突破。媒体采编人员多一些舆情分析、事件研判意识，只会提升、强化媒体报道质量，而不会导致相反结果。秉承“传递基层民众呼声、当好公共决策顾问”理念做好舆情服务，是南方报业集团积极履行社会责任的体现。

2015 年 12 月 20 日，位于深圳市光明区的红坳渣土受纳场发生滑坡事故，造成数十人死亡，引发全民关注。围绕深圳“12・20”滑坡灾害事件本身以及由此产生的相关舆情态势，南方舆情联动和组织协调了《南方日报》6 名记者和 3 名舆情分析师编写制作了相关舆情报告，为有关单位和部门提供应对处置和决策参考。其中，多名记者作为协同分析师，到达事故现场进行调查，为舆情的梳理研判和分析建议提供了重要的“一手”材料。

	深圳“12•20”滑坡灾害事件舆情报告
舆情概况：发生什么事？	12 月 20 日中午 11 时 40 分左右，深圳市光明新区光明办事处凤凰社区恒泰裕工业园后侧发生滑坡灾害
舆情传播情况：传开了吗？传播情况怎样？	由于深圳方面指挥靠前、处置适当，截至12月23日，第一波高峰舆情高峰已经过去，但往后一段时间，对于事件原因的探讨、深挖事件背后的各种关系、对相关部门的追责，都将可能诱发次生舆情
分析舆情关注的焦点：大家关注的是什么？	事故原因、现场救援情况、城市渣土处置等话题将成为舆论讨论焦点
舆情研判：这件事有什么影响？	舆情第一波快速扩张期已过，舆情热度有所下降，下一阶段的舆情关注点可能会逐渐从救援本身转向事故背后的深层次原因
处置应对建议：能做什么？应该怎样做？	加强信息公开，多渠道和持续公布调查进展；做好舆情监测，根据媒体和公众的关切点及时进行回应，避免引发舆论猜测和谣言；相关单位、官员接受媒体采访时候应充分做好相关准备工作，谨言慎行，防止因不当言论而出现次生舆情

图 13－4　南方舆情截图

五、结语

2019年9月3日，习近平总书记在2019年秋季学期中央党校（国家行政学院）中青年干部培训班开班仪式上发表重要讲话时指出，领导干部要有草摇叶响知鹿过、松风一起知虎来、一叶易色而知天下秋，见微知著的能力，对潜在的风险有科学预判，知道风险在哪里，表现形式是什么，发展趋势会怎样，该斗争的就要斗争。

在“人人都有麦克风，人人都是通讯社”的时代背景下，各种信息特别是负面信息极易被歪曲、放大并迅速传播，继而发酵成舆情态势，这就需要有专门的舆情研究和分析机构，对舆情态势和舆论观点去伪存真、抽丝剥茧。通过发挥舆情研判、大数据研究、决策参谋以及媒体智力资源等优势，南方舆情以编写制作舆情报告为重要载体，对舆情信息、舆情数据、舆情态势进行梳理、解读，厘清其中的真实诉求，协助广东各级党政机关把握社情民意，为相关用户单位或部门等提供决策参考，推动社会治理工作发展和创新，这同时也是南方报业集团服务和推动广东社会治理创新，履行主流媒体职责使命的重要体现。

外编　学生们的七种思考

……

第十四讲　自媒体环境下健康传播的证伪报道

季佳宁[1]

我来谈谈健康传播的证伪报道。

首先，什么是健康传播？我认为，突发公共卫生事件的报道和社会热议的健康话题宣传报道都属于健康传播。随着新媒体时代的发展，尤其是大量自媒体的涌现，这类高热度话题便得到了更多的舆论关注，越来越多的人抢着去做“健康宣传”“科普引导”，甚至对于一些健康相关事件的捕捉，也跑在了官方媒体之前。但在追求实时发布、夺取抢发报道先机的背景下，不少报道由于缺少深入的调查，成为“假新闻”和“伪科学”，这不仅会造成社会舆论的产生，更有可能引发大众焦虑情绪，甚至是社会恐慌，比如说“双黄连事件”[2]。所以，我认为专业媒体除了应该从事件本身出发去报道之外，还要佐以相应的科普，或是从辟谣的角度出发，从证伪的方向切入去报道。

证伪报道为什么会存在？一方面是受谣言传播的形势所迫，辟谣以维持社会秩序稳定。仍然以“双黄连事件”这个例子来看，最初的报道是上海药物所、武汉病毒研究所联合声明中成药双黄连口服液可以抑制新型冠状病毒，文章当中“初步发现中成药双黄连口服液可以抑制新型冠状病毒”这句话，在后续传播过程中开始被夸大，甚至失实——“初步”被抹去，“抑制”“预防”“治疗”等关键词被偷换，导致了严重的市场混乱。辟谣成为维持秩序的关键一招。

---

① 授课时间：2021 年 12 月 5 日。课堂分享人为暨南大学 2019 级生物科学专业（2020 级新闻学辅修）本科生。课堂实录整理：李晓艺，暨南大学新闻与传播学院 2021 级硕士研究生。

② 2020 年 1 月 31 日 23 点左右，某央媒微博发布“双黄连可抑制新型冠状病毒”的消息，称“中国科学院上海药物所和武汉病毒研究所联合研究初步发现，中成药双黄连口服液可抑制新型冠状病毒”。这让各大厂商的双黄连口服液等药品一夜脱销。而事实上，当时相关实验刚在上海公共卫生临床中心、华中科技大学附属同济医院进入临床试验阶段，该中成药是否对人体抗病毒有效尚在研究阶段。

人民日报
1月31日 22:54 来自 微博 weibo.com 已编辑

【上海药物所、武汉病毒所联合发现：#双黄连可抑制新型冠状病毒#】31日从中国科学院上海药物所获悉，该所和武汉病毒所联合研究初步发现，中成药#双黄连口服液可抑制新型冠状病毒#。此前，上海药物所启动由蒋华良院士牵头的抗新型冠状病毒感染肺炎药物研究应急攻关团队，在前期SARS相关研究和药物发现成果基础上，聚焦针对该病毒的治疗候选新药筛选、评价和老药新用研究。
双黄连口服液由金银花、黄芩、连翘三味中药组成。中医认为，这三味中药具有清热解毒、表里双清的作用。现代医学研究认为，双黄连口服液具有广谱抗病毒、抑菌、提高机体免疫功能的作用，是目前有效的广谱抗病毒药物之一。
上海药物所长期从事抗病毒药物研究，2003年"非典"期间，上海药物所左建平团队率先证实双黄连口服液具有抗SARS冠状病毒作用,十余年来又陆续证实双黄连口服液对流感病毒（H7N9、H1N1、H5N1）、严重急性呼吸综合征冠状病毒、中东呼吸综合征冠状病毒具有明显的抗病毒效应。
目前，双黄连口服液已在上海公共卫生临床中心、华中科技大学附属同济医院开展临床研究。（新华社） 收起全文

收藏 59905 64433

图 14－1 《人民日报》官方微博，2020 年 1 月 31 日

2021 年 1 月 31 日晚，消息发出后仅半天，腾讯医典 App 就开始辟谣：“抑制”不等于“预防”，“体外实验”并非“临床试验”，结果“尚无定论”等，用冷静的语调把报道拉回真实和科学。

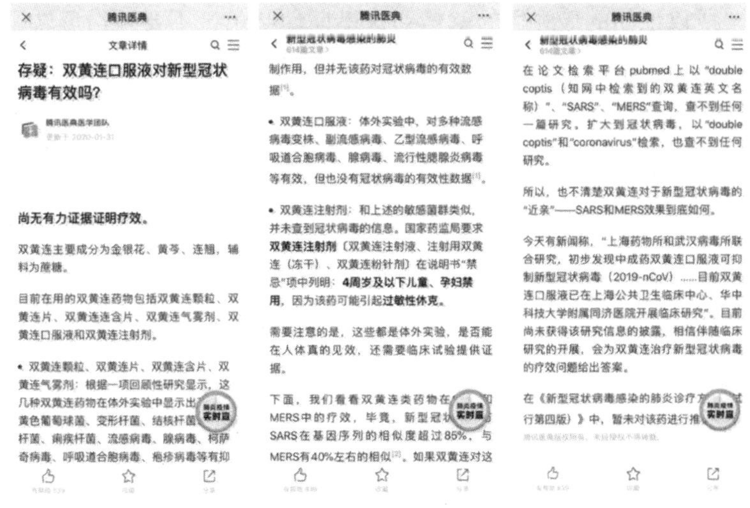

腾讯医典

文章详情

存疑：双黄连口服液对新型冠状病毒有效吗?

腾讯医典医学团队

尚无有力证据证明疗效。

双黄连主要成分为金银花、黄芩、连翘，辅料为蔗糖。

目前在用的双黄连药物包括双黄连颗粒、双黄连片、双黄连连含片、双黄连气雾剂、双黄连口服液和双黄连注射剂。

- 双黄连颗粒、双黄连片、双黄连含片、双黄连气雾剂：根据一项回顾性研究显示，这几种双黄连药物在体外实验中显示出……黄色葡萄球菌、变形杆菌、结核杆菌……杆菌、痢疾杆菌、流感病毒、腺病毒、柯萨奇病毒、呼吸道合胞病毒、疱疹病毒等有抑制作用，但并无该药对冠状病毒的有效数据[1]。

- 双黄连口服液：体外实验中，对多种流感病毒变株、副流感病毒、乙型流感病毒、呼吸道合胞病毒、腺病毒、流行性腮腺炎病毒等有效，但也没有冠状病毒的有效性数据[1]。

- 双黄连注射剂：和上述的敏感菌群类似，并未查到冠状病毒的信息。国家药监局要求**双黄连注射剂**（双黄连注射液、注射用双黄连（冻干）、双黄连粉针剂）在说明书“禁忌”项中列明：**4周岁及以下儿童、孕妇禁用**，因为该药可能引起**过敏性休克。**

需要注意的是，这些都是体外实验，是否能在人体真的见效，还需要临床试验提供证据。

下面，我们看看双黄连类药物在……和MERS中的疗效，毕竟，新型冠状……SARS在基因序列的相似度超过85%，与MERS有40%左右的相似[2]。如果双黄连对这……

新型冠状病毒感染的肺炎

在论文检索平台pubmed上以“double coptis（知网中检索到的双黄连英文名称）”、“SARS”、“MERS”查询，查不到任何一篇研究，扩大到冠状病毒，以“double coptis”和“coronavirus”检索，也查不到任何研究。

所以，也不清楚双黄连对于新型冠状病毒的“近亲”——SARS和MERS效果到底如何。

今天有新闻称，“上海药物所和武汉病毒所联合研究，初步发现中成药双黄连口服液可抑制新型冠状病毒（2019-nCoV）……目前双黄连口服液已在上海公共卫生临床中心、华中科技大学附属同济医院开展临床研究”。目前尚未获得该研究信息的披露，相信伴随临床研究的开展，会为双黄连治疗新型冠状病毒的疗效问题给出答案。

在《新型冠状病毒感染的肺炎诊疗方……试行第四版）》中，暂未对该药进行推……

图 14－2 腾讯医典

从另一个角度来说，“矛盾”也是一个冲击眼球，将证伪议题带进公共视角的强有力因素。谣言能够得到广泛传播阅读的一个重要原因是其文字内容特点，“健康”“致癌”“防癌”“丧命”等敏感词汇频繁出现在流量至上的自媒体内容中，在碎片化的阅读习惯中，自然而然被人们“抓住了重点”，同时，其具有的高度“伪真实”成分被轻易信服。因此，正常发布的健康类报道很难与这样量级的谣言类信息对抗。

而“辟谣性”报道话语，由于与“谣言”的矛盾存在，在一定程度上向信息中添入了“互动性”元素，使得传播力和影响力也得到了加强。“晨起一杯淡盐水，健康又长寿?”“味精超过100℃会致癌?”等借用谣言话语加问号的辟谣形式，相比较“淡盐水会增加血管和肾脏的负担”“味精——谷氨酸钠高温生成焦谷氨酸钠无毒副作用”这样的报道内容而言，不仅提升了读者的可接受度，也通过疑问的形式提高了互动性。

再有，在各种媒体平台不可避免地使用算法推送的当下，辟谣类的健康报道如果能够及时运用到谣言的热点，借力打力，那么就能在重点打击谣言传播的同时，不断扩大证伪消息的传播范围，在治理谣言的同时进行科学的健康宣传。

当健康报道从正向报道走向“证伪向”报道的时候，如何“证伪”就变得格外重要。自媒体环境中，大家都已经习惯了一种“舆论反转再反转”的现状，所以证伪的最终目的就是到这里证伪结束，不要再给反转留机会。证伪的语态一定要专业且科学，具体来说，就是要保证证伪报道的可信度和真实度，需要让受众接受它的真实性。一方面因为谣言信息通常具有绝对性、口语化的特点，那么针对这些特性辟谣的时候，要保证辟谣主体在该专业的权威，利用学科知识的严谨性，处理好谣言中的伪真实情况。很多时候谣言并非全文都是假的，所以说需要把握好反击的方寸。另一方面，辟谣的话语要通俗易懂。在现在的环境下，受众不可避免地陷入“快阅读”和“浅阅读”的状态，这就进一步要求证伪主体在保证信息专业性的同时，尽可能地通过通俗易懂的表达方式与语言，图文结合甚至视频结合，充分运用漫画、H5、短视频等融媒体方式，将证伪报道传播给公众，以增强辟谣效果。

最后，相对于普通自媒体而言，证伪报道的优势在于它可以利用好专业化的辟谣品牌，政府官方媒体专业机构以及认证的专业从业者更具有大众影响力。这里我找了两个例子，一个是复旦大学附属中山医院，他们建立了一个公众号，专门做了一个健康辟谣日历，每天会发布一些社会上传播比较广的伪科学的科普知识。第二个是腾讯的“较真”平台，其作为国内首家进驻杜克实验室全球事实查证网站数据库（Duke Reporters’Lab）的站点，致力于事实核查新闻的创作，大大提高了辟谣的有效性。2020 年，腾讯开展“合伙人计划”，从社会广泛招募“较真合伙人”，然后让他们做一些专业认证，从而成为媒体传播人员。除此之外，还有一些公开的辟谣网站现在已经开放，供人使用，如中国互联网联合辟谣平台①、上海辟谣网络平台②等。

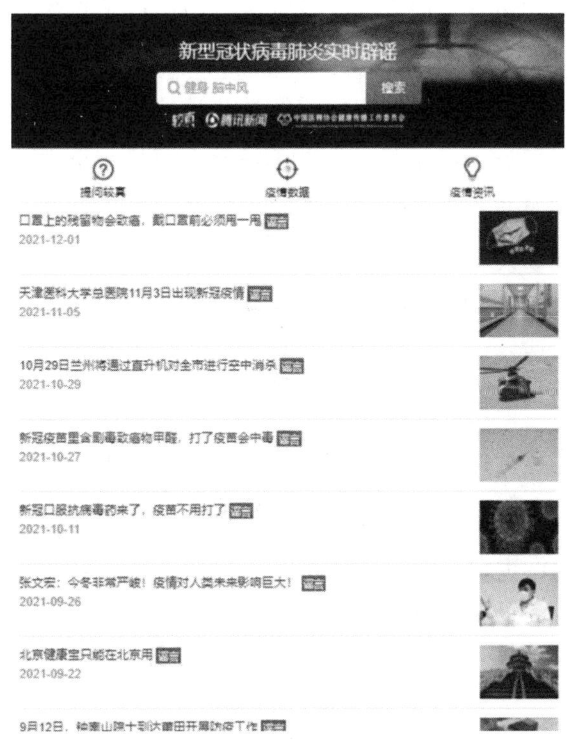

图 14－3　**腾讯较真，**2021 **年** 12 **月** 1 **日**

---

①　中国互联网联合辟谣平台是由中央网信办（国家互联网信息办公室）违法和不良信息举报中心主办的权威辟谣平台，旨在为广大群众提供辨识谣言、举报谣言的权威平台。

②　上海辟谣网络平台，由上海市网信办和解放日报社·观察联合打造的权威平台。

在证伪报道中，一个很大的问题就是如何把握它的准确性和及时性。及时性非常重要，因为信息技术飞速发展，使信息传播的途径变多，然后传播速度变快，同质化信息变多。所以对于卫生健康宣传类的谣言，相关媒体只有保证新闻宣传报道的及时发布，才能占据信息传播的主动权和守住舆论主阵地，为大众作出正确引导。否则当话语双方占取的流量曝光度拉开很大差距的时候，辟谣工作就会受到很大阻碍。但准确性更重要，因为信息的权威和翔实考证会影响产出和报道的普及力度和接受度。一旦证伪信息本身出现真实性问题，或者说不严谨的问题，将会误导公众，甚至被舆论抓住话柄，造成我们前面所说到的“反转再反转”这样一种后果，还会引发更加严重的社会恐慌。还有一点就是辟谣类的话语要如何到达受众，因为受信息简报和算法推荐的影响，媒体时代造成了更多的消息闭塞。证伪报道在时效性落后于谣言信息的情况下如何传到受众耳中也是不能忽视的一大问题。

最后总结一下，在这个过程中我们虽然是从一个后置的视角去对前面出现的传播进行辟谣，但实际上它并不被动，而是一个主动的报道。现在官方发布的健康报道，除了专注于医疗大健康的新闻传播，像医学研究新动态、日常方式以及科普知识，典型人物和视线方面的报道，也出现了更多以辟谣的方式进行的报道。在遵守媒体道德，处理好责任和市场需求间的关系后，相关媒体可以通过多方查证，加强资源整合和平台合作，优化报送信息的共享。证伪向健康报道不会丧失其主动性，而是在报道时更多地加入互动，还能塑造不同于普通自媒体的媒体形象，成为健康报道的风向标。

以上就是我的汇报，谢谢大家。

第十五讲　新消费：消费报道下的新业态

余安迪[①]

我今天要分享的主题是新消费报道，我将从新消费报道的概念、现状、特点和展望四个方面展开讲述。

第一是新消费报道的概念，什么是新消费报道？

新消费，主要是指由一些新技术、线上线下融合等新商业模式，基于社交网络和新媒介的关系所驱动的一种新消费行为[②]。比如我们在日常生活中会用微博、微信、小红书以及一些短视频平台参加一些团购，或者在直播间里购买一些直播带货商品，又或者在茶颜悦色这样的网红店进行打卡，这些现象其实都算是新消费。那什么是新消费报道？事实上我搜索了大量新闻报道、文献后没有找到与此有关的官方概念，所以我自己简单地总结了一下，我认为新消费报道就是媒介对新消费中出现的现象、关系、行为等的报道。

第二是新消费报道的相关现状。

我搜索了全国各个地区、各类媒体平台，比如人民网、《新京报》、澎湃新闻、《南方周末》等之后发现，现在单独划分消费报道板块的媒体并不多，更不用说新消费报道了。目前已经开辟消费报道板块的媒体，内容多侧重零售、文旅、城市传播，例如网红城市的打造、国潮国货等方向。我找了两个已经开辟消费报道板块的媒体案例，一个是财新网，它目前已经开辟了消费板块；另一个是第一财经，也开辟了一个叫“消费数知”的板块。前者既有传统消费市场的报道，也有比较多“新消费”领域的报道；后者则主要是以数据新闻的形式呈现消费业态。

---

① 授课时间：2021 年 12 月 5 日。课堂分享人为暨南大学新闻与传播学院 2021 级硕士研究生。课堂实录整理：高小雨，暨南大学新闻与传播学院 2021 级硕士研究生。

② 瞄股网. 小爱：“新消费”，到底说的啥？［DB/OL］.（2020－08－28）. http：//www.miaogu. com/html/gupiaorumen/20200828/281940. html.

图 15－1　第一财经

第一财经“消费数知”板块，是“新闻”栏目下的子栏目，更新频率并不高。就内容来看，“消费数知”板块在 2021 年“双 11”期间关注了国货；比如看到国货彩妆完美日记“掉队”，它就会分析完美日记销售后劲不足的原因；再如“儿童零食”的品牌是怎样成功出圈的，这些都是它会关注的问题。

图 15－2　财新网

财新网的“消费”板块，里面包含了很多传统消费市场的报道以及新消费领域的报道。它的主题也相对清晰和集中，比如它有一个专门的“票房”话题，经常会分析一些当下比较热门的电影票房排名，或者分析电影行业的现象。

第三是关于新消费报道的特点。

第一个特点是数据新闻的形式很常见。比如财新网在2021年11月6日发布的《年内将关闭300家门店　海底捞怎么了?》这篇文章，就以近年来海底捞门店扩张的速度、疫情前后的营收情况、内部运营管理等数据，分析海底捞上市三年营收不及预期的原因。首先是新冠肺炎疫情的原因，海底捞高层决定趁着疫情期间门店租金相对便宜的机会，多扩张一些门店，然而判断失误：疫情并没有那么快结束。所以扩张之后，门店运维成本很高，加上没有特别好的营收回报，海底捞的发展陷入了僵局。又比如2020年，海底捞全年新开了500多家餐厅，到2021年上半年疫情没有结束，依然又增开将近300家餐厅，截至2021年上半年，海底捞在全球的餐厅已经有将近1 600家。到了下半年，其开店节奏放缓，海底捞创始人张勇已经感觉到扩张速度太快导致入不敷出，他打算关闭部分门店，但是依然反应迟缓，这就导致海底捞的净利润直接下滑到86.88%，翻台率也从2019年的每天4.8次降到每天3.5次。当然，新消费报道也不能简单地堆砌数字，否则对普通消费者和读者来说理解难度较高。

第二个特点是体验性，这个特点是新消费报道与生俱来的。自消费报道诞生以来，就有媒体会把和读者的互动融入信息的生产过程当中。比如说杭州的《钱江晚报》就推出过一个免费验房活动，记者带着收房的读者去验他们的房子，结果发现20套房子都有问题，出现了空鼓、漏水或电线布置不合理等问题，记者图文并茂地介绍验房过程[①]，甚至有的读者说：“通过这次验房活动，我以后就可以自己给自己做简单的验房了。”再比如说《杭州日报》旗下的《都市快报》的快房网，也以房地产为报道和经营方向，结合杭州房地产分析新闻，推出诸如“都快看房团”等体验活动，凝聚用户。从新消费领域来看，还有一些关于探店的报道，比如去茶颜悦

① 许春初．消费报道的新活力：风景在路上［J］．新闻实践，2006（10）：41－12.

色探店或者一些新开的网红餐厅打卡，但是这一类内容的生产者大多不是官方媒体，所以我个人觉得不能称之为新消费报道。

最后是对新消费报道的展望。虽然说“新消费”已经成为一个热词，但几乎没有媒体将其单独作为一个报道领域，顶多是将其放在消费板块，或者像第一财经在新闻板块单设一个栏目，大多数媒体还是将其放在经济板块中发布。其实这也和新消费概念的发展有关。我在知网搜索“新消费”一词发现，尽管最早在20世纪90年代就已经以概念性形式出现，但那时的讨论主要是围绕当时新的消费政策怎样扩大和刺激消费需求，我们讨论的新消费其实是社交媒体火起来以后才真正诞生的概念。而未来新消费能否成为一个单独的报道板块，我们拭目以待。

以上就是我的分享，谢谢大家。

第十六讲 医患报道：医生是人不是神

陈 霖[①]

我是医学专业的学生，所以今天我的汇报着重于医患报道方面，主题是“医生是人不是神”。我主要从两个案例出发，第一个是“8 毛门”，第二个是一部医疗纪录片，叫《人间世》。我希望在这两个案例的分享之中，引出自己对于医患报道的思考：首先是新闻报道中应该如何塑造医生的形象，其次就是医疗新闻报道中部分的真相也未必是真相。

首先请大家看一下这个新闻标题：“医院要动十几万元的手术，最终 8 毛钱治愈”。大家乍一看这个标题，第一反应应该是医院过度医疗。真实的情况也跟我们预料的所差无几。它讲的是 2011 年，陈先生刚出生的儿子因为腹胀转入了医院治疗，被怀疑患了先天性巨结肠[②]，医院建议进行手术，手术费超过 10 万元，但是陈先生却怀疑医院过度治疗，将儿子转入了另一家医院就诊[③]。然后另一家医院医生开了 8 毛钱的药，孩子就治好了[④]。所以陈先生怀疑第一家医院存在过度医疗的行为，并要求医院将科室主任撤职，退还住院费，赔偿 10 万元。这件事情被媒体大肆报道[⑤]，然后引发了强烈的社会舆情，公众一边倒地指责医院。这件事情引发了医院的医患信任危机，不少家属拒绝医院给患儿做手术，以致患儿的病情恶化，造成恶劣的社会影响。但遗憾的是，这个新闻是一个典型的反转新闻，因为这个陈先生在受访过程中夸大

---

① 授课时间：2021 年 12 月 5 日。课堂分享人为暨南大学 2018 级中医学专业（2020 级新闻学辅修）本科生。课堂实录整理：李晓艺，暨南大学新闻与传播学院 2021 级硕士研究生。

② 周彩霞．医患冲突背景下如何加强高校医学生德育工作［D］．济南：山东大学，2014.

③ 朱骞，李锋，刘嫣．“沉默的螺旋”理论在微博时代对医疗机构的启示［J］．中华医院管理杂志，2013（9）：678－680.

④ 丹妮．医疗纠纷事件中媒体报道的问题及改进策略研究——以“缝肛门”等医疗事件的报道为例［D］．呼和浩特：内蒙古大学，2014.

⑤ 陈莉．从舆情事件看我国的医患信任危机及其对策研究［D］．金华：浙江师范大学，2013.

了部分事实，杜撰了10万元的手术费，实际上的手术费大约是2万元，而且在吃完第二家医院医生开出的8毛钱药之后，患儿仅是症状有所缓解并非痊愈，后来因为病情反复又去了第二家医院诊治，医生对患儿进行了两次灌肠，家长就称两次灌肠之后孩子就好了。但是第二家医院的接诊医生明确表示，虽未最终确诊，但孩子患上先天性巨结肠的可能性很大①，并提示家属仅仅通过灌肠是无法解决疾病的，建议尽早手术治疗。大约一个月后，也就是10月20日，该患儿在武汉同济医院被证实患先天性巨结肠并做了手术。所以这个新闻的反转，其实比它的标题更具戏剧性。在这件事情之后，舆论关注的焦点从谴责过度医疗转为反思医患关系②。我们可以说，新闻可以反转，但是造成的伤害却是不可逆的。

这个事件让我反思的是：医患信任经不起反复的挑拨，患者的健康也经不起反复的耽搁，公众的情感更经不起反复的舆论。在这场闹剧中，病人的健康受到了威胁，医院和医生的信誉受到了伤害，公众的感情受到了欺骗，甚至媒体的公信力也一度下降，没有谁能从中获利，每一方都是输家。

以上报道可能给大家的感觉很荒谬，但其实我国医患报道的现状并不容乐观。据中国消费者协会统计，1999年以来医患纠纷已经成为消费者投诉的十大热门内容之一③。随着医疗领域各类问题频发，负面信息蜂拥而至，医患关系紧张程度也在逐步升级，医患报道从数量上来看是急剧攀升的，但是从内容上来看，媒体的关注点多是集中在医疗领域的阴暗面。但其实医疗危机是一个复杂的社会问题，媒体在医疗危机报道中习惯偏重于冲突性、戏剧性的构建④。就像“8毛门”事件中，在“10万元”跟“8毛钱”的鲜明对比中，屏蔽了多方的真实利益，无法实现维护公共利益的目标。媒体和新闻记者很有可能在无意间建构了患者和医院之间的屏障，导

---

① 徐玲．医院舆情危机应对研究——以W市公立医院为例［D］．上海：华中师范大学，2018.

② 刘静．传统媒体在公民社会建设中的作用——网络时代传统媒体的公信力与价值观［J］．青年记者，2011（33）：35－36.

③ 江默．健康传播视角下的医患关系现状分析及对策研究［D］．合肥：安徽大学，2013.

④ 陈双．医疗新闻报道现状及人文化改变［J］．新闻研究导刊，2015（7）：206－207.

致医院和患者无法有效沟通，导致更多事件的发生发展①。

接下来我想分享一部医疗纪录片叫《人间世》，该片用 10 集刻画了医生尽力后也无能为力的真实场面，有重症抢救，有器官捐献，有临终关怀，也有年轻妈妈的抗癌日记。对于医疗上的失败，我们似乎习惯了避而不谈，因为失败最后总是会夹杂着医患双方的矛盾纠纷，甚至冲突②。但是《人间世》最打动人的一点就是毫无保留地呈现了这些话题，比如第一集《救命》，急诊科医生拼尽全力去抢救患者，但只是因为结果不尽如人意，就被在非探视时间闯进监护室的家属掐住了脖子。事实上，医学有太多无法预计的变数，面对死亡时，医生也会和普通人一样挣扎无力，他们辛苦工作，还要面对病人和家属的负面情绪，却依旧拼尽全力，只为换一个未知的结果。就像纪录片里说的那样，对于医生们来说，承受手术失败、病人离世，甚至家属的辱骂或殴打或许不是最难的，最难的是在遭遇种种挫折后，却仍不丢失最初那份热情和坚持，时刻铭记健康所系、性命相托的医学事业。在这部纪录片的评论区里，我看到了一条让我感触很深的评论：鲁迅说他觉得学医救不了中国人。而一位豆瓣网友说，我觉得学医受再多苦都不如记者们转转镜头。

为什么这么说呢？因为《人间世》里很真实地反映了医生是人不是神，但是我们不难看到一些新闻视频中只以惯用的套路将医生塑造得似乎无所不能，能轻易把人从死神手里抢回来。但是《人间世》开篇就向我们呈现了三则抢救失败的案例，像上海瑞金这么厉害的医院，医生治病救人的成功率也不是百分百。就像导演说的那样，医院希望我们不要再拍那种医生一定可以妙手回春的片子，一定要讲清楚现代医学的可为与不可为③。那些把医生拍成神的剧会影响公众对医学的正确理解。每一个进医院的人都想健康地出院，他们面对死神时会把医生当作神明，但事实上医生不是神，能做到的也只是尽人事，听天命。辛苦是真的，无能为力是真的，医生们

① 董雅宁．医疗题材纪录片的人文价值及其艺术表现［D］．济南：山东师范大学，2019.

② 朱智奕．健康传播视角下医疗纪录片《人间世》的叙事研究［D］．南宁：广西大学，2020.

③ 这部豆瓣 9.7 分纪录片，想看又不敢看，怕看了心里难受！［DB/OL］．（2020－03－25）．https：//www.163.com/dy/article/F8IE7A4P0525V3ST.html.

拼尽全力也是真的，很多医疗剧会把医生拍得光鲜无比，领带、皮鞋一尘不染，白大褂连扣子都不系，任其随风飘扬。办公室不但豪华气派，还时不时发生着风流韵事。但实际情况并非如此。车在前医生经过纪录片的播出已经成为一名网红医生，但是在采访中他却表示自己一次也不敢看这部纪录片，他甚至害怕自己的家人因为看到这些而担心，更害怕实习医生和医学生看到他的事迹和生活而动摇了职业选择。2015 年，车在前做了 700 多台手术，他的 3 部手机 24 小时开着，每 6 天白班后会值 1 个晚班，从晚 7 点到早 7 点，每周都有临时的值班任务，有时是 30 小时，有时是 48 小时，这是他过去 11 年来的日常生活。这 11 年里，他的假期加起来不超过 10 天。有一次他在朋友圈看到一条信息说“如何做到既熬夜又不伤身体?”，点开后只有两个字“没有”。他笑着笑着眼睛就红了。

那么我们作为记者，在新闻报道中应该如何去塑造医生的形象呢？我觉得不应该丑化，更不应该神化医生，我们要做到的仅仅是客观、中立和公正。医学是一门自然科学，尽管现代医学技术迅猛发展，但它依然有无法解决的疑难杂症，有不可知性①。大众传媒应该认识到医学科学的特殊性，尊重其规律，不误导公众歪曲事实，真正做到医疗报道的健康传播。就像人们时常提起的特鲁多医生的墓志铭：“有时是治愈，常常是帮助，总是去安慰。”② 医生不应该是被媒体包装出来的神，更不应该是被公众质疑的恶魔，医疗报道的目的也不应该是通过神化或丑化医生的形象来炒作或博取眼球。

我觉得医疗报道的目的应该是通过反映现实，让公众对医学、对生命有更深层次的理解，从而改变其成见和误解。兼听则明，偏信则暗，记者不应该偏信任何一方，在报道时应该尊重每一个群体的话语权，在报道中平衡处理各方竞争的观点。但是眼下的部分媒体单方面倾向患者，想当然地把患者作为弱势群体的一方，站在同情弱者的角度，充当患者利益的代言人来对抗另一方，这对医院和医生来说显然是不公平的。

那么医疗新闻报道中需要什么呢？它需要的是全面的真相，就像盲人

---

① 黄静．医患话语博弈研究——以湘潭“产妇之死”为例［D］．南京：南京师范大学，2015.

② 李海潮．做医生的“战友”［J］．中国卫生人才，2017（4）：92－93.

摸象一样，部分的真相也未必是真相，这就涉及记者的专业素养。首先，医疗报道记者需要了解掌握医疗报道的特殊性，有意识地学习提升自己的医疗专业素养。其次，任何疾病都将经历发生、发展、高潮及转归这样的自然周期，媒体的介入往往是在疾病周期的某个节点①。为了追求新闻的时效性，记者对当时掌握的片段的、零碎的消息进行快速报道，这些信息往往与事件本身存在巨大的出入，不能反映医疗问题的整体面貌，新闻报道中结论性的叙述语言和后续报道的终止又会误导公众使其以为这件事情的进程已经结束，当下结果即为定论。事实上，有时候医疗事件还在发展，媒体已经转向新的关注热点，医疗事件或纠纷通过传播不断“被真相”，受众对于整个医疗行业的真实环境认知就会发生偏离，这客观上瓦解了医患之间的信任，激化了社会矛盾。所以在报道中，记者要做的应该是多与专业人士进行详细的沟通，尊重事实、尊重科学，不能主题先行。最后，记者要遵守职业道德规约的要求，合理怀疑消息源的爆料动机，在采访和写作中保持客观、公正和中立。

我个人对于未来医疗报道的展望，是不再只着眼于医疗领域的阴暗面，不再去报道一些医患矛盾，激化公众的情绪，而是要真正探寻问题的所在、去解决问题。我希望未来的医疗报道，能够通过报道一件又一件真实而动人的医疗事件，让大众重新认识真正的医学并尊重医学。我也希望医疗报道记者能够有更专业的素养，避免反转新闻和激化医患矛盾的社会悲剧再次上演。我期待医患之间有更多的信任，纵使医患之间有许多的不了解，医学的知识门槛很高，要让公众完全理解医学不是易事，但我还是希望社会、公众、患者对医学、对医生能够有更多的信任。有时候信任比理解更加重要，就像纪录片《人间世》片尾中的歌词写的那样：“天亮之前我会等待。”这何尝不是医学现实的写照？我们要对此心怀希望。

谢谢大家，我的汇报到此结束。

① 施琳玲．网络空间医患话语权博弈现象研究［D］．苏州：苏州大学，2012.

第十七讲　健康报道：我们能为社会带去更深刻的影响

何昕雨①

今天，围绕着“健康报道”这个主题，我来跟大家做一个简单的分享。我的汇报主要是从三个方面来进行：第一部分我想谈谈我观察到的健康报道理念转变的背景，第二部分具体说一下健康报道理念转变的特点，第三部分是从新闻行业的角度为大家介绍一些与健康传播相关的新的报道领域。

我们先来看看健康报道理念转变的背景。在这之前，我们来看一下什么是“健康报道”。从传播内容来看，健康报道就是媒介以健康为主题的新闻报道，是健康传播重要的方式和手段②。谢良在《健康新闻传播研究》中也从传播效果的角度对健康报道的概念作出了界定，在他看来，健康传播就是“以大众媒介为主要信道来传递的，并使人类生命质量在社会期望方面、在客观条件允许之下达到平均及更优状态的新鲜的健康资讯”。

要理解健康传播的概念，我们还要了解健康报道的功能。健康报道的第一个功能就是信息获取。医学界最近取得的科研成果、新药品的上市，还有药械的开发等信息都是健康报道关注的重点。我们通过健康报道来获取医学前沿动态和最新科研成果的相关信息，由此来指导自己养成健康的生活习惯、平衡营养膳食，帮助自己更好地预防疾病。健康报道的第二个功能就是增加知识，借助健康报道提供的相关健康信息，我们能够增加自己对某种疾病的科学认识。比如说在新冠肺炎疫情期间，我们通过媒体的健康报道，能够及时了解新型冠状病毒到底是一种什么样的病毒，我们又

---

① 授课时间：2021 年 12 月 6 日。课堂分享人为暨南大学新闻与传播学院 2019 级本科生。课堂实录整理：高小雨，暨南大学新闻与传播学院 2021 级硕士研究生。

② 徐淑贤．健康报道研究：以近三年中国健康传播大会报道好作品为例［D］．锦州：渤海大学，2012.

能够通过怎样的方式去进行自我保护。第三个功能就是舆论引导，健康报道能够在一些公共卫生事件中帮助人们树立正确的健康观，阻止谣言的传播，引导舆论使人们以积极的心态面对疫情。

接下来，我来具体谈谈健康报道理念转变的背景。我认为，健康报道理念发生转变的首要原因就是国家经济实力和人民生活水平的提高，人们普遍追求更加健康、更高质量的生活方式，对于健康信息的需求也逐步增加。现在我们对于健康信息的需求已经不仅仅停留在疾病的预防和治疗上，日常的健康护理与保健信息已成为人们的新需求。然而，我们也看到社交网络和自媒体的快速发展带来了很多信息乱象，健康领域更是深受其害，营销号发布的虚假信息对健康信息的获取造成了很大的负面影响。我们身边的亲戚朋友可能会经常在朋友圈，或者是在微信群里转发这类和健康有关的不实信息，由于不具备相关专业知识，我们对于这些信息往往缺乏判断力，容易受这些虚假信息的误导。目前来看，健康信息供给质量不高，完全没有办法满足持续增长的健康信息需求，现实的需要向我们的健康报道提出了更多的要求。其次，我认为健康报道理念的转变和新冠肺炎疫情的暴发也有密切的联系，新冠肺炎疫情对医疗健康领域的专业报道提出了更高的要求。健康报道除了要让人们了解疫情知识、疫情动态以及相关的防护措施，还要能够起到稳定民心、消除紧张焦虑的作用。最后一点我认为至关重要，那就是新媒体技术的发展迫使健康报道积极探索新的传播渠道，为健康报道带来了更多的可能性。目前有很多健康报道都以融媒体的形式来清晰呈现，短视频和直播也逐渐成为健康传播的重要形式。

在上述背景之下，我们可以说，现在的健康报道理念已经发生了很大的转变。接下来，我来具体谈谈健康报道理念转变的特点。

第一个特点是健康报道更加注重报道的科学性。由于传播语境的变化，媒体不再居于传播的主导地位，社交媒体赋予了受众更多的自主权，所以未经证实的报道一旦发出，就会在网络中形成病毒式的复制传播，给我们的生活以及社会的正常运转带来巨大的威胁，因此，健康报道必须更加注重科学性与专业性。我给大家介绍一个案例，是由一篇报告引发的一个整治行动，这也是健康报道观念转变的一个正面案例。2018 年流感季，《南方周末》记者马肃平发现一款流感抗体喷剂打着“预防流感”的旗号在一些省份售卖，从北上广知名三甲医院到县级医院，其销售版图日益壮大，甚至得到了部分地区疾控中心的背书。但调查之后，她发现它只是一个“消”字号产品，此类产品不应声称对疾病有治疗功能。对此，马肃平写了一篇报道《全国覆盖，疾控推荐，成效成疑：一款消毒喷剂的抗流感神话》。这篇报道发出之后，得到了国家高层领导的批示，国家卫健委发文要求各省卫健委严肃查处此喷剂，引发了全国范围内的整治行动。所以我们可以看到健康报道向更加科学的方向转变，不仅能够破除大家日常生活中的健康误区，还能够给我们的社会治理提供更多科学思路，带来更深层次的影响。

关于全省开展安提可四价流感病毒抗体喷剂及类似产品自查自纠暨专项整治行动的通知

发布日期：2018-12-21 17:15 字体：[大 中 小]

赣卫办监督字〔2018〕1 号

各设区市、省直管县（区）卫生计生委，赣江新区社会事务局，委机关各相关处室，省卫生计生监督所：

为进一步贯彻落实中央领导批示及国家卫生健康委《关于严肃查处违规宣传使用安提可四价流感病毒抗体喷剂问题的通知》（国卫发明〔2018〕34号）精神，加强消毒产品监督管理，依法查处违法违规行为，我委决定启动全省范围内安提可四价流感病毒抗体喷剂及类似产品自查自纠暨专项整治行动，现将有关事项通知如下：

图 17 – 1 江西省卫生健康委员会官方网站，2018 年 12 月 21 日

这种科学性在健康报道视角的改变方面也能得到体现。和以前侧重健康、医疗方面的重大事件报道相比，近年来，健康领域的专业报道秉持多角度、多层次、多方面的内容理念，将主题视角外延至备受关注的医患关系、医疗改革、药械开发、便民服务等主题，形成全方位、多角度的健康报道体系，能够触达更加多元化的受众群体，从不同层面惠及大众。大家可以看看下面这张图片（如图 17 – 2），这是《南方都市报》App 上的健康板块，这个板块的报道除了专家访谈、科学知识的科普，还包括一些新冠肺炎疫苗接种和疫情动态等信息，我们可以看到，报道的主题是逐渐蔓延的，是越来越全面的。

图 17－2　《南方都市报》App

第二个特点是健康报道更加注重非事件性新闻。非事件性新闻是对一段时间或若干时间内发生的情况、经验或问题等概貌性或阶段性的反映，时态往往是渐进性的①。以往，医疗健康领域的专业报道较注重热度较高的事件性报道，比如说医疗卫生事件，或者是国家下达的一些政策文件，还有就是科研成果。近年来，我们的健康报道转向了非事件性新闻报道，以深度、广度和透视性见长，关注大家最为关心的健康问题，包括一些科普性报道、深度报道，还有新闻调查，它们能够满足老百姓更加真实的需求，以更加接地气的方式为大家的日常生活带来更多的帮助。一方面，非事件性新闻的报道形式更接地气。2019 年《中国日报》刊发了一篇名为"失眠

---

① 陈钟昊.《共同关注》非事件性新闻报道特点分析［J］. 新闻研究导刊，2015，6（13）：43－44.

在中国年轻人中蔓延”的深度报道，记录了一群深受失眠困扰的年轻人的故事。这篇报道将一些人物的真实故事讲述与专家的分析科普相结合，这种更加通俗易懂的形式使失眠这个普遍的健康问题被更多人了解。另一方面，非事件性新闻更加注重服务意识。图 17 - 3 是《南方都市报》App 中名为“保健品合规”的一个专栏（如图 17 - 3），其报道更加具备服务性，从最为常见的健康误区、健康问题、健康疑惑入手，为受众带来更为实用的信息。与此同时，报道会尽量减少或抹去报道中掺杂的商业因素，避免对受众造成影响，追求更为客观的报道。

保健品合规

半个月被推销购买4万元药，再有市民投诉“壹健康”套路营销
深圳大件事 4035读

护肝保健品，是灵丹妙药，还是毒药？
南都健康联盟 04-09

过节买保健食品多留心！广东市场监管局已曝光19批次不合格
快消研究所 02-07

广州保健食品专项整治：72家食品平台被整改
南都鉴定 01-06

消费升级！今年双11保健品滋补品高端奶粉大卖
快消研究所 11-13

发现违法宣传营销保健食品！快来举报！珠海发布最新公告
南都珠海 11-05

“双11”抢手、情人节热销，年轻人缘何热衷保健品？
南都原创 10-29

图 17 - 3 《南方都市报》App

第三个特点就是健康报道更加追求传播形式多元化，报道的可读性增强。当今时代信息通信技术日新月异，新媒体技术的发展也拓宽了医疗健康报道的渠道，让健康传播的范围、广度、维度进一步扩大。我们很多的健康报道，都通过“两微一端”（微信、微博、客户端）的渠道呈现。在传播技术、传播模式和传播内容等方面，新媒体平台为新时代的医疗健康报道带来了新的机遇，以文字、图片、音频、视频、动画、H5 等可视化形式实现健康信息的立体式传播，增强内容的可读性。在新冠肺炎疫情期间，中央广播电视总台央视频 5G 新媒体平台创新推出《疫情 24 小时》慢直播产品，从医院建设到投入使用，24 小时不间断直播，一共持续了 117 天，累计在线直播超过 6 000 小时。慢直播这一新形式使当时面对未知疫情的人们及时掌握和知悉疫情防控进程，并且起到了消除恐慌、缓解焦虑的作用。

接下来，我来说说近几年与健康传播相关的一些全新的报道领域。

首先是新环境报道。近几年，随着生态环境的不断恶化，全球变暖、极端天气、环境污染等问题都成为大众普遍关注的健康议题。新环境报道有三个特点：一是传递，就是向大家传递一些生态环境方面重大的方针政策，据生态环境部宣教司统计，全国各省级环保部门均已建立新闻发言人制度，新闻发言人名单、电话也面向社会公布。一些地方开设“环保曝光台”、组织媒体“伴随式”采访、环保厅厅长与网友“面对面”座谈并进行网络直播，还有一些地方通过培训、评选、考核等方式加强新闻发布工作。二是引导，就是做好生态环境的舆论引导工作，比如开展一些大型采访活动，媒体主动设置议题，及时回应热点问题，为大家答疑解惑。三是呼吁，就是呼吁大家多关注生态环境问题，媒体会开展一些专题报道，跟各部门进行联动，开展一些宣传教育活动。比如 2011 年末京津唐地区的 PM2. 5 事件[①]，媒体对这一事件进行了大篇幅的报道，使得大家意识到媒体报道在环境治理方面发挥着巨大的作用。这个案例给我们的启示就是媒体要更加敢于、善于并且长于对生态环境方面关系到人们健康的内容进行报道，尤其

---

① 2011 年 10 月以来，包括京津唐地区在内的我国多地持续出现大雾天气，严重影响了居民的日常生活。但北京环保局公布的每日空气质量报告中，最严重的地方也仅为“轻度污染”。同日，美国大使馆自测的空气质量 PM2. 5 指数反复跳上 200 大关，达到美国国家环保局认定的“非常不健康”“危险”级别。

是对受众关心的一些重点难点问题进行报道；要更加注意生态环境报道和人们日常生活之间的联系，提高生态环境报道的服务意识，为大家提供更多实用的信息。

其次是灾难报道，在信息传播速度快、范围广的今天，灾难报道在很多时候都能够为人们生命健康与安全的保障提供及时、宝贵的信息和资料。媒体的灾难报道为人们的避难、物资储备等提供了及时的参考，也能够让全国各地人民关注到灾情的实时动态，包括人员伤亡情况、救援物资情况等。它也呈现出三个特点。一是快速、实效性强。这点很好理解，比如在地震发生之后，我们可以第一时间在微博或者其他平台上看到这次地震的相关报道，比如震源在哪里、地震等级，还有哪些地方会有震感。二是强大的信息整合能力。在灾难发生后，很多媒体都会对灾难进行专题的报道，比如媒体会对物资的储备情况、救援情况、人员伤亡情况进行整合的报道。三是更加关注报道中出现的伦理问题。在灾难报道中，大家更加关注对当事人合法权益特别是隐私的保护，因为若灾难报道中出现伦理失范问题，不仅会泄露当事人隐私，也会对受灾群众及遇难者家属造成二次伤害。而且现在信息传播非常快速，所以大家如果有一些伦理失范问题，会非常快速地进行传播，对当事人造成更大的影响。在 2021 年 7 月 10 日“7・20”郑州特大暴雨灾害的报道中，经济观察网设置了一个专题板块，里面包括新闻聚焦、应急救灾、第一现场、治理反思、现场直击、企业驰援等内容，实现了灾情信息的梳理与整合，让人们能够更快更全面地了解到不同方面的灾情信息。

总而言之，健康方面一些新的报道领域的产生，使媒体能够以其专业性为社会带去更有意义和价值的指导，它们还更加有服务意识，能够真正关心到、看到我们日常生活中的需求，并且及时作出反馈。

我的汇报完毕，谢谢大家。

第十八讲　浅析新冠肺炎疫情下专业报道的革新

赵鑫娆[①]

大家好，今天我来跟大家分享一下我的期中作业，主题是“浅析新冠肺炎疫情下专业报道的革新”。随着科技的发展推广，新闻报道已经通过多种形态，从各个角度融入我们的社会生活。信息的传播，在融媒体的背景下变得更加简洁和便利。新闻报道在其他渠道的权威解读能满足公众知情权以及维护政府形象。突如其来的全球疫情给媒体带来了新的挑战。新冠肺炎具有传播速度快、易感人群多、传染力强、传播范围广等特点，抗疫形势十分严峻，在这种情况下，抗疫报道理念势必面临革新。本次汇报的内容主要是通过疫情前后的新闻报道对比，分析突发公共卫生事件的变动调整以及总结疫情报道中的重难点。本次汇报将会围绕三个关键词进行——“专业报道”“新冠肺炎疫情”以及“革新”。

首先，我想先和大家一起来梳理一下新冠肺炎疫情专业报道的研究情况。我们在知网上搜索关键词“新冠疫情”和“专业报道”就可以发现，凭借其理论和实践价值，这个主题已经获得了学界极大的关注，相关的文献非常多。我找到了几篇比较有价值的文献。有学者认为突发公共事件具有紧急性、社会性、复杂性、不确定性等特征，而互联网平台中的病毒式传播能够加大负面情绪扩散，这时主流媒体及时发声，引导舆论，对于安抚大众负面情绪起到了良好的作用[②]。还有学者对《人民日报》2008—2017年10年间的报道进行了研究，他表示突发公共事件报道相关理念调整变动的原因为新闻报道的媒介环境发生改变、社会转型推动媒体话语权变化以

---

①　授课时间：2021年12月6日。课堂分享人为暨南大学新闻与传播学院2019级本科生。课堂实录整理：高小雨，暨南大学新闻与传播学院2021级硕士研究生。

②　林淑苑．突发公共事件中大众负面情绪传播研究［J］．新闻研究导刊，2017（8）：109.

及市场化的竞争驱动媒体的变革[①]。此外还有学者对不同媒体的报道进行分析，例如新闻联播在抗击新冠肺炎疫情中开设了栏目专题报道，通过故事化的形式呈现支持，还有就是央视频 App 一天 24 小时直播，通过全天候、多角度直播疫情相关信息的传播形态，也成为国内疫情报道流程中的成功案例[②]。

接下来，我给大家介绍一下突发公共事件报道的理念革新，也是我本次汇报的主要部分，我认为这个理念革新可以从四个方面来展开。

第一个革新是报道的侧重点变得更加灵活多变。突发公共事件往往持续时间长、影响特别广，和我们刚刚提到的新闻联播的专题报道差不多，《人民铁道》副刊的《假日列车》周末刊就将新冠肺炎疫情作为主题板块内容，在疫情期间总共推出了 25 个战“疫”主题板块，其中特别策划内容就有 17 个。这些报道的内容不是只有以疫情为主题的热点新闻，而是灵活地在趣味故事、温情瞬间、公益广告与主题漫画等形式中不断地变化。除此之外，它一改以前单纯简单的事件报道，疫情背景下各个时期报道的侧重点也不相同。例如疫情发生初期，报道内容往往是来自媒体的权威解读，为民众进行知识科普和关注疫情发展动态以及防范措施等。疫情暴发期间报道转向舆论引导，向社会传递正能量，消除负面情绪。我们现在已经进入了疫情防控常态化的阶段，媒体的报道会更加理性，更多的是以支持的态度对复工复课，或旅游出行等社会活动进行积极报道。

第二个革新是报道的形式更加丰富。在疫情期间，报道形式不再拘泥于传统媒体，而是偏向多样化。以火神山和雷神山医院建设 24 小时直播为例，当时央视频 App“疫情 24 小时”直播间里曾聚集超过了 2 600 万名观众在线“云监工”应急医院的建设，当时来看，此类慢直播的报道形式在曾经的突发性公共事件报道中是没有过的，相较于其他的报道形式，慢直播具有开放、即时、直观、交互的特点，独树一帜。除了这些优势之外，慢直播的呈现过程有助于连接事实与逻辑，最大限度地逼近真相。紧迫的

① 李伶俐. 重大突发公共事件中政府媒介形象呈现研究 ——以《人民日报》2008—2017 十年间的报道为例［J］. 科技传播，2019（18）：32－35.

② 狄丹. 论突发公共卫生事件中的移动慢直播传播——以央视频 App“疫情 24 小时”为例［J］. 传媒论坛，2021，4（17）：154－155.

疫情使信息的新闻性增强，但信息供给有限、不确定性明显。而慢直播带来的自主参与体验是单向传播和选择性传播所不能比拟的，慢直播使得用户在环境、流程、细节、语言、知识、动作上都与真实场景更加靠近。除了报道呈现的形式更加多样化，平台也更加丰富。移动端中最为热门的平台当属抖音与快手，网络中视频平台的影响力被重视后，传统媒体也借助高收视率将用户从广电媒体向自身新媒体导流。很多网络热点话题内容首发也是在抖音平台。新华社的抖音账户播出了一个对钟南山院士的采访视频，在这个视频中钟南山院士饱含热泪，说武汉是一个英雄的城市。这一段视频的播放量差不多是1亿次，随后也被《人民日报》的抖音号、微博号转载，"武汉加油""钟南山含泪谈疫情"等话题被广泛传播，成为当时的舆论热点。

第三个革新是传播内容的通俗化和专业性。这也是我认为在疫情报道中比较容易出现问题的一点。首先讲通俗化。我们都知道，科学共同体习惯采用范式表达，但公众科学素养有限，未必能真正理解，并且2020年的一项公众科学观调查结果①也显示，63.29%的受访者认为理解科学不是所有人都必须要做到的事，而科普工作最难的就是要在比较短的时间内缩小科学共同体与公众的认知差距。要解决这个问题，就涉及报道通俗化的必要性问题。在疫情报道中，经常出现一些生物学上的科学名词或者专业性稍强的知识，这就要求报道者能对这些难懂的事物进行解释，媒体只有讲明其中的原理，受众才能更好地理解，更好地保护自己，同时降低谣言产生的可能性。

此外就是有一些科学知识，特别是一些疾病的发病机理，是比较抽象和深奥的，读者不容易理解，记者在采写或者编辑稿件的时候，就必须要找出一些与它们相似的对比物。比如说"假如眼睛像一个房间，那么房间里的东西如晶状体、玻璃体等则被称为眼内容物，其中有一种由眼睛产生的液体物质叫房水，对眼睛起支持和营养作用。房水流出眼的途径被称为房角结构，它是眼睛的'门'"，像这个类比，它就把眼睛跟房间相对比，很好地解释了"房水""房角结构"这些专业词汇。

---

① 消弭"认知差"，让应急科普更给力［N］．中国青年报，2020－09－08.

其次讲专业性。回顾疫情发生以来的新闻报道，我们看到类似于“双黄连抗病毒”“超常规病例潜伏期三十多天”“新冠病毒是人造病毒泄露”等“乌龙”新闻时有出现，这些事件不仅未能助力抗疫，反而扰乱了公众的视听，甚至还会加重人们的恐慌情绪，对抗疫工作造成不利影响。深究其原因，除了一些新闻工作者职业素养有待提高外，另一个重要的原因就是目前在医疗卫生领域报道中，一些记者的专业能力不够，所做的报道无法达到及时、准确、严谨、科学的要求，直接或间接地导致了新冠肺炎疫情报道中出现一些纰漏。此前我国大部分媒体没有对医疗卫生领域采编人员作出特殊要求，从事医疗卫生、财经科技或者其他一些专业领域报道的记者基本上取得记者证就可以进行工作。但是在新冠肺炎疫情的大背景下，记者的专业程度对报道的影响更深。疫情报道对记者的专业素养及经验要求就远超此前的标准。例如第一财经独家发布的《武汉不明原因肺炎已做好隔离　检测结果将第一时间对外公布》，以及财新网发布的《武汉养老院现多例疑似新冠感染》报道中，都不难看出专业性是指记者具备在动态事件捕捉核心问题的能力，他们能够通过采访更加清晰精准地剖析事态的发展，对核心问题进行深度报道。

第四个革新是报道模式从政治宣传向新闻本位回归与信息透明化。曾经在突发公共事件中，报道容易沦落为部分官员作秀的场所，注重为官员歌功颂德，对于灾难事件报喜不报忧，对人员伤亡或者财产损失的具体情况缺乏关注。近年来，随着政治民主化进程加快，政府应对和处理突发公共事件的能力不断进步，媒介整体格局的改变和媒介技术的发展、受众地位的提高，都使突发公共事件报道逐步走出了政治宣传的报道模式，向着新闻本体回归。这一变化在新冠肺炎疫情报道中更加突出，无论是防控不力的政府人员被追责免职或是感染数据、感染者行踪，报道中的信息都是透明化呈现，尊重了公众的知情权，也表现出以人为本的新闻精神。

在大数据时代下，新冠肺炎疫情期间的报道与“非典”时期的相比，做出了许多形式上的创新，内容上的呈现也更加贴近事实的全貌。无论是增加群众参与感的慢直播，如以央视为首的主流媒体纷纷在抖音等平台开设账号与新媒体联动，还是地方媒体中心助力基层防疫的“新闻＋服务”模式，都对传播疫情信息、缓解大众心理焦虑发挥了巨大的作用，也对提高信息的受众触达率与传播影响力产生了重要作用，成为疫情信息传播的新特点。

可以说，疫情报道成为专业报道的一个新形式，疫情的紧迫使新闻报道在疫情中快速成长。

以上是我的汇报，谢谢大家。

第十九讲　元宇宙：科技报道迎来新风口

方怡雯①

今天我来做一个关于元宇宙的专题分享，分四部分进行：第一部分是元宇宙的概念理解，第二部分是元宇宙的发展现状，第三部分是元宇宙的一般报道路径，第四部分是元宇宙的困境分析。

1992 年，尼尔·斯蒂芬森发表科幻小说《雪崩》，其中有这样一句话："名片背面是一堆杂乱的联络方式：电话号码、全球语音电话定位码、邮政信箱号码、六个电子通信网络上的网址，还有一个'元宇宙'中的地址。"在原小说中，元宇宙的英文是 Metaverse，即"超元域"，描述的是脱胎于现实世界的一代互联网人对两个平行世界的感知和认识。但是，当时《雪崩》只是一本纯粹的科幻小说，就连它的作者都没有想到在 30 年后，元宇宙会形成这么强烈的一场冲击波。

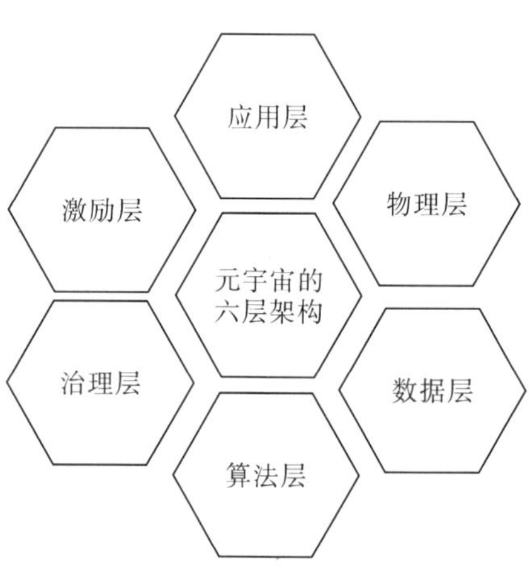

图 19－1　元宇宙的六层架构

① 授课时间：2021 年 12 月 6 日。课堂分享人为暨南大学新闻与传播学院 2019 级本科生。课堂实录整理：高小雨，暨南大学新闻与传播学院 2021 级硕士研究生。

元宇宙是整合多种新技术而产生的新型虚实相融的互联网应用和社会形态，它基于扩展现实技术提供沉浸式体验，基于数字孪生技术生成现实世界的镜像，基于区块链技术搭建经济体系，将虚拟世界与现实世界在经济系统、社交系统、身份系统上密切融合，并且允许每个用户进行内容生产和编辑①。最近关于元宇宙的报道大家都看过很多，就我自己的理解来说，元宇宙就是一个虚拟的现实社会系统，个人的工作、学业、社交、情感等活动都可以在这个依靠互联网技术形成的系统中完成，所以说它是平行于现实世界，又独立于现实世界的虚拟空间，是映射现实世界的再现虚拟世界，是越来越真实的数字虚拟世界。清华大学新媒体研究中心执行主任沈阳主要是从四个维度来理解元宇宙②：从时空性来看，元宇宙是一个空间维度上虚拟，而时间维度上真实的数字世界；从真实性来看，元宇宙既有现实世界的数字化复制物，也有虚拟世界的创造物；从独立性来看，元宇宙是一个既与外部真实世界紧密相连，又高度独立的平行空间；从连接性来看，元宇宙是一个把网络、硬件终端和用户囊括进来的一个永续的、广覆盖的虚拟现实系统。所以有人认为元宇宙为人类社会实现最终数字化转型提供了新的路径。

接下来，我来谈谈元宇宙的发展现状，也就是资本的投资方向。在国内，投资元宇宙的主要是字节跳动、腾讯这些互联网巨头，自 9 月以来，元宇宙相关商标被申请 2 000 多件，腾讯等公司相继申请有关的商标和名下子公司。国外的那些新闻大家应该都看过，Facebook、微软、英伟达等各种互联网巨头都在投资元宇宙。根据彭博行业研究报告预计，到 2024 年元宇宙的市场规模将达到 8 000 亿美元，普华永道预测，到 2030 年元宇宙的市场规模将达到 1.5 万亿美元。

---

① 廖方舟“元宇宙”：概念的走红与争议［J］．课堂内外（创新作文　初中版），2022（C1）：68－69.

② 林润栋．元宇宙，互联网的下一个时代？［N］．佛山日报，2022－02－14.

图 19－2　元宇宙的价值链条

我再来说说元宇宙的一般报道路径。在对元宇宙进行概念理解的过程中，我认为最值得注意的一点就是，我们报道时不能仅将元宇宙视为一个只依托于现代互联网技术的科学概念，还应当同时将其作为社会现象引入公众视线。尽管 AR、区块链、云计算、数字孪生等互联网手段在元宇宙构建中发挥着不可替代的作用，但是社会经济发展才是它产生的根本原因，技术是一个方面，人文也是另一个很重要的方面。社会生活和科学技术在元宇宙的世界里，正如土壤与养分之于作物的作用和差异；它的成长离不开任何一者，复杂的社会和纯粹的技术推动了元宇宙培植的开始，又在后续的发展过程中不断加深着原本就极其紧密的联系。但由于元宇宙展现方式的科技性过强，人们可能会疏忽其独特的人文背景。

对元宇宙的报道主要有三种途径：第一种是最简单直观的结合，即结合实际案例，向公众科普“元宇宙”概念。元宇宙概念之所以能被大众熟知，主要是通过斯皮尔伯格导演的科幻电影《头号玩家》，在电影中，元宇宙成为未来人类社会的一部分，现实生活中的距离被元宇宙进一步拉近，大大降低了公众理解元宇宙的难度。第二种则是利用科技巨头的元宇宙探索事迹，也就是投资方向，进一步明确元宇宙的存在及公众认知。资本巨头的投资偏好在某种意义上也是一种风向标，有利于公众进一步认识到元宇宙的独特性和重要性。第三种，因为这个话题的科技性和学术性，可面向特定人群，有选择性地在合适的 App、杂志、门户网站建立元宇宙专栏。

最后是困境影响分析，我觉得这是最重要的一部分。

关于近日大火的元宇宙概念，AI 财经社获悉，被称为“中国第一位元宇宙架构师”的刘慈欣曾表示，元宇宙将是整个人类文明的一次内卷，而内卷的封闭系统的熵值总归是要趋于最大的，所以元宇宙最后就是引导人类走向死路一条。《时间移民》是 2015 年的一篇小说，它就已经预见了元宇宙的终极形态：“我们可以经历一千次各不相同的浪漫史，在一万次战争中死千万次，那每个人都是一个世界的主宰，比神更有力量，不要担心没有时间享受这些，超级电脑的速度使那里的一秒钟有外面的几个世纪长。”

所以有关学者在担心我们现在的这段“技术突变”会因为元宇宙的到来而不得不终止。地理大发现开启了经济全球化的进程，大家都知道，1644 年清军入关的时候，距离 1688 年的英国资产阶级革命的开始还有 40 多年，但是从那之后的 200 年到今天，中国人都在为错过海洋付出代价，现在我们担心的就是人类会因为元宇宙而错过太空。

1961 年肯尼迪批准了阿波罗登月计划，然后 1969 年阿波罗 11 号就把人类送上了月球，耗时不到 10 年时间就取得了成功。以现在的眼光来看，当时的宇航技术简陋得惊人。1971 年阿波罗 13 号快到月球时发生了爆炸，结果宇航员们用胶带和硬塑料当材料造了一个简陋的二氧化碳吸收器，最后通过一系列手工操作回到了地球。在 20 世纪 60 年代，宇航员就做到了这些，但是到了今天，尤其是在中苏、美苏“冷战”结束以后，美国对太空的探索一度进入停滞时期，失去了政治压力，对他们的探索造成了非常大的阻力。如果有一天人类沉迷于虚拟现实，刘慈欣认为虚拟世界和星辰大海是极端对立的，如果虚拟的整个世界都在你怀里，为什么要去探索真实的星空呢?

另外一个就是资本的角度，很多人认为元宇宙会使世界变成死路。在他们看来，元宇宙并不是一个真正的科技概念，而是一些资本在用毫无边际成本的虚拟商品持续“割韭菜”的项目，剥削一般人的价值。他们认为在元宇宙的世界里，商品没有产权，只有使用权，掌握元宇宙话语权的人可以随时停止你对相应世界的使用，所以人只要活着就要源源不断地给钱。这就是他们对于元宇宙现实的一些分析，这个观点的支持者们认为元宇宙概念的炒作者特别擅长这种概念创作和玩弄，似乎通过几篇报道就让元宇宙概念在看客的心中飞速进化了，但归根到底元宇宙是一种资本模式，并不是真正的科技探索。

其中有一个非常敏感的问题，元宇宙的最高秩序由谁来掌控？如果掌控这个最高秩序的人仍然是今天硅谷的互联网巨头们，那么元宇宙对我们来说并不是一个自由的世界，想要在这个虚拟世界里得到快乐的人可能要付出很多代价。用有些科幻小说作家的观点概括，人类的面前有两条路，一条向外，通往星辰大海；一条向内，通往虚拟现实。现在的社会矛盾，大家都看在眼里，对于人类发展的最终方向，一条是共同富裕，一条是放任其不顾甚至推动两极分化，元宇宙带来的担忧正是基于此，如果无法实现共同富裕，未来人类或将彻底分层，甚至出现“天上人”和“地下人”之分，天上人即富裕阶层，应有尽有、衣食无忧，住在人造卫星上，拥有宇宙飞船，随时可以畅游星辰大海。地下人则与之相反，出身卑微、终日劳碌，只能待在千疮百孔、污染严重的地球上苟延残喘，靠虚拟现实技术麻痹自我。

另外，还有一个值得深思的话题：资本是否能够控制社会话语权？《纽约时报》为苏兹贝格家庭所有；《华盛顿邮报》为格雷厄姆家族所有（后来卖给了贝索斯）；《洛杉矶时报》属钱德勒家族所有（后宣布破产）；《华尔街日报》属班克罗夫特家族所有（后来归属默多克）。这些家族一方面掌控托拉斯式的媒体，寻求规模经济和范围经济，他们也会搞多元化生产或投资，在必要的时候，为媒体主体提供重要的物质支撑。

这是国际上一些重要媒体背后的资本控制情况，国内媒体如新浪微博的背后两大股东，一个是新浪，一个是阿里巴巴，所以阿里巴巴出现负面报道的时候，热搜总是撤得特别快。所以说，媒体受资本控制这种情况在国内也是屡见不鲜。

所以元宇宙的话语权问题就已经是在挑衅资本市场对于话语的控制权了，对其负面影响的深刻分析是媒体很难有心钳制的。

最后我还是想用刘慈欣的一句话来总结：“不管地球达到了怎样的繁荣，那些没有太空航行的未来都是黯淡的。”不管元宇宙会对我们的世界造成什么变化，希望未来的科技仍然能够向外探索，而不是一味地内卷。

谢谢大家。

第二十讲　交通类新闻：直面新时代的新要求

王含章[①]

今天我很高兴能够和大家分享，我的题目是“交通类新闻：直面新时代的新要求”。我的汇报将从以下四个部分展开：现实背景、交通类专业报道的变化趋势、传统交通类新闻报道问题分析以及交通类新闻报道的新领域探讨。

在探讨新时代的交通报道之前，大家先来回答一个问题，那就是我们为什么要探讨这个话题？改革开放40多年以来，我国的交通运输业又发生了哪些新变化？一直以来，我国都是非常重视交通运输业的发展，就像老话说的“要致富，先修路”，近年来这个行业也取得了很大的进步，交通运输业在我们国家城乡经济融合上发挥着非常重要的作用，我国的交通运输业也成为我们在国际上对外展示的一张亮丽的名片。所以说，交通类新闻报道是一个很值得我们关注的领域。

我们要探讨交通类新闻报道新路径，首先要看到其现实背景。我国在2019年印发了《交通强国建设纲要》，提出了我国要通过实行“两步走”战略实现交通强国的建设目标，在2021年又连续出台了两份关于新型基础设施建设的文件[②]。由此可知，交通运输业的重要性不言而喻。那大家知道我们的交通运输业现在发生了哪些新变化吗？我们平时了解更多的是铁路、公路、水运、民航、管道等各种基础设施的规划建设。而根据2019年发布的《交通强国建设纲要》，我们可以看到在工具上还有智能联网汽车、大型液化天然气船、民用飞机、产品谱系、隧道工程、水下机器人、深潜水装

---

① 授课时间：2021年12月6日。课堂分享人为延安大学2019级新闻专业本科生。课堂实录整理：高小雨，暨南大学新闻与传播学院2021级硕士研究生。

② 分别是《国家综合立体交通网规划纲要》和《交通运输领域新型基础设施建设行动方案（2021—2025）》。

备，以及智能化、数字化、轻量化、环保型的各种交通装备，在实现运输服务的基础上，其未来的目标是构筑以高铁、航空为主体的大容量、高效率、区际快速客运服务；推进电商物流、冷链物流、大件运输、危险品物流等专业化物流发展；推动旅游专列、旅游风景道、旅游航道、自驾车房车营地、游艇旅游、低空飞行旅游等发展；完善客运枢纽、高速公路服务区等交通设施旅游服务功能[①]。我列举的只是其中一部分，并不完整。但是这也告诉我们不能再用传统的思维去看待交通运输业，特别是在大数据、物联网、区块链以及元宇宙背景之下，新技术与交通运输业深度融合，未来的交通会朝着智慧交通的方向发展。我们写作交通报道、探索交通报道对于交通强国建设非常重要。下表是我根据《交通强国建设纲要》的10个未来发展要求，总结出了10个未来交通报道的新方向，可供大家借鉴参考。除了我们平时比较关注的基础设施，我们还可以关注安全保障发展、人才队伍治理体系、交通装备等，并写作一系列的报道。在国民经济发展和新媒体发展的态势下，交通类报道呈现了新的变化和趋势，这也对我们新闻工作者提出了新的要求。

表20－1　交通报道的10个新方向

《交通强国建设纲要》	交通新闻报道
基础设施布局完整、立体互联	基础设施报道
交通装备先进适用、完备可控	交通装备报道
运输服务便捷舒适、经济高效	运输服务报道
科技创新富有活力、智慧引领	科技创新报道
安全保障完善可靠、反应快速	安全保障报道
绿色发展节约集约、低碳环保	绿色发展报道
开放合作面向全球、互利共赢	开放合作报道
人才队伍精良专业、创新奉献	人才队伍报道
完善治理体系，提升治理能力	治理体系报道
保障措施	保障措施报道

① 交通强国建设纲要［J］. 中国铁道运输，2019（10）：90－95.

我要谈的第二个部分是新时代交通类专业报道的变化趋势，我将分别从选材标准、内容选择、报道方式、报道视角、报道形式这五个层面来展开论述。

在选材标准上，新时代交通类新闻报道由国家影响层面的报道转向民众影响层面的报道。以往的交通类报道大多停留在政策解读以及国家交通发展情况等角度，媒体从理论的角度来报道交通，会导致报道可读性差、人民群众不爱读等众多问题。目前交通类专业报道在追求受众关注最大化的过程中，开始逐渐改变自己已有的观念，注重将交通报道写得更加通俗。

在内容选择上，现在的交通类新闻报道从会议报道转向交通服务报道。传统的交通类报道多以会议性新闻占据报纸的大部分版面，服务类报道比较少，甚至把获取交通新闻的方式与其他方式割裂。而当前社会人们更关注交通类报道的服务性，关注其能否为受众提供出行时的路况信息，保证交通安全，特别是在长假期间。新闻资讯的受众分为很多层次，尤其在长假期间，新闻资讯的受众对交通资讯的需求会上升，受众对交通路况等的需求进一步扩大，这就要求新闻更贴合新闻受众的需求。媒体在长假期间的新闻报道应该扩展范围，多报道吸引受众眼球的信息，不拘泥于报道道路养护、道路建设等传统的交通新闻①。

在报道方式上，交通类新闻报道从严肃性专业报道向通俗化报道转变。文字报道也要把握通俗的原则，新媒体环境下媒体要想把交通类新闻做活，把握通俗原则十分重要，要从对交通知识了解不多的普通听众关心的角度出发，深入浅出地报道交通类新闻。但是我们要注意的是在把握通俗原则的前提下，要避免低俗化和过度娱乐化。交通类报道虽然为了让受众喜闻乐见而需要注入一些人文因素和娱乐因素，但毕竟不能像报道娱乐明星那样报道交通战线的人物，也不能像做社会新闻、娱乐新闻那样做交通类新闻，否则就失去了交通报道的根本。

在报道视角上，交通报道由事件全能视角转向报道平等视角。长期以来，交通报道习惯于以一种全知全能的叙事角度来报道，叙述交通事件的

---

① 林歌．央视长假交通新闻报道问题及对策研究［D］．保定：河北大学，2014.

发生缘起、经过和危害，以及交通情况的预测预报情况。但是，随着通信技术的进一步发展，以及人们出行需求的加大，早期的全知全能式的交通报道已不能适应当前受众的心理需求了，取而代之的是以大众信息为基础的交通报道。

从报道形式上来看，现在的交通类新闻报道已经从单一媒介向多媒体转变。虽然说这是一个深度报道的分享，但是我认为我们也可以有一个意识上的转变，在全媒体盛行的新传播时代，除了传统的报纸和广播之外，交通类新闻还通过短视频、公众号等新媒体形式进行信息传播。我们可以从《人民日报》App“中央厨房”中得到启发，形成多位一体的全媒体阵势，通过多平台对报纸新闻资讯进行整合，将新闻报道所需要的文字、图片、音视频资料等进行一次性采集并通过多个平台发布，逐级利用，并整合信息资料库、图片影像资料库和视频音频资料库等媒体后备数据库，最终形成一条能够稳定运行、实现资源共享并且具有先进技术的交通运输新闻信息产品的产业化链，同时也奠定了各种媒体介质融合发展的技术基础。

我要说的第三个部分是传统交通类新闻报道的问题分析，我认为传统交通类新闻报道主要存在四个问题：第一是议题比重不平衡，第二是发行渠道单一，第三是专业报道缺乏深度，第四是缺乏时效性。

首先是报道议题比重不平衡的问题，我们以“交通”为例，广义上的“交通”涵盖范围很广，包含了海、陆、空、管道运输等多种形式，但是根据目前国内都市报和交通行业报分析，虽然交通运输形式丰富多样，但大部分交通运输报道主要停留在城市内部交通和铁路运输方面。大家可以看到《人民日报》制作的2018年到2019年交通建设议题占比分布图①，从中可以得知大部分议题更为关注基础设施，而保障措施，人才队伍以及绿色发展等方面的议题相对较少。

① 张玉蓉，郝一璇．主流媒体交通建设报道的特点及策略研究——以《人民日报》(2018—2019）报道为例［J］．新闻论坛，2020（2）：30－33.

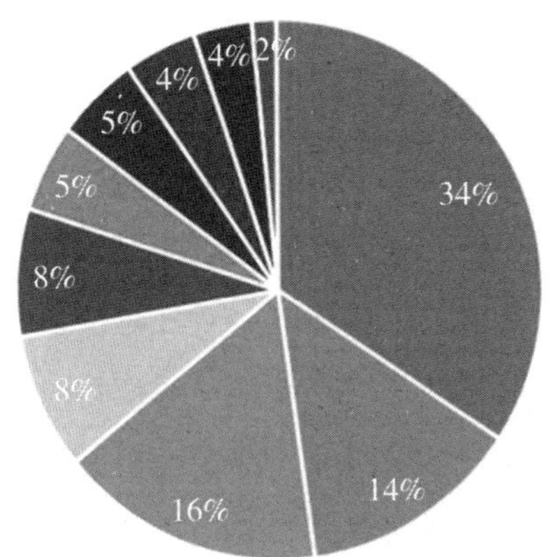

图 20－1　《人民日报》2018 年 11 月—2019 年 11 月交通建设议题占比分布图

其次是专业领域报刊发行渠道单一，交通类专业报刊主要面向行业内部发行，读者主要是交通行业的内部人员。以民航类新闻为例，《中国民航报》明确说明了其发行范围覆盖了中国民航开辟的所有国内国际地区的航线、各大机场以及与之相关的机关部门。

再次是专业报道缺乏深度的问题，交通行业的社会性、公益性、服务性比较强，与人民群众的生活和生产联系非常密切。例如客运车罢运、交通工程质量等众多热点问题常常引起新闻媒体的关注，但是很少有人去关注其背后的成因。例如，一位客运车司机突发脑出血，丧失意识至车辆失控，可能这种司机出现突发疾病的新闻并不少，但是很少有人去关注这个事件背后发生了什么，他们为什么会出现这种情况？他们的生活作息是怎样的？他们是不是经常疲劳驾驶？相关媒体在这一方面的报道还是不够深入。

最后是缺乏时效性的问题，从深度报道的角度来说，这可能是因为调查和写作周期比较长。但是我认为这也是特别值得我们重视的一个地方，因为交通报道是非常讲究时效性的，每个时段的交通状况都是人们外出的参考指标，对于其他的工作来说也是一个重要的指标体系。

汇报的最后一个部分，我想和大家探讨一下交通类新闻报道的新领域，主要有两个方面：一个是民航类，一个是基层物流运输类。这肯定是不全面的，我主要是想给大家一个参考的思路。

民航的重要性肯定是不言而喻的，它对于促进经济发展、贫困地区的进步，维护民族团结、抢险救灾、应对突发事件以及促进世界不同文明的沟通都起着重要的作用。但是对于现在民航类专业媒体而言，其实仅有中国民航报社一家专业媒体，且其更多的是承担了企业宣传以及民航圈资源共享和招聘服务，它下设的《中国民航报》具有很强的专业性质，叙述语言偏向学术化。其受众则是民航从业人员和飞机乘客以及最具有购买力的高端用户群体，带有很强的商业气息，对于普通大众来说不接地气。而且对于乘坐飞机的旅客来说，他们其实很少去仔细地阅读它的报纸和新闻。后疫情时代，我们经常能从微博上看到“机票退改签”“航空熔断”“空中交通管制”等词汇，但是我们在评论区发现，由于专业限制，观众对其相关报道了解并不深入。对于非专业的大众来说，民航似乎一直戴着神秘的面纱。

对于基层物流运输类的新闻报道，我认为深入报道要挖掘事实背后的真相，没有行业的先后、事件的大小、问题的冷热之分。与民航相比，基层物流运输不容易被贴上“高大上”的标签，但是它与我们是最息息相关的。但与我们最息息相关的传统公路物流运输却像行业“冰点”一样，往往不被人们提及。《冰点周刊》曾经发布过一篇关于大车司机的深度报道，说明了这个行业背后的辛苦，用大量的事实去指出大车司机这个群体的痛点，列出大车司机群体的真实情况，以及交通管理部门对此的不同理解。新时代下交通类专业报道的视角发生了改变，我认为我们不应该只关注之前提及过的一些基础设施，还应该关注这个领域每个事件中的人。《冰点周刊》的报道发布后，在当时可能引起了小范围内的人们对大车司机群体的关注，但随着这个报道热度下降，人们对这个群体的关注度又因为“与自己生活相关度不高”逐渐减少了。总之，交通类专业报道已经发生了巨大变化，原因当然可以从中国政治经济文化等方面来予以深层阐释，但是显然发生这种变化的最重要原因在于当代交通管理观念的进步，同时也在于中国传播观念的进步。交通传播工作者应适应这一观念变化，在进行交通类报道时把握“四条原则”，即民本原则、预防原则、同步原则和关怀原则①。我认为关怀原则是我们必须非常重视的一个原则，而对这些具体的对策以及建议分析，由于时间原因，我就不继续进行探讨了。

我的分享结束，谢谢大家。

---

① 刘立成，张中华. 当代中国气象灾害报道写作观念的若干变化［J］. 中国地市报人，2018（11）：56－58.

后　记

后来我才知道，第一次把课上得这么复杂而不专业。

第一次请了这么多专家来上课，这是违反教学常规的。16 节课邀请了 9 位外部专家。参考教材的作者张志安老师来了，公益传播达人周如南老师来了，可惜都未能收进本书。

第一次花了学院这么多额外的课酬，没有先例。沟通衔接花的功夫太多，真不如自己备课省事。有两次因为防疫管理，请来的专家差点进不了校门。感谢学院的包容与成全。

“专业报道与深度报道”这门课，以前都是分两个板块上的，先讲专业报道，再讲深度报道，有点割裂。请教了几位教科书作者之后，我决定做一个打通的尝试：以深度带专业，以专业求深度。一学期下来，专业领域有了新扩展，深度挖掘有了新门道，学生教给老师的甚至更多。

我必须承认，新闻本身是个专业活，传播也是。感谢支庭荣院长亲序美言，感谢张晋升社长支持指导，感谢王辰月编辑提前介入统筹。感谢我第一次带的研究生们整理校订，他们是：王健、余安迪、李晓艺、张以禾、高小雨。当然，更要感谢九位专家同行的智力贡献和前沿思考，按时间顺序是：王伟凯、张志安、闫涛、李贺、胡念飞、周如南、张晋升、张子俊、戴学东。

只能说此书比较新、比较全，显得比较专、比较深；预备着随时被刷新覆盖，随时被淹没、被替代。面对新的 360 行，新闻专业空间注定要同步更新、调整扩展。

明知没法定型，勉强定格一下。出书有风险，新闻类尤其是。就像很多课题，还没开题就过时了，还没写完就失效了。

一如本书内容的讲课时间起始于 2021 年秋季，成果结集出版在 2023 年初，作为对一段时期的记录，其中一些论述，特别是新冠肺炎疫情防控方面，已发生新的变化。

这是我最后一次这么干了，记录，也是纪念。

曹　轲

2022 年 9 月